LALE AKGÜN

Aufstand der Kopftuchmädchen

LALE AKGÜN

Aufstand der Kopftuchmädchen

Deutsche Musliminnen wehren sich gegen den Islamismus

In Zusammenarbeit mit Martin Benninghoff
und Prof. Dr. theol. Beyza Bilgin (Ankara)

Piper München Zürich

Mehr über unsere Autoren und Bücher:
www.piper.de

ISBN 978-3-492-05381-5

Satz: seitenweise, Tübingen
Druck und Bindung: CPI – Clausen & Bosse, Leck
Printed in Germany

»Also klar legen wir diese Botschaften dar für Leute, die denken!«

Sure 10 (»Jona«), Vers 24 *

»Und sag: ›Die Wahrheit (ist nun gekommen) von Eurem Erhalter: Lasse denn an sie glauben, wer will, und lasse sie wegwerfen, wer will.‹«

Sure 18 (»Die Höhle«), Vers 29

»Wir haben hier natürlich auch Ultraorthodoxe. Aber wir haben zudem die anderen, einen Ausgleich. Bei euch in Deutschland fehlt dieses Korrektiv!«

Ein türkischer Theologe auf einer Tagung in Istanbul, Türkei

»Wenn ich wissen will, ob die Koranübersetzung zeitgemäß ist, schaue ich mir die Sure 78, Vers 31–33 an: Wenn es hier heißt: ›(Doch) wahrlich, den Gottesbewussten steht höchste Erfüllung bevor: üppige Gärten und Weingärten und prächtige Gefährten …‹, weiß ich, dass die Übersetzung in Ordnung ist. Wenn aber statt von ›Gefährten‹ von ›Jungfrauen mit schwellenden Brüsten‹ die Rede ist, lege ich das Exemplar zur Seite.«

Beyza Bilgin, Theologin

* Alle Koranzitate sind der Übersetzung von Muhammad Asad entnommen. Asad, Muhammad: *Die Botschaft des Koran*. Patmos Verlag, 2009.

Inhalt

Vorwort

Die Idee zu diesem Buch kam mir während eines Aufenthaltes im türkischen Ferienort Cesme. Es war August, und es war Kandil. Kandil ist ein arabisches Wort und bedeutet wörtlich »Öllampe«. Im Schein der Öllampen, der Festbeleuchtung, werden religiöse Feste begangen, daher bezeichnet Kandil auch besondere religiöse Feiertage im Islam. In der Türkei werden solche Kandil-Abende geliebt und mit Leckereien gefeiert, die man auch gerne an Nachbarn verteilt.

Auch an diesem Kandil kamen die Nachbarinnen mit ihren Schalen voller Süßigkeiten zu uns herüber und überbrachten ihre Wünsche. Dies wäre nicht weiter bemerkenswert gewesen, wenn die Frauen nicht alle nur mit Badeanzügen bekleidet gewesen wären; wegen der Hitze oder weil sie nach getaner Arbeit schwimmen gehen wollten. Im Badeanzug zu den Nachbarn gehen, um ihnen zum Kandil zu gratulieren! Für die Frauen selbst schien das nichts Besonderes zu sein, sie hatten schlicht die Traditionen des Islam mit ihrem Alltag verwoben.

Mir war klar, dass diese Art, den Islam zu praktizieren, nicht überall in der Türkei üblich war, geschweige denn im Rest der islamischen Welt. Umso bemerkenswerter war diese Selbstverständlichkeit für mich – und machte mich neugierig.

Bei meinen Recherchen stieß ich schließlich auf die sogenannte Ankara-Schule, deren aufgeklärte Theologinnen leitende Positionen in der Fakultät der Universität Ankara bekleiden. In meinen Gesprächen mit diesen Theologinnen zum Thema Islam kristallisierte sich rasch heraus, dass sie sich genau mit diesem Thema beschäftigten: Wie kann der Islam mit der Entwicklung der Moderne Schritt halten? Was muss sich verändern, damit Islam und moderne Lebenswelten nicht im Widerspruch zueinander stehen?

Auch wenn die islamische Welt noch keine Form der Aufklärung durchlaufen hat, kann der Geist der Aufklärung nicht auch mit dem Islam vereinbar sein?

In unseren Diskussionen hieß es zu meiner Überraschung erstmals nicht Islam *oder* Moderne, sondern Islam *und* Moderne. Für mich persönlich lautete die Frage zudem: Was bietet mir der Islam als aufgeklärte und emanzipierte Frau?

Eine besonders wertvolle Gesprächspartnerin war dabei stets Prof. Beyza Bilgin, die ehemalige Dekanin der theologischen Fakultät Ankara. Erst durch die vielen Gespräche mit ihr konnte dieses Buch entstehen.

Für diese wertvollen Diskussionen, aber auch für die Begleitung während der Schreibphase gebührt ihr mein ganz besonderer Dank.

Diese fruchtbare Zusammenarbeit gab mir aber nicht nur Einblicke in die Theorie der islamischen Theologie, sondern öffnete mir zudem die Augen für eine Leerstelle in der aktuellen Diskussion. Denn was uns völlig verborgen bleibt: über den Einfluss und die Möglichkeit aufklärerischer Elemente im Islam wird nicht nur im europäischen Raum diskutiert, sondern auch in der Türkei. Und hüben wie drüben stehen die Menschen, die den Islam im Hier und Heute verorten, den Ewiggestrigen gegenüber.

Beyza Bilgin ist bekennende Muslimin, ebenso wie ich bekennende Muslimin bin, und uns verbindet das Wissen darüber, dass der Islam viel zu wertvoll ist, um ihn den Ewiggestrigen zu überlassen.

Das Wort »Vernunft« kommt im Koran 49 Mal vor. 49 Mal fordert der Koran den Menschen auf, seinen Verstand einzusetzen. Der Verstand als Quelle der Erkenntnis und der ewig währenden Offenbarung für den Menschen?

Ja! Es kann ihn geben, den modernen Islam. Wir müssen nur den Mut dafür aufbringen, den Verstand zu nutzen, um ausgetretene Pfade zu verlassen und den Islam aus seinem fundamentalistischen Gefängnis zu befreien – einem Gefängnis, dessen Fundament aus der Vermengung patriarchalen Denkens und der Scharia besteht.

Wir müssen erreichen, dass dieser moderne Islam nicht nur in elitären Zirkeln diskutiert wird, hinter vorgehaltener Hand, heimlich und voller Angst vor den Fundamentalisten und Radikalen, sondern den Weg in die Wohnzimmer und Klassenräume findet, hinter die Kopftücher gelangt.

Natürlich braucht es dazu Mut, als Frau in der Öffentlichkeit über einen modernen Islam zu sprechen, aber wir sollten es tun, und wir haben es getan, weil wir von unseren Thesen überzeugt sind – und weil wir an den Islam glauben. In der Türkei ebenso wie in Deutschland.

In diesem Buch sollen die Grundzüge des modernen Islam nun dargelegt werden. Möglich gemacht wurde dies erst durch die vielen Gespräche mit den Theologieprofessorinnen und Professoren Mualla Selçuk, Halis Albayrak, Nahide Bozkurt von der Universität Ankara, Cemal Sofuoglu und Mustafa Yildirim von der Universität Izmir, den Islamwissenschaftlerinnen Canan Kalac, Rabeya Müller und Hidayet Tuksal, und vielen anderen überzeugten Musliminnen und Muslimen, denen ich hier für ihre Zeit und Geduld danken möchte. Sie alle haben meinen Blick geschärft und mich inspiriert. Ebenfalls danken möchte ich meinem Ehemann Ahmet Akgün, der mich immer wieder ermutigt hat, dieses Buch zu schreiben.

»Aufstand der Kopftuchmädchen« ist allen Musliminnen und Muslimen gewidmet, die es satt haben, sich von den Ewiggestrigen den Islam erklären zu lassen und sich nach einem modernen Islam im Hier und Heute sehnen. Es ist weiterhin jenen interessierten Bürgerinnen und Bürgern gewidmet, die sich nicht durch demagogische Polemik abschrecken lassen und einen Einblick bekommen möchten in einen Islam ohne Kopftuch, Zwangsheirat und Ehrenmord – aber auch in einen Islam ohne Tausendundeine Nacht.

Einführung: Aufstand der Kopftuchmädchen

Der Aufstand der Kopftuchmädchen wird seinen Anfang in den eigenen Reihen nehmen: Die Kopftuchmädchen werden sich nicht länger kleinhalten lassen, sie werden mitreden wollen. Ihr Aufstand gegen die Konservativen und Ultraorthodoxen wird ein allmählicher sein – kein großer Knall, der sich schnell entlädt, aber ebenso schnell wieder verpufft. Initiiert von jungen Frauen und Mädchen, die noch heute von ihren Eltern und den dahinterstehenden politisierenden Islam- und Moscheevereinen mit Kopftuch in die Schulen und Kindergärten geschickt werden, damit dieses Kampfsymbol im öffentlichen Raum sichtbar wird.

Das Kopftuch ist das Symbol eines Islam, der sich nicht als intime Verbindung zwischen dem Menschen und Allah sieht, sondern als allgegenwärtiges Etikett, das den Menschen auf der Stirn kleben soll. Nicht nur, aber auch: des politischen Islam. Natürlich ist das Kopftuch für die Mädchen und Frauen, die es tragen, auch mehr – Identifikation, Maske, Mode. Die Funktionäre, die das Kopftuch als »islamisches Muss« deklarieren, scheren sich jedoch nicht um Mode, sondern sehen es als Etikett, das ihren Einfluss auf die Menschen sichern soll.

Ein Schuss, der nach hinten losgehen wird. Früher saßen diese Kopftuchmädchen nur zu Hause. Dann wurden sie hinausgeschickt, in die Schulen, an die Universitäten und in die virtuellen Räume des Internets. »Wir sind da, wir sind sichtbar, wir zählen.« Die konservativen Islamfunktionäre und ihre oft ahnungslosen Helfer unter den überforderten Müttern und Vätern vertrauen darauf, dass das bisschen Stoff, das Kopftuch, ihre Mädchen schützt vor den angeblich verrohenden und unsittlichen Einflüssen der Welt da draußen. Die Mädchen und jungen Frauen, die keine andere Sicht der Dinge kennen, sagen deshalb heute noch: »Das Kopftuch ist meine Freiheit. Es beschützt mich.« Sie haben es so gelernt, darum ist ihnen kein Vorwurf zu machen.

Der Vorwurf gilt den Orthodoxen und Ultraorthodoxen, die nicht müde werden, den Gläubigen in den Moscheevereinen den Floh der »Fitna« ins Ohr zu setzen: »Fitna« hat mehrere Bedeutungen, wie »Zwietracht säen«, »jemanden verführen«, »Aufstand« und »Aufwiegeln«, aber auch »schöne Frau«. Diese begriffliche Mannigfaltigkeit zeigt schon auf, wohin die Reise geht: Alles, was schön ist – Liebe, Tanz und Lust –, wird von den Konservativen zu »Fitna« erklärt. Alles, was über die eng gesteckten Grenzen ihrer selbst erfundenen Regelkataloge geht, wird von diesen Predigern als Bedrohung empfunden, die ihre Macht gefährdet, personifiziert in der Weiblichkeit. Daher ist ihr ganzes Bestreben, gegen »Fitna« zu kämpfen.

Die Frau ist in diesem Weltbild die Hure des Teufels, die die soziale Ordnung gefährdet, wenn sie nicht unter Verschluss und an der kurzen Leine gehalten wird.

Ein schönes Beispiel für diese krude Weltsicht: Vor 30 Jahren war das Kopftuch noch eine fromme Ausnahme; heute gehört es schon zum normalen Stadtbild. Auch ein Indiz dafür, dass sich der politische Islam das Kopftuch als Symbol auserkoren hat.

Der Islam politisierte sich nach und nach, angetrieben durch weltweite Ereignisse in den Jahren 1979 und 1980:

Der Schah von Persien wurde gestürzt, und Ajatollah Chomeini rief die sogenannte islamische Revolution im Iran aus.

Die Sowjets marschierten in Afghanistan ein, und eine ganze Generation vor allem junger Männer radikalisierte sich im Kampf gegen die Besatzer, großzügig mit Waffen und Logistik vom Westen, allen voran den USA, unterstützt.

In der Türkei putschte sich das Militär an die Macht – und versuchte, die politischen Bewegungen durch die Betonung der gemeinsamen Religion über eine Homogenisierung der Gesellschaft im Sinne von sunnitisch-hanefitischen Bestrebungen gleichzuschalten. Heute haben wir einen politischen Islam, der vor Gewalt und Terror nicht zurückschreckt und sich zugleich bei den Benachteiligten in der Gesellschaft als Retter und Unterstützer ausgibt.

Die Folgen dieser weltpolitischen Ereignisse sind heute selbst in den letzten Winkeln deutscher Vorstädte zu spüren. Der Islam als politisierte Religion ist bis nach Dinslaken und Bonn gekommen.

Schon in den Neunzigerjahren hingen in Köln Plakate, auf denen in türkischer Sprache stand: »Mein Kopftuch ist meine Fahne! Mein Kopftuch ist meine Ehre.« Diese Botschaften gingen natürlich an den meisten Deutschen der Mehrheitsgesellschaft vorbei, weil sie des Türkischen nicht mächtig waren.

Nur – gesetzt den Fall, alle tragen ein Kopftuch: was kommt dann? Dann wollen die Ultraorthodoxen, so viel ist sicher, die nächsthöhere Stufe der Frömmigkeitsspirale erreichen, indem sie die Burka als Kleidungsstück propagieren. Was sind die nächsten Stufen? Vielleicht sollen die Frauen das Haus irgendwann nicht mehr ohne männliche Begleitung verlassen, wie das heute schon in manchen islamischen Ländern der Fall ist.

Und dann?

Schon heute gibt es islamische Länder, in denen Damenunterwäsche, die in Schaufenstern zur Schau ausgestellt wird, verboten ist. Auch gibt es Bestrebungen, dass Geschäftsinhaber künftig ihre Türen offen lassen müssen, damit Polizisten ungehindert hineinschauen und im Zweifelsfall einschreiten können, sollten sich der Verkäufer und die adrette Kundin einander unsittlich nähern. Es gibt Berichte, wonach Dekane von Universitäten ihren Dozenten und Professoren nahelegen, die Türen offen zu lassen, wenn sie sich mit Studentinnen unterhalten.

Orthodoxe Traditionalisten, die eher im Privaten oder in ihren Moscheevereinen wirken, und Ultraorthodoxe, die den Islam als politisches Staatssystem durchsetzen wollen, reichen sich auch in Deutschland die Hände. Die modernen Muslime und ihre Helferinnen und Helfer müssen heute gegen diese Hardliner ins Feld ziehen, um vor allem die Rechte der muslimischen Frauen und Mädchen zu schützen.

Aber schon morgen werden diese Mädchen und jungen Frauen in der Lage sein, über ihren Tellerrand hinauszuschauen und sich selbst zu helfen.

Sie lernen in den Schulen mehr als nur Mathematik und Deutsch; sie lernen auch, dass die Welt da draußen keine unsittliche Hölle ist, vor der sie sich schützen müssen. Sie lernen andere Kinder und Jugendliche kennen und schätzen, studieren mit anderen Erwachsenen an den Universitäten und spüren, dass sie als Muslime doch nicht grundverschieden sind. Ein echtes Aha-Erlebnis. Sie gewinnen Preise, erreichen gute Noten und riechen den süßen Duft des Erfolgs. Und sie werden ihre neuen Möglichkeiten nutzen, indem sie ihren konservativen und ultrareligiösen Verhinderern sagen: »Bis hierher und nicht weiter! So nicht!«

Noch liegen die Bildungserfolge der jüngeren Zuwanderergeneration weit hinter denen der vergleichbaren deutschstämmigen Jugend; aber wer heute über einen Uni-Campus schlendert, sieht die Veränderungen in Richtung einer neuen deutschen multiethnischen Generation, die schon bald an den Schaltstellen der Macht sitzen wird. Gerade die Absolventinnen werden nicht mehr bereit sein, die Plätze einzunehmen, die ihnen die konservativen Männer und ihre sie unterstützenden Ehefrauen zuweisen. Sie nehmen sich, was ihnen zusteht, und sie nutzen, was sie ausgebildet haben: den Geist, den Verstand und ihre Freiheit. Sie zersetzen das System der Männer und ihrer Frauen von innen heraus.

Was machen all die konservativen Männer, wenn sie keine leichtgläubigen Frauen mehr haben, die ihren autoritären Sprüchen Glauben schenken? Was machen all die kleinen Könige, wenn sie kein Volk mehr befehligen?

Dass die Erneuerung ausgerechnet von innen kommt, ist kein frommer Wunsch, sondern logisch und plausibel: Erneuerung, die zweifelsohne Widerstand hervorrufen wird, kann nur von innen heraus erfolgen. Denn nur von innen heraus ist Glaubwürdigkeit möglich, nur so können Solidarisierungseffekte verhindert werden, die entstehen, wenn Außenstehende urteilen.

In der jüngeren Entwicklung der deutschen Gesellschaft gibt es dafür mehrere Beispiele, von denen die Erneuerung des Familienbildes bei den Konservativen das eindrucksvollste ist: Vereinbarkeit von Familie und Beruf, Gleichberechtigung und Mitsprache konnten sich bei den deutschen Konservativen nur durchsetzen (im Großen und Ganzen zumindest), weil sie auch von innen heraus propagiert wurden; flankiert von progressiven Kräften konnten sich moderner denkende Frauen und Männer aus der Deckung wagen.

Mit dem Ergebnis, dass Ewiggestrige nur noch in ihren Biotopen der Stammtische oder Internetforen weiter die alten Lieder singen können.

Der Mainstream ist längst ein liberaler!

Natürlich passen sich dem auch konservative Islamfunktionäre an: sie propagieren das Kopftuch als quasi feministisches Stück Stoff, das angeblich ein Symbol für die Selbstbestimmung der Frau sei. Diese Taktik geht allerdings nur auf, wenn es Kopftuchmädchen gibt, die unkritisch willige Erfüllungsgehilfen sind. Muslimische Frauen und Mädchen mit immer mehr Bildung werden jedoch in Zukunft keinen Kadavergehorsam mehr leisten, sobald sie die Strategien der Islamfunktionäre einmal durchschaut haben.

Das Kopftuch hat nichts mit Selbstbestimmung zu tun. Es dient vornehmlich der Abgrenzung der Frau vom Rest der Welt mit Ausnahme derer, die ebenfalls eines tragen, sowie der Kontrolle der Männer über die Frauen und der Frauen über andere Frauen. Einen Eindruck davon bekommt man, wenn man mit Musliminnen spricht. Eine, die hier nicht namentlich genannt werden möchte, weil sie Angst vor Beschimpfungen hat, erzählte:

»Früher trug auch ich ein Kopftuch. Heute nicht mehr. Ich habe gelernt, es abzulegen. Wenn ich allerdings meine Freundinnen sehe, wie sie sich, eben noch lebenslustig und voller Tatendrang, an der Türschwelle das Kopftuch überstreifen, erkenne ich gleich eine wundersame Veränderung: sie bewegen sich steifer, irgendwie geduckt wie eine alte Frau unter der Last ihrer Jahre. Ihre bunte Lebenslust weicht Disziplin und Unscheinbarkeit. So gehen sie dann auf die Straße.

Früher gehörte auch ich dazu. Heute bin ich auf den Geschmack gekommen – auf den Geschmack der Freiheit und des Selbstbewusstseins. Das wünsche ich allen Muslimen, die unter der Knute irgendwelcher unsinniger Traditionen stehen.«

Die meisten Frauen tragen das Kopftuch aus Angst vor dem sozialen Druck, der in ihrer unmittelbaren Umgebung – Familie und Freunde – herrscht. Dinge wie Doppelmoral und Heimlichtuerei, die auch in der modernen Gesellschaft nicht auszumerzen sind, haben ihren Ursprung in dieser Angst vor der Mehrheitsmeinung. Das Individuum wagt es nicht, mutig den Kopf zu heben und die eigene Meinung auch gegen Widerstände zu vertreten. Wer doch den Widerspruch wagt, hat schon viel erreicht; doch reicht es meistens nur dazu, ein Signal zu setzen, das einen allerdings teuer zu stehen kommen kann: Ausschluss aus der Gemeinschaft nicht ausgeschlossen! Die Dinge dauerhaft zu verändern, bleibt hingegen viel zu oft ein frommer Wunsch. Die meisten ducken sich vor der Mehrheitsmeinung. Oder sie machen sich die Mehrheitsmeinung zu eigen, was noch einfacher ist.

Wenn ein Muslim mit den propagierten Vorstellungen von angeblicher Moral nicht einverstanden ist, bleibt meist nur, die Gemeinde zu verlassen. Nach diesem Prinzip agieren auch die orthodoxen und ultraorthodoxen Moscheevereine und Verbände: sie sprechen den Andersdenkenden einfach ab, Muslim zu sein. Denn dann, so das Kalkül, kann die Kritik ertragen werden: sie kommt ja von außen; von einem abgefallenen Dissidenten, dessen Meinung, nun ja, nicht ganz ernst zu nehmen ist. Eine beliebte Strategie, sich unliebsamer Glaubensbrüder und -schwestern zu entledigen.

Und es ist schwer, sich nachträglich gegen die Gehirnwäsche der Kindheit und Jugend zu stellen, die man in den Koranschulen am eigenen Leib erleben musste. Auch gegen die eigene Familie im Zweifelsfall aufzubegehren, ist unendlich schwierig. Drohungen und Beleidigungen gehören dabei zum Einschüchterungsinstrumentarium so mancher Moscheevereine und Islamverbände.

Wenn wir endlich mit Geist und Verstand an die große Weltreligion Islam herangehen, werden wir sehen, welches Potenzial sie hat: als intime Verbindung zwischen den Gläubigen und Gott. In Sure 50 (Qaf), Vers 16 heißt es: »*Nun wahrlich*, Wir sind es, die den Menschen erschaffen haben, und Wir wissen, was sein innerstes Selbst in ihm flüstert: denn Wir sind ihm näher als seine Halsschlagader.« Menschen und Gott sind sich näher als alles andere, ja sogar näher als der eigene Körper.

Die Fragen, die sich heute noch permanent in den Vordergrund schieben, werden vor diesem Hintergrund verblassen, und die wahrhaft wichtigen Fragen werden nach vorne kommen: die Fragen nach dem Woher und Wohin, der Sinnhaftigkeit unserer Existenz in einer Zeit, die vielleicht die wohlhabendste ist, nicht aber unbedingt die sinnerfüllteste.

Der Koran spricht immerhin über 70 Mal vom Jüngsten Tag, an dem sich die Menschen vor Gott zu verantworten haben. Der Glaube an das göttliche Gericht und die Auferstehung gehört zu den zentralen Anliegen des Islam, der eine Menge Zeichen für den Tag des Jüngsten Gerichts kennt: eine Änderung der Gestirne etwa oder der Prophet Jesus, der wiederkommen soll. Allerdings werden auch kleinere Anzeichen genannt, die interessanterweise viel mit der Rolle der Frau zu tun haben – und Hinweise auf die Entwicklung unserer Kopftuchmädchen sind. Die Frauen werden arbeiten und sich in die Angelegenheiten der Männer einmischen; sie werden die Männer imitieren, wie auch die Männer die Frauen imitieren werden; die Frauen werden kurze Haare tragen; und es wird mehr Bücher geben …

Nicht die schlechtesten Aussichten.

Egal ob Frauen oder Männer: Entscheidend sind die Gesichter moderner Muslime, die endlich das Bild vom Islam in der Öffentlichkeit stärker bestimmen sollten. Ihre Ideen und Vorstellungen, selbstbewusst vorgetragen, sind der Schlüssel zu einem zeitgemäßen Verständnis einer alten und ehrbaren Religion. Sie bilden das wahre Gegengewicht zu den Ultraorthodoxen, die unser Bild vom Islam prägen.

Die Frage aller Fragen lautet: Welcher Islam gewinnt die Oberhand? Ist es ein moderner, der Zeit entsprechender Zukunfts-Islam, der die Werte des demokratischen Verfassungsstaats von innen stärkt? Oder werden die ultraorthodoxen Moscheevereine und Islamverbände triumphieren, die in ihrem Denken oft im Mittelalter verhaftet sind?

Vom Lebensmittelladen des Moscheevereins bis zu islamischen Bestattungsmonopolen; von islamischer Kleidung bis zum islamischen Bankwesen; von »Integrationsprojekten« der Moscheevereine bis hin zu Fitnessstudios und Badetagen nur für muslimische Frauen – das Geschäft mit dem Islam ist sehr einträglich. Moderne Muslime, für die der Glaube, mithin die Nähe zu Gott entscheidend ist und die keinen »muslimischen Lebensstil« pflegen, machen den Ultraorthodoxen das Geschäft kaputt. Und werden deshalb von ihnen bekämpft.

Dieses Buch widmet sich den alltagspraktischen Fragen aus der muslimischen Sicht. Das Kopftuch ist dabei lediglich ein Symbol.

Wir werden sehen, dass die unheilvolle Islamisierung zu vieler Lebensbereiche, in denen Religion nichts zu suchen hat, zu weit fortgeschritten ist – und zugleich Wege daraus aufzeigen. Wenig von dem, was so mancher Imam oder Hodscha (das sind die muslimischen Vorbeter in den Moscheen) erzählt, ist von den religiösen Quellen im Koran wirklich gedeckt. Den nötigen theologischen Sachverstand liefern mehrere Wissenschaftler, vor allem aber Professor Beyza Bilgin, emeritierte Professorin an der Islamisch-Theologischen Fakultät der Universität Ankara. Hinzu kommen meine Erfahrungen aus Jahren der therapeutischen und politischen Arbeit mit den unterschiedlichsten Menschen, darunter viele Migranten mit islamischem Hintergrund.

Diskussionen und Anregungen sind außerordentlich erwünscht, wenn wir es gemeinsam schaffen, andere Meinungen auszuhalten und nicht mit Beleidigtsein zu reagieren. Man wird sehen, der Ton macht die Musik.

Ein Sultan hatte einmal einen Traum. Und er ließ den besten Traumdeuter seines Landes kommen, um den Traum zu deuten. »Oh, mein Herrscher, was für ein schrecklicher Traum«, rief der Traumdeuter aus, nachdem er sich den Traum hatte erzählen lassen. »Ihr werdet alle verlieren, die Ihr liebt und die Euch lieben, Ihr werdet im Alter allein und einsam sein und als der Sultan bekannt, aus dessen Worten Verbitterung fließt!«

»Schlagt dem Traumdeuter den Kopf ab!«, rief der Sultan, »und holt mir einen anderen!« Und so saß am nächsten Tag ein anderer Traumdeuter vor dem Sultan und hörte sich denselben Traum an.

»Oh, mein Herrscher, was für ein schrecklicher Traum. Ihr werdet wohl, wenn ich das richtig verstehe, alle verlieren, die Ihr liebt …«

»Kopf ab, sage ich, Kopf ab!«, unterbrach ihn der Sultan. »Und holt mir schnell einen anderen!« Ein dritter Traumdeuter trat ein. »Oh, mein Herrscher, was für ein wunderbarer Traum!«, rief der dritte Traumdeuter aus, nachdem er sich den Traum hatte erzählen lassen. »Ihr werdet sehr alt werden und ein durch Schmerz gereifter weiser Sultan, dessen Worte diese besondere Weisheit widerspiegeln.«

»Gebt dem Traumdeuter 100 Goldtaler«, rief der Sultan. Der Wesir, der die ganze Zeit dabei gewesen war, wagte einen Widerspruch. »Aber mein Sultan«, sagte er, »der dritte Traumdeuter hat doch nichts anderes gesagt als die ersten beiden.«

»Das weiß ich auch«, erwiderte der Sultan, »aber er hat es anders gesagt!«

Das ist der moderne Islam. Eine zeitgemäße Interpretation

»Wenn 50 Millionen Menschen eine Dummheit behaupten, wird sie deswegen nicht zur Wahrheit.« (Somerset Maugham)

Die folgenden Aussagen erscheinen auf den ersten Blick ungewöhnlich in Zusammenhang mit dem Islam, sind bei näherer Betrachtung aber mit dem Koran und somit auch dem Islam vereinbar.

Auch wenn konservative islamische Kreise eine andere Darstellung des Islam verbreiten und es damit tatsächlich schaffen, dass ihre Sichtweise des Islam weithin als die »einzig wahre und richtige« dargestellt wird, muss die Feststellung erlaubt sein, dass sie sich irren.

Denn sie haben weder den Islam noch die Wahrheit über den Islam gepachtet.

Es ist an der Zeit den Mut aufzubringen, den wissenschaftlich fundierten Islam zu präsentieren.

Männer und Frauen

1. Männer und Frauen sind gleich wertvoll und gleichberechtigt. Und da im Koran »Gegenseitigkeit« herrscht, dürfen Frauen alles, was auch Männer dürfen.
2. Da Männer und Frauen gleich wertvoll und gleichberechtigt sind, muss sich keiner mehr oder weniger verhüllen als der andere. Folglich sind weder Kopftuch noch andere Verhüllungen nötig. Kein Kopftuch. Keine Burka.
3. Jede Lebenslage verlangt ihre spezielle Kleidung.
4. Der Islam schreibt vor, dass der Mensch sauber und der

Situation angemessen gekleidet ist, bescheiden und nicht auffällig. Wenn es unislamisch ist, durch Kleidung aufzufallen, müsste islamisch korrekte Kleidung für die Frauen folgendermaßen aussehen: im Kostüm ins Büro, im Abendkleid auf den Ball und im Badeanzug oder Bikini an den Strand.
5. Sex vor der Ehe ist in Ordnung. Die Botschaft des Korans verlangt lediglich einen ethischen Umgang der Partner miteinander.
6. Jungfräulichkeit ist daher keine Forderung des Islam.
7. Frauen und Männer heiraten, wen sie wollen.
8. Wenn muslimische Männer nichtmuslimische Frauen heiraten dürfen, dann dürfen auch muslimische Frauen nichtmuslimische Männer heiraten.
9. Jungen und Mädchen sind gleich wertvoll und gleichberechtigt. Was Jungen dürfen, dürfen auch die Mädchen – und vice versa.
10. Schwule und Lesben sind ebenso Geschöpfe Gottes wie alle anderen Menschen auch. Deshalb können sie genauso selbstbestimmt leben wie andere.

Die fünf Säulen des Islam

1. Auch zwei Mal am Tag beten reicht völlig. Entscheidend ist die Zwiesprache mit Gott, nicht aber eine äußerliche Demonstration.
2. Wer Steuern und Sozialabgaben zahlt, kann Almosen geben, muss aber nicht. Almosen zu geben, ist kein Grund, Steuern zu hinterziehen.
3. Niemand muss fasten, wenn es seine Kräfte übersteigt. Auch das Fasten ist, wie das Beten, keine äußerliche Pflichterfüllung, sondern die Chance auf innere Zwiesprache mit Gott.

Moscheen

1. Minarette sind nicht nötig, da sie die Ruf- und Weckfunktion nicht mehr erfüllen. Dafür gibt es heutzutage andere Techniken, wie Wecker oder die Weckfunktion im Handy.

2. Moscheen gehören ins Stadtbild eingepasst und sollen Gemeinschaftsräume statt Machtdemonstrationen sein.
3. Wenn Frauen dasselbe wie Männer tun dürfen, so können sie selbstverständlich auch Imaminnen werden.
4. Frauen und Männer können miteinander beten. Ein Gott, ein Raum.

Alltag

1. Musik und Tanz sind Zeichen der Lebensfreude und dadurch sehr islamisch. Menschen leben zusammen, sie singen zusammen und sie tanzen zusammen.
2. Schule ist der Ort der Koedukation. Jungen und Mädchen lernen gemeinsam, haben gemeinsam Sportunterricht und fahren gemeinsam in Schullandheime.
3. Muslimische Kinder sollen nichtmuslimische Freunde haben, sie besuchen, bei ihnen das essen, was auf den Tisch kommt, und bei ihnen übernachten. Umgekehrt natürlich auch.
4. Nach dem Koran ist es unter bestimmten Bedingungen möglich, Schweinefleisch zu essen.
5. Der Islam spricht sich nicht per se gegen Alkoholgenuss aus, sondern gegen Alkoholmissbrauch.
6. Jeder Moslem hat das Recht, den Koran in seiner Muttersprache zu lesen und zu verstehen. Arabisch ist nicht die alleinige Sprache zwischen Gott und den Menschen. Gott versteht alle Sprachen der Welt.
7. Die Religion soll die Menschen geistig bereichern und nicht dazu instrumentalisiert werden, Menschen das Geld aus der Tasche zu ziehen, nicht mittelbar und nicht unmittelbar. Es ist eine Sünde und unislamisch, im Namen Gottes Geschäfte zu machen.

Die Inländer-Muslime

Das grüne Band oder wie der Islam zur Inländerreligion wurde

Das muss gleich vorweg gesagt werden: Der Islam ist eine Inländerreligion. Muslime sind genauso ein Teil Deutschlands wie Christen, Juden, die Anhänger weiterer Religionen und Atheisten.

Zum einen schade, dass das immer noch gesagt werden muss. Aber die Deutschen gewöhnen sich derzeit daran, dass ihre Gesellschaft vielfältiger wird. Das mag nicht jedem gefallen, und so verwundert es kaum, dass nur wenige Themen derart kontrovers diskutiert werden wie das große »Aufreger-Thema« Islam. Die eingefahrenen Kategorien von innen und außen, von »wir« und »die anderen«, brechen gerade zusammen wie ein verstaubtes Kartenhaus. Viel Staub wird aufgewirbelt, und die Karten müssen neu gemischt werden, wenn sich wieder ein Gebilde mit Haltbarkeit ergeben soll. Der Islam ist kein außenpolitisches Thema mehr; er ist Teil des Ressorts Innenpolitik.

Viele Solidarisierungseffekte, die wir heute erleben, rühren daher, dass sich Muslime noch nach Jahren in Deutschland als Ausländer behandelt fühlen. Als Ausländer mit weniger Rechten, dafür vor allem mit Pflichten, sich zu integrieren, anzupassen, eine Leitkultur zu lernen oder was auch immer in den Denkschmieden und PR-Abteilungen von Parteien und Politikern an Neuem erdacht wird.

Wer also als muslimische Politikerin tagtäglich von Journalisten gefragt wird, ob die Moschee A im Stadtteil B gebaut werden darf, antwortet irgendwann entnervt: Ja, natürlich darf die Moschee A gebaut werden, wenn alle Fragen des Baurechts geklärt sind. Das gebietet eben das Recht auf freie Religionsausübung, und der gesunde Menschenverstand noch obendrein. Letzterer gebietet allerdings auch, die Nachbarn zu fragen, ob sie mit einem Kuppelbau nebenan leben können.

Und schon ist man zu einer Befürworterin der Moschee A im Stadtteil B geworden, obwohl einen Moscheen ansonsten nicht sonderlich interessieren. Auch für einen gläubigen Muslim bedarf es nämlich keiner Moschee, weil zwischen die intime Beziehung von Mensch und Allah kein Blatt Papier passt. Folglich ist eine Moschee in erster Linie ein Versammlungsort für die Gemeinde, kein Gebetsraum.

Ein Moslem ist ein Moslem ist ein Moslem

Was viele »Deutsche ohne Migrationshintergrund« vergessen: Die meisten Muslime sehen sich selbst nicht nur als Muslime, sondern auch als Deutsche, Mütter, Väter, Fußballfans, was auch immer; der Islam ist Teil ihrer Identität, aber beileibe nicht alles. Muslime sind heute ein Teil der deutschen Identität. Und nicht alles, was andere als muslimisch verkaufen, finden sie gut und würden sie unterschreiben.

Optimal wäre es, wenn sich Muslime ganz normal als Inländer sehen könnten. Dann würden bei vielen auch die Scheuklappen abfallen, hüben wie drüben: sowohl bei den alteingesessenen Deutschen als auch bei den Neu-Deutschen.

Warum?

Weil Nichtmuslime erkennen würden, dass auch Muslime Angst haben vor einem Islam, der ihnen keine Luft zum Atmen lässt. Der auf wortwörtliche und dumpfe mittelalterliche Lesart der religiösen Quellen, Koran und Sunna, setzt statt auf Vernunft und Weitsicht. Viele Muslime fürchten sich vor religiösen Eiferern und solchen, die es werden wollen. Sie fürchten sich vor deren Intoleranz und Machtansprüchen, sehen, wie sie Toleranz für sich reklamieren, gegen die eigenen Leute aber unbarmherzig sind, und wie die Umarmung der islamischen

Funktionäre zum Zangengriff mutiert. Der Machtanspruch der Intoleranten reicht weit bis ins private Wohnzimmer hinein.

Die Muslime können diese Furcht oder zumindest das Unbehagen der Ausgelieferten nachvollziehen, die im Schwitzkasten der Ultraorthodoxen nach Luft ringen. Aber auch die Nichtmuslime, Christen, Juden und Atheisten, kennen die Unbarmherzigkeit der religiösen Ultras, vielleicht sogar aus eigener Anschauung.

Viele Katholiken haben als Kinder unter den Erfahrungen mit Priestern gelitten, die sich an ihnen vergangen oder autoritär auf sie eingeprügelt haben. So manche »Watsch'n«, wie der ehemalige katholische Bischof Mixa sagte, wurde ihnen zum Albtraum, den sie bis heute nicht loswerden. In den Fünfzigerjahren wurden Kinder in Nonnenheime in einen »Urlaub« geschickt, der noch bei so manchem Sechzigjährigen heute alles andere als schöne Postkarten-Erinnerungen hervorruft: kalte Dusche zur Züchtigung, kein Kontakt nach Hause, Zensur der Postkarte für Mama und Papa.

Der erfolgreiche Kinofilm »Das weiße Band«, eine Koproduktion Deutschlands, Österreichs, Italiens und Frankreichs (alles Länder, die sich mit religiösen Eiferern in ihrer Geschichte auskennen), zeigt eindrucksvoll die beklemmende Stimmung in einem norddeutschen Dorf zu Beginn des 20. Jahrhunderts, das fest im Griff der Ultrareligiösen ist. Ein sittenstrenger evangelischer Pfarrer – neben dem Arzt und dem Baron – hält hier die Macht über die Menschen in den Händen, vor allem aber die Macht über seine eigene Familie. Er lässt seine Kinder wochenlang weiße Bänder im Haar tragen, als Zeichen angeblicher Reinheit und Unschuld. Für geringfügige Vergehen hagelt es Schläge, vom Pastor verbrämt als »Schutzmaßnahme«, um die Kinder zurück auf »den rechten Weg« zu prügeln.

Nach außen bewahrt der Pfarrer den schönen Schein. Im Lauf der Handlung bricht allerdings Gewalt den Schleier der Sittsamkeit: Ein gespanntes Seil bringt das Pferd zu Fall, auf dem der ebenfalls gewalttätige Dorfarzt sitzt. Er überlebt schwer verletzt. Der Wellensittich des Pastors wird mit einer Schere bestialisch aufgeschlitzt, und am Erntedanktag verwüstet jemand den Kohlacker des Barons. Man erntet eben, was man sät.

Der Film offenbart nicht, wer der Täter ist. Oder die Täter? Nur der junge Dorfschullehrer, ein vernünftiger und zugänglicher Mann (er steht für die aufklärerische Vernunft), ahnt, dass die malträtierten Kinder hinter den Taten stecken könnten. Dass vielleicht ein Aufstand der Unterdrückten dahinterstehen könnte …

Diese Frage harrt einer Auflösung, da der Lehrer mit seinen Ermittlungen an der Borniertheit der Dorfbewohner scheitert. Es wird vertuscht, und es wird verschwiegen. Und im Zweifelsfall stellen sich die Dorfbewohner auf die Seite der Täter, weil das immer noch besser ist, als zu den Opfern zu gehören.

Ausgezeichnet mit einem »Golden Globe«-Award als bester fremdsprachiger Film und zehn »Lolas« beim Deutschen Filmpreis lässt der Film förmlich nachempfinden, wie es ist, im dörflichen Schwitzkasten der religiösen Eiferer gefangen zu sein. Vor allem die Kinder leiden unter der religiös verbrämten Lebensart, die weit hinein in die Privatgemächer der Menschen reicht. Irgendwann bricht die latente Gewalt durch, weil der Kessel dem Druck nicht länger standhält.

Der Film zeigt eine Welt, die sich zumindest in Deutschland und weiten Teilen Europas im 20. Jahrhundert glücklicherweise verabschieden musste. Es war ein langer und harter Kampf, bis die Macht der Kirchen beschnitten war. Deshalb kann es nicht sein, dass die ultraorthodoxen Religionsausleger durch die Hintertür wieder Einzug halten: Dieses Mal sind es die ultraorthodoxen Muslime mit ihren »grünen Bändern«.

Manchmal kommt in den Talkshows und Zeitungsartikeln zu kurz, dass vor allem die Muslime unter den grünen Bändern der Sittenstrengen leiden. Was wird den Frauen angetan, die in einer Burka stecken und die Welt nur durch eine Art vergittertes Zellenfenster sehen? Stattdessen wird auf ihnen herumgehackt. Der Publizist Ralph Giordano beispielsweise nannte verschleierte Frauen im Streitgespräch bei einem Internetsender »menschliche Pinguine«. Zwar rückte er davon ab, die Frauen beleidigen zu wollen, zurück blieb allerdings die Erkenntnis, dass Verschleierung vor allem den Betrachter ästhetisch beleidigt.

Oder wie man hier und dort zu hören bekommt, wenn über Burkas gesprochen wird: »Ich will keine Ganzkörperkondome auf der Straße sehen, das ist eine Beleidigung für meine Augen.« Wer so etwas sagt, kennt nur die Perspektive des Betrachters.

Um zu verstehen, was eine Burka für die Frau bedeutet, die in ihr steckt, muss man nur einen kurzen Moment in Gedanken die Rollen tauschen und die Welt durch ein löchriges Sieb im Gesichtsfeld betrachten. Und schon wird aus dem verlachten Pinguin ein Mensch, der mit schweren Bleikugeln am Saum und Scheuklappen im Gesicht durch die Welt buckelt.

Deutschland, deine Muslime

Normalerweise wird zuerst viel diskutiert, und danach schreitet man zur Tat. Bei der Annäherung von Deutschen und Einwanderern verhält es sich allerdings genau andersherum. Erst kam die Einwanderung. Jahrzehnte später hat man begonnen, über sie nachzudenken.

Der Aufstieg Deutschlands nach dem Zweiten Weltkrieg, der gewaltige Kraftakt des »Wirtschaftswunders« führte bald zu einem immensen Mangel an Arbeitern an den Fließbändern und Drechselbänken der Republik. Mit den Anwerbeabkommen kamen in den Fünfziger-, vor allem jedoch in den Sechzigerjahren geeignete Arbeiter aus Italien, der Türkei, Jugoslawien und vielen weiteren Staaten vornehmlich Süd- und Südosteuropas. Das waren oft einfache, eher ungebildete Menschen aus ländlichen Regionen. Sie schliefen in Wohnheimen, schufteten den Tag über und kamen kaum in Kontakt mit den einheimischen Deutschen.

Das war durchaus so gewollt. Zwar berichtete das Fernsehen hier und dort von den »Gastarbeitern«, aber eher mit der Distanz derer, die nicht zu viel Energie für etwas verschwenden wollten, das ohnehin ein vorübergehendes Phänomen sei. Die fremden Arbeiter sollten arbeiten, aber dann bitte schön nach Hause gehen. Im Übrigen gingen auch die meisten Gastarbeiter davon aus, nicht allzu lange in Deutschland auszuharren.

Viele von ihnen blieben jedoch, und sie holten ihre Familien nach.

Die Geschichte der Gastarbeiter ist bekannt, deshalb muss man sie nicht noch einmal erzählen.

Weniger bekannt ist allerdings, dass Religion für die erste Generation der Einwanderer nicht so wichtig war, wie man heute denkt. Sicher, die meisten Arbeiter aus der Türkei, Marokko und anderen islamischen Ländern waren Muslime. Doch ganz davon abgesehen, dass es unter Muslimen ja auch eine große Spannbreite verschiedener Richtungen gibt – Sunniten, Schiiten, Aleviten, und unter ihnen eine Vielzahl verschiedener Rechtsschulen –, war der islamische Glaube nicht wichtiger als ihre alltäglichen Fragen rund um Einkommen, Essen, Unterkunft und Familie. Eher unwichtiger.

Wie finde ich mich zurecht? Wie und wo finde ich Anschluss? Wer hilft mir bei Behördengängen? Damals, so erzählte ein türkischstämmiger Sozialarbeiter, der jahrelang die heute alten ehemaligen »Gastarbeiter« betreute, seien die Männer zum Arbeiten nach Deutschland gekommen. Nicht zum Beten. Die Menschen waren zum Geldverdienen angereist, da Deutschland im Vergleich gut bezahlte Arbeit bot.

Zum Beten, so der erfahrene Sozialarbeiter, wäre Saudi-Arabien die bessere Wahl gewesen. Oder Ägypten, Marokko, Malaysia. Aber ganz bestimmt nicht das damals ausschließlich christliche Deutschland, das für muslimische Einwanderer keinerlei religiöse Infrastruktur bereithielt. Weder gab es Moscheen noch Kulturvereine. Minarette kannten die Deutschen allenfalls aus Abenteuerromanen und historisch verbrämten Abenteuerfilmen, in denen die weißen Schauspieler »orientalisch« angemalt waren.

Noch bis in die Achtzigerjahre wollten viele muslimische Einwanderer nichts oder nur wenig von ihrer Religion wissen, wie eine Gruppentherapeutin erzählte. Der Islam war ihnen etwas Persönliches, Intimes, das ihnen auch im fremden Deutschland ein Gefühl der Geborgenheit vermittelte: die Gebete, die koranischen Texte, die Gerüche des Gebäcks beim Zuckerfest, das abendliche Fastenbrechen, die Musik oder auch die Gewürze. Kindheitserinnerungen eben, die deutsche Christen am ehesten mit Weihnachten und Ostern verbinden.

Der Islam war für die Einwanderer etwas Persönliches, das nicht viel mit einer politischen Ideologie gemein hatte. Gebetsräume in Schulen, Kopftücher in Beamtenstuben, all dies spielte eine weitaus geringere Rolle, auch weil beispielsweise in der Türkei Kopftücher in Amtsstuben verboten waren. Wer heute Artikel über Gastarbeiter liest, wird erstaunt sein, wie wenig diese mit Kopftüchern, Moscheen und Korankursen zu tun hatten. Es sei jedem empfohlen, sich etwa auf einem Flohmarkt alte *Spiegel*-Ausgaben zu besorgen und die entsprechenden »Gastarbeiter«-Artikel zu lesen. Der Islam kommt kaum vor.

Nun ist der Unterschied nicht nur zwischen gestern und heute riesengroß, sondern auch zwischen Deutschland und den Herkunftsländern: Mancher türkische Tourist, der zum ersten Mal durch Köln oder Berlin läuft, wundert sich über die vielen Kopftücher. Zwar vermehren sich die Kopftücher auch im türkischen Straßenbild – in Deutschland fallen sie aber besonders auf (die Deutschen sollten sich jedoch auch ihrer selektiven Wahrnehmung bewusst werden, wenn sie nur noch Kopftücher sehen, aber nicht die vielen Türken, die kaum zu unterscheiden sind und nur noch durch ihre Namen auffallen).

Der Kardinalfehler: Verwechslung von Integration und Islam

So auffällig wurde der Islam also erst in den vergangenen Jahren: so bestimmend und so allgegenwärtig.

Wurde früher noch von Ausländern gesprochen, so spricht man heute schnell von Muslimen – mit einem unangenehmen Nebeneffekt: Die religiöse Zuschreibung erdrückt im öffentlichen Diskurs jede andere Teilidentität. Die Mutter, die sich um ihren Sohn in der Schule sorgt, wird zur muslimischen Mutter. Der junge U-Bahnschläger wird zum Muslim, der andere verprügelt. Und die Ministerin, die zufällig auch dem islamischen Glauben angehört, wird auf die Muslimin reduziert.

April 2010: Im Kabinett des damaligen niedersächsischen Ministerpräsidenten und heutigen Bundespräsidenten Christian Wulff nimmt eine neue Ministerin Platz: Aygül Özkan. Die türkischstämmige Juristin wird Sozialministerin und ist damit die erste Ministerin in Deutschland mit Wurzeln in der Türkei.

Nicht nur weil Özkan den Fehler machte oder, je nach Perspektive, den gelungenen PR-Gag, die christlichen Kreuze aus öffentlichen Räumen verbannen zu wollen, rückt ihre muslimische Teilidentität in den Mittelpunkt der Berichterstattung. Statt sich über ihre Berufung zu freuen, kleben der jungen Sozialministerin vor allem ihre innerparteilichen Gegner das Etikett »Islam« und »muslimisch« an.

Die Frage lautet: Warum wird in Deutschland, wo der soziale Aufstieg ein derart wichtiges Schlagwort ist, nicht über den sozialen Aufstieg einer Migrantin gesprochen – und nur über den Aufstieg einer Muslimin?

Warum wird vergessen, dass sie Deutsche ist, wenn auch mit türkischen Wurzeln (na und?)?

Warum wird vergessen, dass sie als Sozialministerin einen schwierigen Job zu bewältigen hat, denn Niedersachsen quälen einige Probleme?

Warum wird vergessen, dass sie Juristin ist?

Nein, ihr Muslimisch-Sein ist die alles überdeckende Identität.

Wie kann das sein?

Schließlich spielte die Religion bei ihrem Vater, der sich nach Jahren bei der damaligen Bundespost mit einer Schneiderei selbstständig machte, noch keine große Rolle.

Der Islam ist in aller Munde, und zwar so, dass die meisten Muslime schwer daran zu schlucken haben. »Wir Muslime« und »die Muslime«, die spezielle Variante des »wir und die«, ist schon längst zum Identitätsbrei geronnen, der alle anderen Eigenschaften mühelos überdeckt: Frau, Mann, Angestellter, Fußballfan, Theaterliebhaber, Ärztin, Pilot, Vater, Mutter oder eben Sozialministerin – alles zählt nur noch die Hälfte, wenn der islamische Halbmond zur Mondfinsternis für die Vielfalt der verschiedenen Identitäten gerät.

Natürlich sehen sich die meisten Muslime nicht hauptsächlich religiös definiert. Ebenso wenig sehen sich die meisten Christen in erster Linie als Christen: Die Religion ist für sie ein Teilaspekt, wenn überhaupt.

Die »Wir«-Zuschreibung der muslimischen Verbände ist jedoch der Versuch, das Muslimische in der Identität der Menschen so weit in den Vordergrund zu schieben, dass die anderen Eigenschaften in den Hintergrund treten.

Und die deutsche Politik macht munter mit und erweist sich als nützlicher Idiot für einen noch nie da gewesenen Identitätsterror der islamischen Funktionäre. Etwa, wenn Integrationsbeauftragte von »den Muslimen« sprechen, die es zu integrieren gelte. Oder wenn sich Politiker jedweder Parteifarbe vor den Karren spannen lassen, indem sie zu inhaltsleeren Dialogveranstaltungen pilgern oder zu Fastenbrechen-Veranstaltungen im Ramadan gehen, die einzig und allein dazu dienen, dass die islamischen Funktionäre Bilder von sich und der Parteiprominenz in der Zeitung sehen. Welcher Politiker nimmt eigentlich an irgendwelchen Eucharistie-Feiern der griechisch-orthodoxen Gemeinden teil?

Nur wenige deutsche Lokal- und Provinzpolitiker machen sich wirklich Gedanken darüber, wem sie da gerade die Hand schütteln.

Die islamischen Verbände profitieren jedoch von der Aufwertung in der öffentlichen Arena. Manchmal sind ihre PR-Methoden, gelinde gesagt, zwar noch etwas unprofessionell – zum Beispiel, wenn Journalistenanfragen nicht beantwortet werden oder sich die Funktionäre nur zu Allgemeinplätzen herablassen.

Die Fastenbrechen-Abende gehören jedenfalls zum Standard-Repertoire der PR-Arbeit von Islamverbänden. Mittlerweile erinnern diese Veranstaltungen allerdings eher an folkloristische Unterhaltungsprogramme für Touristen. Das sieht dann so aus: Eigentlich sollte der Fastende sein Fasten sofort mit Sonnenuntergang brechen. Bei den islamischen Verbänden müssen die Fastenden jedoch oft noch eine Stunde warten, bis auch der Letzte der lokalen Politprominenz seinen Tisch gefunden hat.

Auch war das gemeinsame Fastenbrechen ursprünglich eher als traditionelle Armenspeisung gedacht und nicht als »Candle-Light-Dinner« für die Prominenz. Es ist doch merkwürdig, dass gerade diejenigen, die sonst so viel Wert darauf legen, dem Propheten in Kleidung und Verhalten angeblich nachzueifern, beim Fastenbrechen ihren eigenen Traditionen untreu werden – wenn es der Öffentlichkeitsarbeit dient. Der Verband der Islamischen Kulturzentren VIKZ etwa brüstet sich damit, vor etwa 25 Jahren mit den großen Iftar-Essen angefangen und daraus ein »gesellschaftliches Event« gemacht zu haben.

Die Methoden sind heute eben ausgefeilter als noch vor zehn Jahren, und die deutsche Politik bietet vor allem den Islamverbänden, die an der Islamkonferenz teilnehmen, eine nie da gewesene Plattform zur Selbstdarstellung. Ergebnis dieser Zusammenarbeit zwischen Islamverbänden und dem Staat: Die Islamverbände gerieren sich als die großen Vertreter der Muslime in Deutschland. Und die Politik assistiert, indem sie die höchst unterschiedlichen Menschen der verschiedenen islamischen Strömungen in Deutschland zu einem Islambrei vermengt, der wiederum von den Islamverbänden gierig gelöffelt wird.

Heraus kommt, dass Vereine und Verbände für sich in Anspruch nehmen, »die Muslime« zu vertreten. Rein rechnerisch schaffen sie das sogar oft, indem sie sich einfach die ganze Familie eines Mitglieds einverleiben; so können sie ihre Mitgliederliste etwa mit dem Faktor fünf multiplizieren. Feine Taktik – schon ist die nötige Größe zur »Repräsentation der Muslime in Deutschland« erreicht.

Zu verdanken sind diese Aufwertung und das Hofieren der Tatsache, dass Deutschland bis heute nicht weiß, wie es mit dem Wort »Integration« umgehen soll. Oder wie es Integration zu definieren hat.

Jahrelang war die Sprache das einzige Kriterium für gelungene Integration. Wer gut deutsch sprach, galt als integriert. Wer radebrechte, galt als unintegriert, selbst wenn es sich um einen Professor handelte. Und dann kam die Religion hinzu: Jetzt waren die Nichtmuslime die gut Integrierten und die Muslime die schlecht Integrierten.

Zum Beispiel bei einer Veranstaltung der evangelischen Akademie in Tutzing: Religion, so der Hinweis, könne kein Kriterium für die Integration sein, was sich dadurch zeigen lasse, dass bei den christlichen Zuwanderern die Spanier nach den wissenschaftlich akzeptierten Kriterien sehr gut integriert seien, die Italiener aber nicht, und bei den Muslimen die Iraner sehr gut integriert seien, die Türken jedoch nicht. Eine regelrechte Hasswelle schlug dem Vortragenden aus dem Publikum entgegen: Das wäre doch gelogen, christliche Zuwanderer seien immer gut integriert!

Irgendwann kam man auf die Idee, Sprache und Religion, die aus deutscher Sicht einzig wahren Kriterien für gelungene Integration, zusammenzunehmen. Die Religiösen, die islamischen Organisationen und deren Mitarbeiter wurden, wenn sie gut deutsch sprachen, zu »Integrationslotsen« ernannt.

Vorsichtige Einwände bezüglich der Integrität von so manchem islamischen Funktionär wurden mitunter beiseitegewischt mit dem Hinweis: Wieso? Der spricht doch gut deutsch!

Eine naive Vorstellung. Aber sie war der Startschuss für den

»Run« auf die Moscheevereine. Und man merkte nicht einmal, dass man den Bock zum Gärtner machte.

Die naive Vorstellung, dass man über die Schmeichelei gewissen Islamverbänden gegenüber Verbündete im Bereich der Integration bekommen würde, ist falsch. Die Verbände leben davon, dass ihnen Menschen zulaufen, die dieses Land nicht als das ihre betrachten. Damit dieser Strom nicht abreißt, halten die Verbände das isolierte System am Laufen.

Die neueste Mehrzweckwaffe, der Heilsbringer im Dienste der Integration, ist der in Deutschland ausgebildete Imam. Die Wunschvorstellung lautet so: Sind erst mal die ersten in Deutschland ausgebildeten Imame auf dem Markt, werden alle bestehenden Probleme der Integration mit einem Schlag gelöst sein. Derzeit warten wir auf die ersten in Deutschland ausgebildeten Imame wie die Christen auf den Messias.

Ob Extremismusprävention, sozialarbeiterische Fähigkeiten, Familienkonfliktberatung oder Drogentherapie – der neue Imam scheint für alles gut zu sein. Und dieser naive Glaube entstammt der Vorstellung, dass Muslime anders denken, fühlen, ticken und überhaupt anders behandelt werden müssen.

Wenn es um Extremismus geht, müssen zivilgesellschaftliche Akteure aufs Spielfeld. Bei der Jugendarbeit brauchen wir professionelle Sozialarbeiter. Bei Konfliktlösungen ausgebildete Therapeuten. Das entscheidende Kriterium ist die Qualität der Arbeit; sie müssen einfach nur gut und weder muslimisch noch christlich sein. Genau das wünschen sich auch die Otto-Normal-Muslime. Keine religiöse Apartheid!

Doch wer setzt solche Gerüchte in die Welt? Dass der Moslem einen Moslem braucht! Als Arzt, Therapeut, Unterstützer und was nicht alles. Cui bono?

Hier schließt sich der Kreis!

Integration und Islam sind nicht kausal miteinander verbunden. Es ist wahr, dass hierzulande durch die misslungene Zuwanderungspolitik der ersten 50 Jahre der Bundesrepublik eine besonders große Gruppe von Menschen lebt, die Muslime sind und Integrationsdefizite haben. Aber diese Menschen sind nicht unintegriert, weil sie Muslime sind. Im Umkehrschluss integrieren sie sich auch nicht besser, wenn man einen Knicks vor den islamischen Verbänden macht.

Es sind die muslimischen Verbände, die Orthodoxen und die Ultras, die mit solchen Behauptungen von der gelingenden Integration, wenn man sie nur machen ließe, hausieren gehen, damit sie ihre Schäfchen selbst behandeln dürfen und überhaupt hübsch unter sich bleiben. Und die deutsche Öffentlichkeit, Teile der Medien und Politik nehmen das Angebot der Verbände gerne an, weil sie sich eine schnelle Lösung erhoffen und auch eine Reduktion der Probleme.

Eine Religion kann jedoch niemals integriert werden. Ein Glaube funktioniert nicht nach den transparenten Kriterien, wie sie zum Beispiel kennzeichnend für einen demokratischen Staat sind. Kann man eine Idee integrieren?

Diejenigen, die behaupten, die Muslime als Träger des Islam könnten integriert werden, würde man nur ihre muslimische Identität stärken, sitzen einem Trugschluss auf.

Es gibt niemals eine Gruppenintegration. Der arbeitslose Muslim wird immer ganz andere Probleme haben als der Akademiker-Muslim, der einen anderen Zugang zu seinem Glauben hat – schon qua Bildung. Aussagen, wonach die Integration des Islam zugleich die Integration der Muslime gewährleiste, wecken Erwartungen, die nur bitter enttäuscht werden können. Integration funktioniert nur, wenn der Staat die Voraussetzungen schafft, dass sich alle Menschen als Individuen – ob gläubig oder nicht – einfügen können. Diese Voraussetzungen sind letztlich nichts anderes als Chancen, die sich dem Menschen in Beruf, Familie, Bildung und Auskommen bieten.

Die Verbände und Moscheevereine, die sich zum Sprecher der Muslime erklären, versuchen ihre Community von dieser Ansicht zu isolieren und Parallelgesellschaften zu schaffen. Würde heute Nacht die Integrationsfee Deutschland küssen und ab morgen wären alle Integrationsprobleme des Landes gelöst, würden die Moscheevereine doch den Zulauf der Leute verlieren, die heute zum größten Teil ihre Klientel darstellen.

Wie wenig man in Deutschland über die Muslime und die Islamisten weiß, soll an zwei Beispielen verdeutlicht werden.

Zum einen die Aufregung um die Islamschule der Salafisten in Braunschweig Anfang August 2010. Seit Jahren agieren die Salafisten in Deutschland, halten mit ihren Überzeugungen kaum hinter dem Berg. Doch obwohl sie auf den Straßen durch ihre Phantasiekleidung und Bärte auffallen (die angeblich die Kleidung des Propheten Mohammed darstellen soll), hat sich bisher kaum jemand für deren Ansichten interessiert. Doch seit dem geplanten Umzug der Islamschule von Braunschweig nach Mönchengladbach sind die regionalen Zeitungen voll mit Berichten über diese ideologisch gefährliche Schule, wobei man das Gefühl nicht los wird, dass die einen von den anderen abschreiben.

Die Journalistin Hildegard Becker äußerte sich zur Berichterstattung über den geplanten Umzug der Schule nach Mönchengladbach: »Amüsant ist, dass dieser Islamschule in den aktuellen Artikeln eine derartige Bedeutung beigemessen wird. Die Schule lag in Braunschweig ›am Arsch der Welt‹, und der Verfassungsschutz Niedersachsen hat dem Vereinsvorsitzenden von ›Einladung zum Paradies‹ und Leiter der Schule, Muhamed Ciftci, das Leben zur Hölle gemacht. Das ist der Grund, weshalb Ciftci mitsamt Schule nach Mönchengladbach abtaucht. Die Schule lief schlecht. Jetzt soll sie in Mönchengladbach erst mal richtig an Fahrt gewinnen. Im ahlu-sunnah-Internetforum wird über die Ciftci-Schule gelästert. Hier wird auch deutlich, dass sich die Salafisten untereinander tüchtig streiten.«

Oder nehmen wir die Gülen-Bewegung, deren Bildungseinrichtungen (Kindergärten, organisierter Nachhilfe-Unterricht und vor allem Privatschulen) in einigen Medien als Beitrag zur Integration gepriesen werden; als eine Chance für die Migrantenkinder, erfolgreich zu sein.

Auf den ersten Blick sind diese Schulen der Bewegung des umstrittenen türkischen Islamlehrers Fethullah Gülen so säkular wie viele andere Privatschulen in Deutschland auch. Sieht man aber ein wenig über den Integrationstellerrand, wird deutlich, dass natürlich eine religiöse Ideologie dahintersteht, die dann eben am Nachmittag vermittelt wird. Um mehr zu erfahren und letztlich die Langzeitfolgen abschätzen zu können, würde sich die Investition in eine Langzeitstudie, am besten finanziert durch die Politik und durchgeführt von neutralen Beobachtern, lohnen.

Inzwischen gibt es mehrere kritische Publikationen über die Gülen-Bewegung. Einer der Kritiker ist der gebürtige Libanese und Islamwissenschaftler Ralph Ghadban. Er bezeichnet die weltweit aktiven Gülen-Anhänger als eine pseudomodernistische Bewegung, die nicht den Islam modernisieren, sondern die Moderne islamisieren will. Die Einrichtung der säkularen Schulen – so Ghadban weiter – schaffe ein günstiges Umfeld für die Rekrutierung von Unterstützern und Mitgliedern für die Bewegung und stimme die Öffentlichkeit positiv.

Und die Rechnung geht auf: Landauf, landab lassen sich genügend Leute Sand in die Augen streuen. »Von einem Mann, der Bildung vermittle, kann nichts Schlechtes kommen, Gülen-Schulen sind die Lösung des Integrationsproblems«, und ich solle mich schämen, diese Bewegung zu kritisieren, sagte ein Kölner Lokalpolitiker vor einiger Zeit.

Man kann verstehen, dass manche Politiker sich wünschen, es gäbe eine Abkürzung in der Integrationspolitik, die Islam heißt und über die islamischen Verbände führt. Integrationspolitik ist ein mühsames und zähes Geschäft, das als Querschnittsaufgabe mindestens eine Generation in Anspruch nimmt, und wenn man wie Deutschland über Jahrzehnte immer nur Unterprivilegierte angeworben hat, vielfach auch länger.

Die muslimischen Verbände und Moscheevereine sind keine Katalysatoren, die die Integration schneller voranbringen, und die Integrationsprobleme dieser Gesellschaft werden sich mitnichten mithilfe von religiösen Verbänden lösen lassen. Wer das denkt, geht den islamischen Verbandsfunktionären auf den Leim.

Dass Integration und Islam zwei paar Schuhe sind, dürfte hinreichend deutlich geworden sein. Die Frage der Integration ist eine nationale Aufgabe – im vereinigten Europa zudem eine europäische – die Frage des modernen Islam, die Auseinandersetzung zwischen modernen und ultraorthodoxen Muslimen, jedoch eine globale. Und wo wir auch hinschauen – nach Berlin, Paris oder Teheran –, die Auseinandersetzung ist unter unterschiedlichen Vorzeichen überall im Gange. Wenn wir in Deutschland allerdings weniger Fehler machen (und die Modernen statt die Gestrigen stärken), helfen wir auch den modernen Muslimen in anderen Ländern.

Das Minarett-Syndrom

Die Sache mit dem Islam haben also weder die Islamverbände noch die deutschen Politiker gepachtet. Mehr noch: Es wäre eine sträfliche Vernachlässigung, wenn man ihnen die Islampolitik allein überließe.

Denn dazwischen, eingeengt zwischen Macht- und Repräsentationsansprüchen, befinden sich die Menschen, Muslime oder nicht, die Angst haben und sich vor den Orthodoxen und Ultraorthodoxen fürchten.

Ihrer Angst machen sie, in immer kürzeren Abständen, in Wahlergebnissen oder Volksabstimmungen Luft; zumindest dort, wo das möglich ist, wie in der Schweiz.

Im November 2009 stimmte beispielsweise eine satte Mehrheit von 57 Prozent der Schweizerinnen und Schweizer bei einem Referendum gegen den Bau von Minaretten, die Gebetstürmchen an Moscheen. Selbst die Schweizer Kommentatoren von Zeitungen und Fernsehsendern überraschte das eindeutige Ergebnis, schließlich hatten sie der Abstimmung, die von zwei rechtskonservativen Parteien initiiert worden war, nur wenig Chancen eingeräumt.

Vor allem, weil es im ganzen Land nur vier Moscheen mit Minaretten gibt, das Thema also eigentlich recht unbedeutend ist. Nicht jedoch für viele Menschen, die Minarette als Symbol für einen unfriedlichen Islam sehen. Wobei ein Teil der Ablehnung wohl auch aus einem diffusen Gefühl der »Überfremdung« resultierte; ein Gefühl, das vor allem Menschen betrifft, deren direkte Nachbarschaft sich durch Zuwanderer schnell verändert, deren Entwicklung ihrer »interkulturellen Kompetenzen« nicht Schritt hält.

Diese Gemengelage hatten die Kampagnenstrategen weidlich ausgenutzt, indem sie Plakate druckten, die Minarette in Raketenform zeigten. Die Botschaft war klar: Achtung, hier bomben sich fundamentalistische Islamisten immer näher an uns heran, und das wollen wir nicht. Zu den Ängsten vor einem radikalen Islam gesellten sich Vorbehalte gegen eine »Unterschicht« im Allgemeinen.

Wahrscheinlich war auch der Zeitpunkt des Referendums günstig, genau zur gleichen Zeit fanden die hitzigen Debatten rund um das Schweizer Bankgeheimnis und das Selbstverständnis als Finanzplatz statt. Immer wenn das Selbstbewusstsein angekratzt ist, muss ein Sündenbock herhalten, auf dessen Kosten man sich besser fühlen kann. Der Islam als Bedrohung passte also in die Zeit der Unsicherheit und Schwachbrüstigkeit.

Das Ergebnis des Referendums räumte auch mit dem Vorurteil auf, dass vor allem die ländlichen Dorfbewohner islamkritisch seien. Denn die Bewohner der städtischen Kantone Schaffhausen oder Aargau beispielsweise stimmten ebenfalls für die Minarett-Gegner.

Eine echte Duftmarke, die die Schweizer mit diesem Referendum gesetzt haben. Eine Duftmarke, die den Schweizer Theologen und Papst-Gegner Hans Küng zu einem fassungslosen Statement veranlasste, präzise wie ein Schweizer Uhrwerk: »Die neuesten katastrophalen Entwicklungen für das Image meiner Heimat – etwa der Bankenskandal – kulminieren nun in dieser unbegreiflichen Annahme der Initiative, die nicht nur gegen die Religionsfreiheit verstößt, sondern auch gegen die in der Schweiz hoch angesehene Toleranz.«

Ob die Schweizer nun wirklich toleranter sind als andere?

Wohl kaum. Aber sie sind auch nicht intoleranter als andere, und gerade deshalb kann man das Schweizer Referendum als deutlichen Fingerzeig für ganz Europa sehen, wo sich Angst und Furcht der Nichtmuslime breitmachen. Angefangen von den Erfolgen rechtspopulistischer Parteien in Österreich, Belgien und Holland bis zu den Burka-Verboten in Frankreich und Belgien – die symbolischen Stellvertreter-Abstimmungen nehmen zu, derweil die zeitlichen Abstände zwischen den Ereignissen abnehmen.

Daher gibt es überhaupt keinen ernsthaften Zweifel daran, dass ähnliche Volksabstimmungen in Deutschland zu ähnlichen Ergebnissen führen könnten. Als Ablassventil für den Zorn und die Unsicherheit, die sich hierzulande vor allem hinter vorgehaltener Hand und in kruden, teils hetzerischen Internetforen Luft machen.

Hintergrund dieses Grummelns und Schnaufens ist eine größere Lücke zwischen veröffentlichter und öffentlicher Meinung bis weit hinein in die bürgerlichen Lager.

Der Debattenkessel steht mächtig unter Dampf.

Die Internetforen der Tageszeitungen bieten eine Plattform für die Frustrierten, aber auch für »normale« Leserinnen und Leser, deren Unmut rausmuss. Wütende Beschimpfungen und wüste Blogeinträge sind schon längst Usus, dazu gehören Beleidigungen und Diffamierungen. Speerspitzen sind hier übrigens nicht mehr die im Kern rassistischen und völlig abzulehnenden Anti-Islam-Seiten »Politically Incorrect« oder »Fact Fiction«, sondern die normalen Internetseiten der deutschen Tagespresse, wie »Welt Online«.

Wer sich mit Online-Journalisten über die »beliebtesten« Themen unterhält, erfährt von allen: Aufreger-Themen rund um den Islam – Minarette, Burka und Muezzin – sind bei den Klick- und Kommentarzahlen absolute Spitze, und die Anonymität des Internets verspricht eine »straffreie« Äußerung dessen, was in den Köpfen der Leserinnen und Leser vorgeht. Wohlgemerkt, nicht nur bei den Frustrierten, sondern auch bei den »ganz Normalen«.

»Sex, crime and islam« – wer hätte gedacht, dass ausgerechnet der Islam hierzulande für journalistische Erfolge bürgt wie sonst nur Themen, die mit Hollywood, Sex oder Verbrechen zu tun haben?

»Islam sells«, der Islam verkauft sich blendend, ist ein gedachter PR-Spruch in so mancher Redaktion.

Tatsächlich glauben deshalb immer mehr Muslime, dass die Medien des Mainstreams ausgesprochen unausgewogen berichten: 55 Prozent der vom Londoner Institute for Strategic Dialogue und der Vodafone Stiftung in Deutschland befragten Muslime sind der Auffassung, die Medien berichteten ausschließlich negativ über den Islam.

Wohl nicht ganz zu Unrecht, weil die Themen sich gut verkaufen, wie dieser Artikeleinstieg in einem bekannten deutschen Magazin vorführt: »›Bitte, bitte, hört auf‹, schrie die junge Frau, während der Lederriemen auf sie niederging. ›Hört auf, oder bringt mich gleich um!‹ Doch die Taliban kannten keine Gnade. Vom Geschrei und Gewimmer ihres Opfers ungerührt, vollzogen sie, was sie für Gottes Strafe hielten.« Dieser Themenaufreißer verspricht Emotionalität, Verbrechen, Krimi, Gewalt und Flehen um Gnade – wie aus dem Drehbuch eines Thrillers.

Zwar wäre es unfair zu behaupten, Islamthemen würden immer in dieser Form aufgegriffen. Es stimmt aber sicherlich, dass über den Islam meist problematisierend (»Migranten aus der Türkei erzielen die schlechtesten Bildungsabschlüsse«) oder ganz offen negativ berichtet wird (»Muslimische junge Männer gewalttätiger«). Manchmal wird man den Eindruck nicht los, dass diese rein problematisierende Perspektive damit zu tun hat, dass zwar jeder Fünfte in Deutschland eine Zuwanderergeschichte hat, aber nur jeder 50. Journalist.

Viele Journalisten kennen schlichtweg zu wenige Migranten, um die Vielfalt unter ihnen zu bemerken und vielleicht auch in Berichten unterzubringen. Und häufig steckt dahinter im Kern die pure Lust am Voyeurismus, zu beobachten, wie Menschen scheitern und an gestellten Aufgaben zerbrechen. Wie das Drehbuch eines Reality-Show-Formats im Privatfernsehen, das zeigt, wie Auswanderer im neuen Land scheitern. Wenn man sieht, wie schlecht es den anderen ergeht, fühlt man sich besser. Nicht der Zahnarzt, der weltgewandt seine Kinder auf die internationale Schule schickt, ist hier ein Garant für Einschaltquoten, sondern der in Deutschland gescheiterte Arbeitslose, der auch im Ausland kein Bein auf den Boden bekommt.

Oder wie es in Goethes *Faust I* (»Vor dem Tor«) heißt:

Nichts Bessers weiß ich mir an Sonn- und Feiertagen,
Als ein Gespräch von Krieg und Kriegsgeschrei,
Wenn hinten, weit, in der Türkei,
Die Völker aufeinanderschlagen,
Man steht am Fenster, trinkt sein Gläschen aus
Und sieht den Fluss hinab die bunten Schiffe gleiten;
Dann kehrt man abends froh nach Haus
Und segnet Fried und Friedenszeiten.

Besonders gruselig ist, wenn das »Kriegsgeschrei aus der Türkei« von ganz nahe zu hören ist – sprich, im übernächsten Stadtteil: Wofür stehen denn die mittlerweile bundesweit bekannten Stadtteile wie Duisburg-Marxloh, Berlin-Neukölln, Hamburg-Wilhelmsburg, München-Hasenbergl oder Köln-Chorweiler? Sie stehen für Niedergang und Brennpunkt – und wer über sie liest, den beschleicht das warme Gefühl, doch eigentlich recht komfortabel zu leben.

Zwar gibt es dann und wann ausgesprochen positive Geschichten nach dem Strickmuster »jung, erfolgreich, türkischstämmig« – diese kranken allerdings daran, dass sie vom Negativen ausgehen, um das Positive zu zeigen: »Wer in Deutschland über Migranten schreibt, schreibt vor allem über Bildungsferne und Gewalt. Wir wollen die andere Seite zeigen …« Verdienstvoll mögen diese Artikel vielleicht sein, im Kern jedoch folgen diese Geschichten dem gleichen Strickmuster wie die reinen Negativberichte.

Was tun? Sollen die Journalisten in Deutschland den Islam links oder rechts liegen lassen? Nein, das sollten sie besser nicht. Aber sie könnten sich vornehmen, Migranten, über die sie berichten, nicht ausschließlich als Muslime zu sehen. Das sind sie allenfalls zu einem Teil ihrer Identität – manche selbst das nicht oder »nur im Herzen«, wie viele alevitische Muslime sagen würden, also kaum wahrnehmbar für die Umgebung.

Auch Diskussionsrunden über neue Moscheen sind allerorten gut besucht; und das Unbehagen der Zuschauer sitzt quasi mitten im Raum und nicht nur in der letzten Reihe, wo sich ein paar Neonazis im Biedermeier-Kostüm (braune Cordhose und schwarze Kunstlederjacke) niedergelassen haben und verbal randalieren, sofern sie sich trauen (was oft nicht der Fall ist, da sie häufig weder rhetorisch noch inhaltlich auf der Höhe sind).

Nein, auch die Bürgerlichen aus der Mitte der Gesellschaft sitzen dort und applaudieren, wenn einer die Hand hebt, um danach ein flammendes Plädoyer gegen eine geplante Moschee zu halten.

Ob Podiumsdiskussionen oder Internetforen: Wer sich über zu viel Technokratisches in der Politik beschwert (»Wachstumsbeschleunigungsgesetz«), die »großen Themen« rund um Krieg und Frieden ebenso wie die kantigen Politköpfe vermisst (Strauß und Wehner), dem seien Islamdiskussionen unbedingt empfohlen: Nirgendwo wird mehr gestritten und gezerrt, nirgendwo sind die Debatten diffamierender, pauschalisierender und letztlich irritierender!

Die Debattenkultur ist gelegentlich vulgär, manchmal sogar primitiv.

Aber nicht immer. Denn zu den tumben Fremdenhassern (die es leider noch immer gibt) gesellen sich die Liberalen und Progressiven, ob Linke oder nicht, die um ihre erkämpften gesellschaftlichen Modernisierungen fürchten. Dass sich dazwischen auch Biedermänner und Biederfrauen tummeln, lässt sich kaum vermeiden. Aber die Sache, der Streit um das »Wie« des Islam in Deutschland und Europa, ist richtig.

Was ist mit der Gewalt der Konformität, der Frauen im

Namen der Religion ausgesetzt sind? Was ist mit dem Druck patriarchalischer Familiensysteme, die religiös legitimiert werden? Was ist mit der sexuellen Unterdrückung der Frau, die eigentlich eine Unterdrückung ihrer Selbstbestimmung auf der ganzen Linie ist? Warum sollen sich nur die muslimischen Frauen unter Kopftüchern und Burkas verstecken und zu Hause herumlungern, während ihre Männer puppenlustig die Cafés bevölkern?

Die Frage der Burka

Symbolischer Aufhänger für letztere Frage ist die Burka-Debatte. Im April 2010 erließ Belgien als erstes europäisches Land ein Verbot der menschenverachtenden Vollverschleierung. Verstöße sollen mit einer Geldstrafe bestraft werden.

Auch im Nachbarland Frankreich ist ein Burka-Verbot im Gewand eines allgemeinen Verschleierungsverbotes durchgekommen. Die Abgeordneten der Nationalversammlung nahmen eine Resolution an, die das Tragen der Burka als Verstoß gegen »die Werte der Republik« bezeichnete. Die Stoßrichtung ist klar: Diese Resolution bezog sich nicht nur auf Burka und Co., sondern generell auf »radikale Praktiken«, die die Würde und Gleichheit zwischen Mann und Frau beeinträchtigen. Weitere Länder folgten mit eigenen Burka-Verboten.

Ob ein Verbot der richtige Weg ist? Ja, es ist richtig: Dieses Ganzkörperkondom seibernder Männer-Phantasien ist ein Mittel der Apartheid, ein Gefängnis für Frauen und eine Art Anti-Viagra, das den Männern die Lust nehmen soll, schon beim Anblick von Frauenkopfbehaarung eine Erektion zu bekommen – was für ein archaisches Männerbild hier dahintersteckt! Die Befürworter der Ganzkörperverschleierung unterstellen Männern ein pathologisches Verhältnis zum anderen Geschlecht. Das erinnert an die verquasten Ansichten so mancher Deutscher in den Fünfzigerjahren, die Vergewaltigungen von jungen Frauen quasi entschuldigten, indem sie die Miniröcke zur »Einladung an die Männer« erklärten. Zum Glück sind solche Ansichten mittlerweile ausgestorben. Umso schlimmer, dass sie mit den Islamisten durch die Hintertür wieder ins Land kommen.

Vor allem jedoch ist die Burka ein Machtwerkzeug, das die Frau vom gesellschaftlichen Leben ausschließen soll. Kein Mensch lässt sich freiwillig verhüllen. Darum verletzt die Burka nicht nur Frauenrechte; sie verletzt Menschenrechte.

Sie ist allerdings ein Extremfall; in Dänemark hatte die Regierung eine Kommission eingerichtet, die die Zahl der Burka tragenden Frauen feststellen sollte. Im Januar 2010 legten die Experten einen 60-seitigen Bericht vor, und siehe da, im ganzen Land trugen nur drei Frauen die berüchtigte Burka, weitere 150 bis 200 einen Niqab, den beispielsweise in Somalia und Pakistan vertretenen Gesichtsschleier. Dänemark hat gegenwärtig rund 5,5 Millionen Einwohner: Die drei Burka-Trägerinnen rechtfertigen demnach kaum die mediale Aufmerksamkeit, ihr Symbolgehalt für eine Unterdrückerideologie hingegen schon.

Wer also das bigotteste aller Kleidungsstücke kritisiert, hat recht. Wer die Burka-Debatte jedoch für die eigenen politischen Zwecke missbraucht, schürt pauschale Vorurteile gegenüber Muslimen: Die parlamentarische Initiative in Belgien überdeckte beispielsweise mühsam die Krise zwischen Flamen und Wallonen, die nur selten einer Meinung sind. Beim Burka-Verbot waren sich Flamen und Wallonen im Parlament endlich mal einig. Ein gemeinsamer »Feind« schweißt eben zusammen, wenigstens für kurze Zeit.

In Frankreich diente das Burka-Beispiel als willkommener Auftakt zu einer Debatte über nationale Identität, die Staatspräsident Nicolas Sarkozy immer dann gerne anfacht, wenn er innenpolitische Probleme hat. Sein Einwanderungsminister Eric Besson sah im Oktober 2009 im Burka-Verbot nichts weniger als »eine Rückbesinnung auf die Werte der französischen Republik«: »Das ist gerade angesichts der zunehmenden Ängste vor der internationalen Krise und der Globalisierung wichtig«, meinte er.

Ein erstaunlicher Bogenschlag von den Krisen der Finanzmärkte hin zur Burka. Nicht sehr überzeugend in einem Land, in dem fünf Millionen Muslime leben, die je nach Lust und Laune der *Grande Nation* französische Bürger sind oder ungeliebte Einwanderer.

Und was können die Muslime, die in den Vorstädten Frankreichs leben, für die Globalisierung?

Neben der sachlichen Kritik als solcher sind also die Motive für die Kritik wichtig.

Das gilt auch für die zweite Erregungswelle, die 2009 und 2010 quer durch Europa schwappte: die Verbotsdiskussion um Minarette, die Gebetstürmchen an den Moscheen.

Minarette richten sich – im Gegensatz zu Burka und Niqab – nicht direkt gegen Menschen, sie sind kein Gefängnis aus Stoff, in das man Frauen sperren kann. Unter normalen Umständen wären Minarette also kein größeres Problem als Kirchtürme.

In der Diskussion – etwa bei den Schweizern und ihren Raketenminaretten – bekommen die Türmchen jedoch Symbolcharakter für die Machtansprüche der islamischen Moscheevereine und ihrer dahinterstehenden Verbände.

Wer den Anspruch etwa der Türkisch-Islamischen Union der Anstalt für Religion (DITIB), dem größten muslimischen Verband in Deutschland, kritisiert, die größte Moschee Deutschlands mitten in der Stadt Köln zu bauen, hat durchaus recht. Diese Machtdemonstrationen sind nicht mehr zeitgemäß. Und wer ein wenig Empathie hat und weiß, dass in diesen Zeiten Kirchen verkauft werden, weil sich sonntags nicht mehr genügend Gläubige einfinden, sollte in der Lage sein, eine kleinere Moschee zu bauen.

Wer Muslimen in Deutschland allerdings unter baurechtlichen Vorwänden grundsätzlich das Recht absprechen will, Moscheen zu bauen, spricht mit gespaltener Zunge und vergisst die Werte, auf die die Bundesrepublik seit 1949 aufbaut: Religionsfreiheit und Toleranz. Zu vermuten ist, dass dahinter möglicherweise Gründe stecken, die mehr mit Ablehnung des Fremden zu tun haben als mit berechtigter Kritik an überdimensionierten Moscheebauprojekten. Ähnlich wie die Burka eignet sich das Minarett für diese Leute als sichtbares und einprägsames Schreck-Symbol für etwas, was sie nicht haben wollen.

Was auch für die Männer und Frauen gilt, deren Einschätzungen und Sprüche die Islamdebatte prägen, weil sie Pointen setzen können.

Thilo Sarrazin beispielsweise, der ehemalige Berliner Finanzsenator, verkündete 2009 in der Kulturzeitschrift *Lettre International*, »keinen anerkennen zu wollen, der ständig neue Kopftuchmädchen produziert«. Ähnlich äußerte sich Sarrazin im Folgenden zig Mal, auch in seinem Buch, das das Medienthema 2010 war.

Unerhört jedenfalls, der Aufschrei geriet zum Medienereignis über Tage hinweg, und die Unterstützer sowie Gegner prügelten entlang altbekannter Konfliktlinien aufeinander ein: die Vorsitzende des Paritätischen Wohlfahrtsverbandes, Heidi Merk, warf Sarrazin zum Beispiel schlicht Rassismus und Sozialdarwinismus vor (Neonazis könnten »sich nun freuen, dass ihre latent aggressive und verächtliche Sprache nun auch schon in die Vorstandsetagen vorgedrungen ist«), derweil sich andere für Sarrazin in die Bresche schlugen; an vorderster Front Henryk M. Broder (»Sarrazin hat recht, man könnte ihm allenfalls vorwerfen, dass er in seiner Analyse nicht weit genug geht«).

Gute Islamkritik, schlechte Islamkritik

Der Publizist Henryk M. Broder ist – neben Sarrazin – vielleicht der wortgewaltigste unter den sogenannten Islamkritikern (wobei wir sehen werden, dass es gute und schlechte Islamkritik gibt). In seinem Weblog »Die Achse des Guten«, das er gemeinsam mit anderen Autoren und Journalisten betreibt, macht er pauschal Stimmung gegen »den Islam«. Er fordert, Moscheen sollten in Deutschland erst gebaut werden dürfen, wenn islamische Länder ihrerseits den Bau von Kirchen und Synagogen erlaubten. Für diese Meinung reklamiert er für sich, »politisch unkorrekt« zu sein, was in der Szene ein Ritterschlag ist.

Broders Polemiken sind wichtig, weil er den Finger in die Wunden legt, die sich zwangsläufig in einem wenig salbungsvollen, dafür aber reibungsvollen Gewöhnungsprozess ergeben.

Broder ist aber auch gefährlich, weil er die falsche Medizin verschreibt, wie das Zitat zum Moscheebau zeigt. Deutschland sollte seiner Argumentation nach genauso intolerant und undemokratisch sein wie Saudi-Arabien und Co., um die hiesigen Muslime auf Linie zu bringen. Ein absurder Vorschlag, der so banal ist, dass man bei einem Herrn Broder Raffinesse dahinter vermuten müsste, wo aber keine ist.

Broder ist schlicht und einfach ein brillanter, allerdings gelegentlich schlechter Islamkritiker. Brillant, weil wortgewaltig und pointierend. Schlecht, weil in der Sache ungenau argumentierend. Er beachtet leider nur zu selten Argumente, die sein Feindbild erschüttern könnten.

Der Journalist Thomas Steinfeld hat die Militanz Broders in der *Süddeutschen Zeitung* auf den Punkt gebracht: »Wer die Grundbegriffe der Demokratie behandelt, als wären sie Glaubensartikel – Gebote, zu denen man sich bekennen muss –, der ist von der Gesinnung ihrer Gegner schon durchdrungen.« Ein schönes Beispiel von Macht- und Gegenmachtbildung im deutschen Feuilleton, welches sich der Islamkritiker in einer ganzen Reihe von Beiträgen in den Jahren 2009 und 2010 angenommen hat. Auf jeden Fall liegt die Mitte irgendwo zwischen den beiden; in etwa dort, wo Broder den Finger in die Wunde legt und Steinfeld das Verbandszeug holt – etwas mehr Humor und Gelassenheit würde allen durchaus gut zu Gesicht stehen.

In gewissem Sinne ist Broder auch nicht auf der Höhe der Zeit, wie sich bei der Debatte um die Äußerungen Thilo Sarrazins zeigte. Er hat nicht gemerkt, dass sich der Wind zwischenzeitlich von der einfachen »politischen Korrektheit« weggedreht hatte, die bekämpfen zu wollen Broder gebetsmühlenartig für sich reklamiert. Denn die Meinungsmacher, Journalisten und Kommentatoren prügelten keineswegs stumpf auf Sarrazin ein, bezichtigten ihn nicht des Rassismus. Erstmals pflichteten ihm einige in der Sache bei, wenn auch nicht in der Wortwahl: »Seine Wortwahl empfanden zwar nicht nur Ausländer verletzend«, schrieb zum Beispiel Ulrich Clauß bei »Welt Online«, »in der Sache widerspricht ihm aber kaum jemand.« Bei dem neuen Mainstreamton in Zeitungen und Sendern fiel das Gutachten des Potsdamer Moses-Mendelssohn-Zentrums, Sarrazins Worte seien »eindeutig rassistisch«, kaum noch ins Gewicht.

Auch bei seinem Buch *Deutschland schafft sich ab*, das 2010 erschien, blieben viele Journalisten merkwürdig unklar in ihrer Berichterstattung über das »Werk«. Dabei lässt das im Grunde rassistische Buch überhaupt keinen Raum für gutmeinende Interpretationen. Sarrazin »analysiert« in dem Machwerk die angeblichen Gründe für Integrationsprobleme. Er ist der Meinung, diese seien biologischen Ursprungs, da Muslime eben nicht zum Volkscharakter der Deutschen passten. Das Elementare bei ihm ist das Biologische, das Genetische, das für alle Zeiten eine strikte Grenze zu »den Deutschen« bilde. Dieses Fremde ist seiner Ansicht nach bis in alle Ewigkeit fremd, weil es ja biologisch unterschiedlich sei und zudem auch ein bisschen dümmer. Auf der Grundlage dieses Unsinns spinnt er sein Weltverschwörungsgebäude weiter, indem er davor warnt, die Deutschen würden zu »Fremden im eigenen Land«.

Sarrazin ruft, kaum noch durch die Blume, letztlich den muslimischen Untermenschen aus. Beifall bekommt er dafür nicht nur von der NPD (»Sarrazin schreibt ein regelrechtes NPD-Buch«, NPD-Landtagsabgeordneter Gansel). Die Plattformen für seine Thesen werden ihm von *Bild* und *Spiegel* geboten; ganz zu schweigen von recht wohlwollenden Betrachtungen politischer Redakteure, die Sarrazin als »Robin Hood« gegen das Establishment verklären. Nur wenige Journalisten, wie zum Beispiel Christian Geyer in der *FAZ*, widersprechen ihm deutlich und identifizieren in ihm einen Aufwärmer alter Thesen von Blut und Boden.

Broders Vorwurf der »politischen Korrektheit« der Medienlandschaft stimmt also spätestens seitdem nicht mehr. Tageszeitungen, TV-Sender, Internetmedien und Radiostationen berichten nun fast täglich über Islamthemen, und Probleme werden nicht mehr grundsätzlich verschwiegen.

Das Problem ist, dass nun die mangelnde Differenzierung früherer »Multi-Kulti-alles-ist-gut«-Ideologen mit umgekehrten Vorzeichen für die Islamberichterstattung gilt. Medien verquicken beispielsweise Nachrichten, die nichts miteinander zu tun haben: So berichtete »Spiegel Online« im Dezember 2009 über die Pläne des Bundesinnenministers, radikale »Hassprediger« auszuweisen, nicht ohne auf das Schweizer Minarettverbot hinzuweisen. Nun haben Minarette mit Hasspredigern nichts zu tun; sinnvoller wäre es doch, das Problem der Gewaltprediger mit den Defiziten in der Islamausbildung in Deutschland in Zusammenhang zu bringen. Leider geschieht das zu selten.

Der Eindruck, alles habe irgendwie miteinander zu tun, kreiert ein Bild des »problematischen Islam«, das keinerlei Differenzierung mehr zulässt.

Dadurch ist ein Negativ-Image entstanden, das für Muslime nur schwer zu ertragen ist: Ehrenmorde, Zwangsheiraten, Kopftuch, Unterdrückung, Moscheen, Afghanistan, Pakistan, Taliban… die Schlagworte, mit denen Muslime hierzulande zurechtkommen müssen, führen zu Trotzreaktionen derer, die ihre Religion nicht richtig wiedergegeben sehen.

Gerade Jugendliche leiden unter der pauschalen Anschuldigung, der Islam bedeute Terror und Ausgrenzung. In qualitativen Interviews über die Aleviten in Deutschland beschwerten sich mehrere Jugendliche über das schlechte Image des Islam in Deutschland. Als Aleviten sehen sie einen Ausweg darin, sich als die »liberalen Muslime«, wie alevitische Verbände nicht müde werden zu betonen, positiv von den sunnitischen Muslimen abzugrenzen. Um damit zugleich das lästige schlechte Image abzuschütteln.

In der Sache ist das zwar verständlich. Allerdings lauern hier neue Konflikte, die schlicht und einfach keiner brauchen kann, weil sie nur spalten.

Die Gefühligkeit der Islamdebatten, das feste Freund-Feind-Schema und die unheilvolle, weil kaum zu überblickende Koalitionsbildung ungleicher Partner führen zur absoluten Konfusion; neben dem ständigen Drang, zu polarisieren und noch eins draufzusetzen, bereitet vor allem das feste Freund-Feind-Schema mehr Schwierigkeiten.

Auf der einen Seite stehen die unsachlichen Islamkritiker mit dem manichäischen Weltbild eines George W. Bush (»Wer nicht für mich ist, ist gegen mich«). So etwa die Frauenrechtlerin Ayan Hirsi Ali, die eine Orthodoxie an den Tag legt, die sie bei anderen kritisiert. Das erinnert ein wenig an Henryk M. Broder, der dann – so viel Zeit muss sein – doch der wesentlich Differenziertere der beiden ist.

Zum Minarettverbot in der Schweiz äußerte sich Ali zum Beispiel ausgerechnet in der Zeitschrift *Christian Science Monitor* im Dezember 2009. Für sie seien »Minarette, Stern und Halbmond Symbole einer totalitären politischen Bewegung, wie das Hakenkreuz oder Hammer und Sichel«. Das ist Unsinn, sofern es die Otto-Normal-Muslime betrifft, die ihren Glauben auch nicht mehr oder minder fundamentalistisch leben als die meisten Christen im Land.

Andere gehören dagegen nicht in den Sack der schlechten Islamkritiker gepackt: Journalisten, Autoren und Wissenschaftler, die kompetent und kritisch über antidemokratische Tendenzen des Islam forschen, schreiben und sprechen. Wie Navid Kermani, Bassam Tibi, Hamed Abu Zaid oder auch Beyza Bilgin, die theologische Beraterin dieses Buches.

Nur: Wer mit wem paktiert, ist mittlerweile kaum noch zu durchschauen. Heute koalieren ehemals linke Feministinnen, wie Alice Schwarzer, mit eher konservativen Autoren, und die christlichen Kirchen verstehen sich zunehmend besser mit den orthodoxen islamischen Organisationen – und sei es nur, weil sie mit den Atheisten und Laizisten einen gemeinsamen Gegner entdeckt haben.

Das macht es so schwierig, mit gut durchdachter und differenzierter, dennoch pointierter Islamkritik durch den Dschungel an Meinungen zu stoßen. Dabei wäre das vernünftig, damit nicht jede kritische Meinungsäußerung wahlweise ins Lager der »Ewiggestrigen« oder ins Lager der »Multi-Kultis« abgeschoben wird. In beiden Fällen führt diese Abschiebehaft dazu, dass sich keiner mehr mit den Meinungen ernsthaft auseinandersetzt, was ein herber Verlust ist.

Islamkritiker, die für moderne Freiheitswerte streiten, dabei aber nicht selbstgerecht und ungerecht argumentieren, sind Mangelware, aber nötiger denn je, denn die gemeinsame Idee der religiösen Toleranz entwickelte sich seit dem 17. Jahrhundert bestimmt nicht reibungslos und freiwillig – sondern alleine aus der Notwendigkeit, dass konkurrierende Wahrheitsansprüche der großen, dazu monotheistischen Religionen nebeneinander bestehen mussten. Man hatte keine andere Wahl, als miteinander auszukommen, weil Toleranz das kleinere Übel gegenüber der mörderischen Intoleranz war.

Vielleicht haben die feindlichen Gefühle, die der Islam heute weckt, auch mit der Erinnerung an die eigene extremistische Vergangenheit zu tun, als in Europa noch fest geglaubt und gelebt wurde, wie es manche Muslime heute tun. Wer heute Angst vor den religiösen muslimischen Eiferern hat, erinnert sich vielleicht an die machtbewussten Nonnen seiner katholischen Kirchengemeinde oder die sittenstrengen protestantischen Pfarrer.

Islamkritiker, die diese Richtung einschlagen und für unsere modernen Freiheitswerte streiten, sind auf dem richtigen Weg. Sie sollten nicht als »Islamfeinde« gebrandmarkt werden. Das sind sie nicht. Sie wollen nur einen Islam, der zu seinem Kern stößt, der nicht zerrieben wird zwischen den Machtansprüchen der Verbände und Prediger.

Deshalb gibt es gute und schlechte »Islamkritik«: differenzierte und pauschale, respektvolle und beleidigende. Islamkritik muss differenzieren können und bereit sein, Kritik an alle Seiten und Akteure zu richten, wenn dies sachlich gerechtfertigt ist. Respektvoll den religiösen Gefühlen der Gläubigen gegenüber, aber auch respektvoll gegenüber den Ansprüchen unserer Gesellschaft, die zwar religionsfreundlich, jedoch zum Glück durch und durch weltlich ist.

Und sie muss in der Lage sein, auch einmal Selbstironie walten zu lassen – das alles auf der Grundlage einer grundsätzlich begrüßenswerten Vielfalt in der Gesellschaft.

Übrigens: Toleranz gegenüber Religion ist hierzulande eine beliebte Forderung, den Gefühlen von Atheisten wird hingegen wesentlich seltener Achtung entgegengebracht. Bei uns hat es sich eingebürgert, dass man den Religiösen immerzu Respekt zeigen sollte – und auch gläubige Muslime sind unglaublich schnell beleidigt. Atheisten wollen jedoch nicht immerzu mit Religion belästigt werden, auch sie haben in unserer Gesellschaft ein Anrecht auf Religionsfreiheit im Sinne von »frei von Religion«.

Eine Tatsache, die eine Gruppe von Aktivisten auf den Plan rief.

Viele kennen die Schilder mit der Aufschrift »Jesus – deine Chance«, die manchmal in U-Bahnen und Bussen hängen, finanziert von Bibel-Organisationen und Freikirchen. 2009 drehte eine Atheisten-Organisation mit ihrer »Atheist Bus Campaign« den Spieß um. Mit der Aufschrift »Es gibt (mit an Sicherheit grenzender Wahrscheinlichkeit) keinen Gott« fuhren die Männer und Frauen mit ihrem »Atheisten-Bus« quer durch Deutschland, Europa und die Welt. Das Pikante an der Aktion: Die Verkehrsbetriebe vieler deutscher Großstädte wollten ein solches Plakat mit dem Motto der Gruppe nicht in ihren U-Bahnen und Bussen hängen sehen – mit den verschiedensten Begründungen. Die Nürnberger Verkehrsbetriebe beispielsweise lehnten laut Angabe der Aktivisten die Anfrage ab, weil sie keine Werbung wollten, »die persönliche Betroffenheit auslösen könnte«.

Ob sich bei den christlichen Plakaten in U-Bahnen schon einmal jemand über die »persönliche Betroffenheit« derer Gedanken gemacht hat, die mit Religion nichts am Hut haben?

Welche Rechte haben eigentlich Atheisten, die nichts von Jesus, dem Propheten Mohammed, Maria oder sonstigen Personen der großen Religionen wissen wollen? Bei ihnen heißt es gleich, wie auch bei der Debatte um die Kreuze in öffentlichen Gebäuden: Was macht schon ein Plakat mit Bibelsprüchen? Kann man nicht darüber hinwegsehen? Was macht schon so ein kleines Kruzifix in der Amtsstube? Kann man nicht darüber hinwegsehen?

Natürlich kann man. Aber kann man nicht auch als gläubiger Christ oder Moslem darauf verzichten, seine religiösen Symbole in die Öffentlichkeit zu tragen? Könnte nicht auch ein Gläubiger über die Plakate der Atheisten »hinwegsehen«?

Ein frommer Wunsch? Nein, eher eine Notwendigkeit in einer Gesellschaft, die immer komplizierter wird, weil sie vielfältiger wird. Man kann sich deshalb nur Respekt gegenüber den Gläubigen und Ungläubigen wünschen – und bei beiden Gruppen um Unterstützung für einen vernünftigen Umgang mit Religion werben.

Ein Beispiel für einen vernünftigen Umgang mit der eigenen Überzeugung geben übrigens die Aktivisten der Atheistenkampagne. Auf ihrer Homepage zählen sie die Ergebnisse ihrer Kampagne auf – Spenden, Briefe, die sie erhalten haben, auch vier Gewaltdrohungen. Unter der Überschrift »Menschen, die zum Atheismus missioniert wurden«: 0!

So viel Selbstironie täte eben allen gut. Denn gerade den Atheisten wird oftmals vorgeworfen, »zu missionarisch zu sein«, was für manche ja auch zutreffen mag. Auf diese Atheistengruppe allerdings, die mit Selbstironie und Selbstdistanz einfach ihr Recht auf »religiöse Einsamkeit« ausdrückt, treffen derlei Zuschreibungen überhaupt nicht zu.

Übrigens drängen nicht nur Atheisten aus Europa auf religionsfreie öffentliche Räume.

Hierzulande haben sich auch ein paar Araber zusammengetan, um eine atheistische Webseite zu starten: »el7ad.com« ist eine lautliche Umschrift für »ilhad«, das Wort für »Atheismus«, dem im Arabischen immer auch die Negativ-Konnotationen von »Irrglaube« und »Ketzerei« anhaften. Ins Leben gerufen wurde der Debattierclub, bei dem sich mittlerweile rund 15 000 Menschen angemeldet haben, von einem länderübergreifenden Team, dessen Initiator, »Prophet Mohammed«, in Berlin lebt. Zudem gehören noch ein Jordanier sowie zwei weitere Araber, die anonym bleiben wollen, zu den Begründern. In einem Bericht von »Zeit Online« berichtet der Gründer »Prophet Mohammed« über die Drohungen, die ihn seitdem von radikalen Islamisten erreicht haben – bis hin zur Veröffentlichung seines echten Namens und der Berliner Adresse.

Der Chor der Islamkritiker ist also vielstimmig; und nicht zuletzt viele Muslime oder Menschen aus islamischen Ländern gehören zu ihnen.

Berechtigte Islamkritik versus tumben Rassismus

Allerdings verstecken sich hinter dem Label der Islamkritik auch gewöhnliche Rassisten, die für ihre Menschenverachtung nur einen neuen Titel gefunden haben.

Dazu gehört beispielsweise die Gruppe »Pro Köln«, eine selbst ernannte »Bürgerbewegung«, die seit 2004 im Stadtrat von Köln sitzt und von dort aus – mehr oder minder erfolgreich – gegen muslimische Zuwanderer agitiert (»Islamisierung stoppen«) – unter anderem mit dem Schweizer Anti-Minarett-Plakat. Mit Urteil vom 21. Oktober 2005 hat das Verwaltungsgericht Düsseldorf festgestellt, dass bei dieser Sammelbewegung gescheiterter ehemaliger Kader von Rechtsparteien (darunter der NPD-Mann Manfred Rouhs) »hinreichend gewichtige tatsächliche Anhaltspunkte für den Verdacht einer rechtsextremistischen Bestrebung vorliegen«. Dieses Urteil wurde in weiteren verwaltungsgerichtlichen Verfahren bestätigt.

Der Verfassungsschutz von Nordrhein-Westfalen schätzt »Pro Köln« so ein: »Die uneingeschränkten, nicht relativierten Aussagen (Pauschalisierung) ließen nur den Schluss zu, ›Pro Köln‹ wolle Ausländer generell sowie Personen bestimmter Volks- und Religionsgruppen bewusst als unerwünschte, nicht-integrierbare Menschen zweiter Klasse darstellen und in der

Bevölkerung Ablehnung und Hass gegenüber diesen Personen schüren.«

Seit September 2007 versucht diese obskure Gruppe, mit ihrem Ableger »Pro NRW« im ganzen Bundesland Fuß zu fassen, mit mäßigem Erfolg: Bei den Landtagswahlen in Nordrhein-Westfalen am 9. Mai 2010 erzielten die Rechten ein schwaches Ergebnis von nur rund 0,8 Prozent.

Die Taktik von »Pro Köln«, sich möglichst spießbürgerlich und »normal« zu geben, um auch für Mittelschichtswähler akzeptabel zu sein, die normalerweise Abstand zu rechtsextremen Organisationen und Parteien halten, geht zumindest teilweise auf. Immerhin konnte die Gruppe bei der Kommunalwahl 2009 ihr Ergebnis etwas verbessern. Ihre Strategie, Anti-Islam-Gefühle als Trägerrakete für Rassismus und Fremdenfeindlichkeit gegenüber Ausländern und Migranten zu nutzen, funktioniert, auch wenn sich das nicht immer in Wählerstimmen bezahlt macht. Ihre Zielgruppe sind Bürgerinnen und Bürger, die das Verhalten von sozial benachteiligten Muslimen erleben und das dem Islam zuschreiben. Sowohl gewisse Modernisierungsverlierer als auch bestimmte Migrantengruppen laden sich also an ideologischen Heilsbringern auf, und das sind bei Letzteren vor allem bestimmte Moscheevereine.

So entwickelt sich ein Teufelskreis; die Rechten zeigen auf die sozial Benachteiligten und sagen: »Schaut her, das ist der Islam, der sich in eurem Land breitmacht und euch immer mehr in die Verteidigungsecke drängt.« Und die sozial Benachteiligten spielen die ihnen von den Rechten zugedachte Rolle des Islam-Rambo und bestätigen die gesäten Zweifel.

Wer Unbehagen verspürt, Unsicherheit, Zweifel, vielleicht auch Zorn dem gegenüber, was er vom Islam gehört und auf der Straße erlebt hat, schließt sich in der Anonymität eines Internetforums zunächst gedanklich dem Lager der Rechten an, mit dem er bis dato nichts zu schaffen hatte, um in der Abgeschiedenheit der Wahlkabine schließlich ganz überzulaufen. Aber auch wer sein Kreuz nicht bei den Rechten macht, verinnerlicht nach und nach die Vorurteile ganz so, als seien sie Realität.

Das ist gefährlich, weil man so den Rechten Themen überlässt, um die sich andere kümmern sollten. Mittlerweile kann es passieren, dass Leute, denen man das aufgrund ihrer Bildung eigentlich nicht zugetraut hätte, islamfeindliche Parolen von sich geben, die dem Fundus der Rechten entstammen; diese Pflänzchen sind schon längst in der bürgerlichen Mitte angekommen, wo sie ein schattiges Plätzchen mit fruchtbarem Boden finden.

Die Kehrseite dieser Medaille ist: Berechtigte Kritik an Islamismus gerät schnell, manchmal zu schnell, in das Fahrwasser der rechten Schaumschläger. Kritik, in der Sache richtig, wird desavouiert. Ein Gefühl, das viele Menschen mittlerweile kennen, und sie klagen, vorschnell »in die rechte Ecke« gestellt zu werden.

Islamkritiker werden auch allzu oft mit einem anderen Kampfbegriff diskreditiert: mit dem Vorwurf der »Islamophobie«. Dabei unterstellt man kritischen Stimmen pauschal, pathologisch etwas gegen »den Islam zu haben«. Der Bielefelder Soziologe Wilhelm Heitmeyer versuchte zwar in einer Studie von 2006, den leeren Begriff inhaltlich zu füllen – als wissenschaftlicher Begriff ist »Islamophobie« allerdings jetzt schon obsolet. Zu häufig wird er als Kampfbegriff in die Arena der Eitelkeiten geworfen.

Und wieder einmal greifen die bereits erwähnten Muster von Aktion und Empörung, von Verteidigung und nochmals gesteigerter Empörung über die Verteidigung. Spätestens aber, wenn Antisemitismus-Forscher wie Wolfgang Benz, Anfang 2010 in einem Gastbeitrag für die *Süddeutsche Zeitung*, Parallelen zwischen Antisemitismus und Islamophobie ausmachen, läuft die deutsche Aufregungsmaschinerie gewohnt fix an und bald auf Hochtouren.

Nun sind die »Profis« unter den Welterklärern, die Funktionäre der islamischen Verbände, nicht auf den Kopf gefallen. Der »Islamophobie«-Vorwurf passt ihnen hervorragend in den Kram, er ist das As im Ärmel der Verbände. Der Zentralrat der Muslime beispielsweise veröffentlichte auf seiner Internetseite ein Titelblatt des Nazi-Hetzblattes *Der Stürmer* mit dem Titel »Die Juden sind unser Unglück«. Im Untertitel stand: »Im Stürmer wurde in schlimmster Form die Propaganda des Hasses gegen eine Minderheit verbreitet.« Selbstredend muss der Hinweis zur eigenen angeblichen Opferrolle nicht mehr explizit gegeben werden – der Vorwurf schwingt schon in der Anlage mit.

Natürlich ist auch der türkische Ministerpräsident Recep Tayyip Erdogan schnell zur Stelle und interpretiert das Schweizer Minarett-Verbot als Tendenz »einer zunehmenden rassistischen und faschistischen Haltung in Europa«. Und vor der Parlamentsfraktion seiner Partei AKP sprach er, wieder einmal, von einem »Verbrechen gegen die Menschlichkeit« und zog gleichfalls die direkte Linie von der Judenverfolgung zur Islamkritik.

Dafür gibt es Hunderte weitere Beispiele: Als der anerkannte Kriminologe Christian Pfeiffer im Juni 2010 seine Studie zur Gewaltbereitschaft junger religiöser muslimischer Männer präsentierte, reagierten die islamischen Verbände, wie zu erwarten war, mit der Anschuldigung der Islamophobie. Im Grunde ein Totschlagargument, das jegliche Kritik am Islam im Keim ersticken soll.

Wer ausnahmsweise nicht direkt dem Islamophobie-Vorwurf ausgesetzt ist, kann sich dennoch nicht entspannt zurücklehnen. In diesem Irrgarten der gegenseitigen Schuldzuweisung muss derjenige, der als Erstes den Ausgang findet, höllisch aufpassen, damit er draußen nicht gleich über den nächsten Fallstrick stolpert. Oder sich gar eine neue Falltür öffnet, die ins Bodenlose der Islamdebatten führt.

Denn wer sich andererseits offen für die Notwendigkeit gesteuerter Zuwanderung einsetzt und sich dazu bekennt, dass natürlich die Muslime ein Teil der Gesellschaft sind und der Islam eine Inländerreligion, läuft Gefahr, als »Multi-Kulti-Träumer« oder schlicht »Gutmensch« abgestempelt zu werden.

Wer offen sagt: »Ja, Deutschland ist Einwanderungsland« und »Ja, auch in Zukunft benötigen wir weiter Zuwanderung«, wird als Totengräber Deutschlands tituliert.

Dabei fehlen Deutschland schon heute die Fachkräfte, und morgen noch viel mehr. Dass wir heute schon ein Einwanderungsland sind, sollte keine neue Erkenntnis sein bei schätzungsweise 4,3 Millionen Muslimen in Deutschland (laut den neuesten Erhebungen des Bundesinnenministeriums); vor 60 Jahren waren es gerade einmal 800 000.

Es besteht überhaupt kein Zweifel, dass Deutschland de facto ein Einwanderungsland ist (wenn auch gefühlt noch nicht). Insgesamt sind seit 1954 – Flüchtlinge, Asylbewerber und Aussiedler mit einberechnet – rund 31 Millionen Menschen nach Deutschland gekommen, von denen freilich die meisten wieder gegangen sind. Dennoch hat jedes dritte Kind hierzulande eine Zuwanderergeschichte, in den Ballungsräumen fast jedes zweite. Warum sich also noch in die eigene Tasche lügen? Warum noch immer eine Verweigerungshaltung pflegen, die uns wirtschaftlich und kulturell mehr schadet als nutzt?

Die deutsche Fußballnationalmannschaft macht es vor: Özil, Podolski, Cacau ... statt Kaltz, Hoeneß und Netzer. Die Namen verändern sich, weil sich die Herkunft verändert. Aber gemeinsam haben sie alle, dass sie für Deutschland spielen. Klar, was im Sport schnell geht, weil auch die Erfolge schnell sichtbar werden, dauert im Alltagsleben eben länger. Wir können warten.

Ein Land wie die Vereinigten Staaten von Amerika, das sich seit jeher als Einwanderungsland begreift, geht pragmatischer mit dem muslimischen Erbe um. In Amerika sind Muslime selbst nach dem 11. September 2001 nicht derart unter Beschuss geraten wie hierzulande (eine Debatte entzündete sich aber beispielsweise an der Frage, ob nahe am »Ground Zero« eine Moschee gebaut werden dürfe). Der amerikanische Einwanderungsdiskurs arbeitet sich stattdessen an den mexikanischen Einwanderern ab, die bekanntermaßen meist katholisch sind (was natürlich keinen Deut besser ist). Die Islamdebatten in den USA jedoch kommen weithin ohne Moralisierung und ohne Verfemung Andersdenkender aus – trotz der Probleme, die das Land mit dem politisierten Islam hat.

Also »Gutmensch« oder »Multi-Kulti-Träumer«? Wer sich für Muslime einsetzt, findet seinen Namen schnell in den einschlägigen Internetforen wieder, was man ja noch mit Humor nehmen könnte. Es ist schon interessant zu sehen, wie einen zum einen die Islamisten anfeinden, während sich gleichzeitig die Spießbürger der rechtspopulistischen Parteien an einem abarbeiten. Manchmal kann man sich gar nicht recht entscheiden, ob man heute lieber »Gutmensch« oder »islamophob« sein möchte.

Manchmal artet das Ganze aber auch in wüste Beschimpfungen aus.

Als der Internetblog »Politically Incorrect« im Januar 2010 von der Kundgebung des salafistischen Konvertiten und Wanderpredigers Pierre Vogel vor der Frankfurter Nikolaikirche berichtete und so tat, als sei dies auf Einladung des Pfarrers geschehen, ergoss sich ein Strom wütender Hassmails über den ahnungslosen Theologen.

Der Vielgescholtene gab eine Retourkutsche via E-Mail, in der er schrieb: »Am Samstag, 9. Januar 2010, waren meine Frau und ich, beide Pfarrer/in an der Alten Nikolaikirche am Römerberg, im Urlaub. Wir waren zum Zeitpunkt der Kundgebung weder in Frankfurt am Main, noch wussten wir von einer Versammlung auf dem Römerberg. Weder der Kirchenvorstand noch sonst jemand in der Gemeinde hat ›logistische Unterstützung für Islamisten‹ geleistet … Im Übrigen: Der Ton der meisten E-Mails, die wir in dieser Sache bisher erhalten haben, ist mit dem Geist der Briefe im Neuen Testament kaum vereinbar. Selbst die eher mahnenden Briefe der Apostel sind in Liebe und in einem Geist des gegenseitigen Respekts geschrieben (vgl. Eph. 4,15). Weder unbegründete Unterstellungen noch Hass, weder Diffamierung noch die Verbreitung von Unwahrheiten sind christliche Tugenden. Christ's peace be yours, Dr. Jeffrey Myers.«

Schnell steht selbst der ahnungslose Pfarrer am Pranger. Und schnell steht man in der falschen Reihe. Als wir an der Demonstration gegen den sogenannten Anti-Islamisierungs-Kongress von »Pro Köln« teilnahmen, fanden wir uns – neben Gewerkschaften, Parteien und Vereinen – plötzlich in einer Reihe mit den ultrakonservativen muslimischen Organisationen und einigen obskuren Predigern, wie dem bereits erwähnten Pierre Vogel, dessen Anhänger, wen wundert es, natürlich wieder einmal die »Antisemitismus = Islamophobie«-Keule in Form von beschrifteten Bannern und Schildern in die Luft hielten. Der gemeinsame Gegner – in diesem Fall »Pro Köln« – führt mitnichten zu gemeinsamen Zielen; das müssen alle Gegner von Vielfalt und Interkulturalität wissen, die kritische Zeilen gegenüber dem Islamismus als Ablehnung der Muslime begreifen.

Die Etikettiermaschinen laufen auf Hochtouren. All die Scharfmacher und Beschwichtigungsmanager hüben wie drüben meinen doch, sich gegenseitig die Spiegel vorhalten zu müssen – letztlich sehen sie aber nur sich selbst darin.

Vielleicht kommen die verfeindeten Parteien mit etwas mehr Gelassenheit, Distanz zu sich selbst und den eigenen Äußerungen sowie Humor zusammen. Und mit dem Vorsatz, nicht bei jedem Wort der Kritik gleich die beleidigte Leberwurst zu spielen. Überhaupt ist der Knoten im Hals, den manche bei den Themen rund um den Islam empfinden, äußerst schädlich.

Dieser Knoten, dieses merkwürdige Gemisch aus Tabus und Hemmungslosigkeit, bereitet das Feld, auf dem radikale Islamkritiker wie Udo Ulfkotte, Necla Kelek und Thilo Sarrazin ihre Leserschaft finden. Ihre Islamkritik beschädigt die sachliche Debatte eher, als sie ihr nutzt. Was bezwecken diese Autoren und Talkshowgäste mit ihrer radikalen Art? Geht es ihnen wirklich um Fortschritte im Verhältnis von Muslimen und Nichtmuslimen? Oder gefällt es ihnen, auf der Straße hochgejubelt zu werden? Gefallen ihnen die Schulterklopfer?

Vielleicht passt auf die Islamkritiker, die das Kind mit dem

Bade ausschütten, ein Spruch aus dem orientalischen Kulturkreis: »Es gibt viele Möglichkeiten, berühmt zu werden; eine ist, in den Zemzen-Brunnen zu pinkeln.«

Der Zemzen- oder auch Zamzam-Brunnen ist ein heiliger Brunnen des Islam. Er steht nahe der Kaaba im saudi-arabischen Mekka. Wer dieses Heiligtum beschmutzt, meint Tabus brechen zu müssen, um der Provokation willen.

Ein unverstellter Blick auf den Islam

Im Westen etwas Neues: Ein Koran, der an den Verstand appelliert

Es ist schade, dass das Kopftuch ausgerechnet den Blick auf den wichtigsten Körperteil des Menschen verdeckt: den Kopf, Sitz der Vernunft.

In seinem religionsphilosophischen Hauptwerk *Die Erziehung des Menschengeschlechts* vergleicht der große deutsche Aufklärer Gotthold Ephraim Lessing, eine Art Ein-Mann-Werbeagentur für die Vernunft, die Erziehung der Menschheit mit der Erziehung eines einzelnen Menschen. Vereinfacht ausgedrückt: Was für den Einzelnen das Beste ist, kann für die ganze Menschheit nicht schlecht sein!

Dabei erstellt Lessing eine Art Top-3-Hitliste der vernünftigen Gesellschaften: Auf Stufe eins stehen die Völker, die – um sich »richtig zu verhalten« – Strafen und Belohnungen brauchen. Sozusagen noch wie ein Kleinkind, das unmissverständliche Signale der Erziehung von Mama und Papa benötigt, um richtig von falsch zu unterscheiden.

Klar, dass bei der Vielzahl der Menschen in einem Volk nur Gott die Rolle von Mama oder Papa ausfüllen kann. Der monotheistische Gott des Christentums, des Islam und Judentums ist hierbei alleinerziehend. Für Stufe eins ist nach Lessing das Alte Testament zuständig.

In der nächsthöheren Stufe zwei werden Belohnung und Strafe ins Jenseits verlagert. Der Spielraum für die Menschen, die jetzt eine Art Teenager sind, vergrößert sich etwas: sie dürfen zu Hause relativ autonom agieren, haben nur die Konsequenzen zu fürchten, wenn Mama oder Papa abends nach Hause kommen. Dafür ist nach Lessing das Neue Testament zuständig.

Auf der dritten Stufe, der Vernunft, braucht es keine Belohnungen und Strafen mehr, ganz egal, ob im Diesseits oder im Jenseits. Lessing meint, dass die menschliche Vernunft auf der dritten Stufe so weit entwickelt ist, dass der Mensch das Gute tut, weil es eben das Gute ist, das allen anderen Menschen auch guttut.

Bei ihm klingt das so: »Er (der Mensch) will schlechterdings an geistigen Gegenständen geübt sein, wenn er zu seiner völligen Aufklärung gelangen und diejenige Reinigkeit des Herzens hervorbringen soll, die uns die Tugend um ihrer selbst willen zu lieben fähig macht.« Diese vernünftigen Zeiten nennt Lessing »die Zeit eines neuen Evangeliums«. Der Mensch ist erwachsen geworden.

Dieser Dreischritt ist ganz wichtig im heutigen Umgang mit dem Islam. Auf Stufe eins agieren die Muslime, die sich selbst nicht trauen, ihrem Denken und ihrem Intellekt zu folgen. Die sich nicht trauen, auf Erden selbstständig zu denken und deshalb auf einfache Regeln im Sinne von »Du darfst nicht …« oder »Du sollst …« angewiesen sind.

Das entspricht in ungefähr dem, was salafistische Prediger ihrer Zielgruppe predigen. Als Beispiel hier ein »guter« Tipp, wie sich Ehefrauen zu verhalten haben, von der Website »www.way-to-allah.com«: »Bemühe dich immer, deinem Mann zu gefallen, da er dein Schlüssel zum Paradies ist.« Mit dem Hinweis auf das Paradies soll die irdische Regel legitimiert werden – so simpel, so primitiv funktioniert Religion auf Stufe eins der Lessing'schen Hitliste.

Stufe zwei setzt wesentlich höhere Ansprüche an die Gläubigen: Die irdischen Dinge sind Teil ihres Verantwortungsbereichs – und somit eine Bewährungsprobe für das Jenseits. Dort wird man für seine Tugendhaftigkeit belohnt.

Auf Stufe drei steht der Mensch selbstverantwortlich vor Gott, weiß den Koran selbstständig zu interpretieren und nutzt den Verstand als »göttlichen Funken« den es anzuwenden gilt.

Um es vorwegzunehmen: Der Islam ist eine vernünftige Religion, wenn er dementsprechend interpretiert wird. Er ist natürlich vereinbar mit Demokratie und Rechtsstaat, wenn er mit Vernunft ausgelegt wird. Der Begriff Verstand kommt im Koran ganze 49 Mal vor, etwa hier: »Gott wird diejenigen, die ihren Verstand nicht benutzen, mit der Erniedrigung der Ungläubigkeit bestrafen« (Sure 10 »Yunus«, Vers 100). Verstand und Vernunft sind der heiligen Quelle des Islam durchaus wichtig, und selbst eine der berühmtesten Hadithen macht auf die Vernunft des Menschen aufmerksam: »Der Glaube eines Menschen geht so weit wie sein Verstand, wer keinen Verstand hat, der kann auch keinen Glauben haben.«

Wer den Islam mit Vernunft betrachtet, wird mehr von ihm haben.

»Idschtihad« (arabisch für »Anstrengung«) ist ein Fachbegriff aus dem islamischen Recht. Jeder Muslim, so die Bedeutung des Wortes, muss seinen Verstand einsetzen, um den Islam zeitgemäß zu verstehen und richtig zu praktizieren. »Richtig verstehen« liegt dabei im Ermessen des Individuums, denn jeder Muslim kann die beiden Rechtsquellen des Islam, Koran und Sunna, frei lesen und frei verstehen. »Sapere aude«, in der berühmten Interpretation Immanuel Kants heißt dies nichts anderes als den Mut zu haben, sich des eigenen Verstandes zu bedienen.

Es ist das Grundverständnis des Islam, dass der Koran eine Offenbarung ist, eine Einheit und das Wort Gottes. Daran soll nicht gerüttelt werden. Alles andere würde aus dem Glauben eine Philosophie machen.

Der Koran ist zweifelsohne die Offenbarung; ihr »Pendant« im Christentum ist dagegen nicht, wie manche glauben mögen, die Bibel, nicht einmal die Evangelien, sondern einzig und allein Jesus Christus. Der Jesuitenpater Christian W. Troll schreibt in seinem Buch *Als Christ dem Islam begegnen* dazu sehr passend, der Koran sei »das Schrift gewordene Wort«, während Jesus Christus »das Fleisch gewordene Wort« sei. »Im einen Fall habe sich das Wort Gottes in mündlichen und schriftlichen Worten ausgesprochen. Im anderen Fall habe das Wort Gottes Fleisch angenommen, sei Mensch geworden.«

Aber es ist auch naiv und wird dem Islam nicht gerecht, wenn man den Koran wortwörtlich verstehen und umsetzen will, wie es die Orthodoxen und Ultraorthodoxen gerne tun. Für sie sind Zeit und Ort stehen geblieben, sie akzeptieren nicht, dass der Koran im siebten Jahrhundert auf der Arabischen Halbinsel offenbart worden ist.

Im Gegensatz zu »Idschtihad« steht »Taqlid«, arabisch, für »Nachahmung«. Auch dieser Begriff ist ein Fachbegriff aus dem islamischen Recht und bedeutet, dass der Muslim verpflichtet sei, sein Handeln nach der Rechtsschule zu richten, der man von Geburt an oder durch Beitritt angehört. Dadurch übernimmt man die Auffassungen anderer ohne Prüfung und Kritik, wiederholt sie blind und verweigert jegliche Inanspruchnahme des Verstandes. Solche Menschen bezeichnet man als »Muqallid«.

In der »Islamischen Charta«, einer Art Grundsatzprogramm zu Staat und Gesellschaft, das der Zentralrat der Muslime im Jahr 2002 veröffentlicht hat, heißt es beispielsweise unter Punkt 3:

»Die Muslime glauben, dass sich Gott über den Propheten wiederholt geoffenbart hat, zuletzt im siebten Jahrhundert westlicher Zeitrechnung gegenüber Muhammed … Diese Aussagen finden sich als unverfälschtes Wort Gottes im Koran …«

Der Koran wird hier als sakrosanktes Wort Gottes festgezurrt, über dessen Entstehungsgeschichte man überhaupt nicht zu diskutieren hat, weil es eben das »geoffenbarte Wort Gottes« sei. Punkt. So denken Nachahmer, so etwas befolgt der »Muqallid«.

Das entscheidende Denkverbot in diesem Passus der »Islamischen Charta« ist das Wort »unverfälscht«, das zwar nicht näher erläutert wird, aber ohne Probleme als ein strammes »Ende der Diskussion« interpretiert werden kann. Natürlich ist der Koran – wenn man ihn aus der Sicht eines gläubigen Muslims betrachtet – das Wort Gottes, aber eben ein Wort, das vor Hunderten von Jahren gesprochen wurde. Zu einer bestimmten konkreten Zeit, an einem bestimmten konkreten Ort, gerichtet an bestimmte konkrete Menschen. Eigentlich eine Selbstverständlichkeit. Und dennoch tun sich konservative Islamgelehrte schwer mit diesem Denken.

Das war mit ein Grund, warum sich der Münsteraner Islamwissenschaftler Sven Kalisch, der eigentlich islamische Religionslehrer ausbilden sollte, so heillos mit den islamischen Verbänden zerstritt und schließlich abgesägt wurde.

Im Juli 2010 trat sein Nachfolger an, der aus dem Libanon stammende Mouhanad Khorchide. Auch er verfolgt ein ambitioniertes Programm, wie er in einem Interview mit der Webplattform »Qantara.de« deutlich machte: »Meiner Auffassung nach ist die Religion für den Menschen da – und nicht umgekehrt der Mensch für die Religion.« Von den muslimischen Verbänden fordert er, »dass sie sich stärker theologischen Fragen widmen«.

Und was das heißt, erklärt er so: »Der Koran gilt als Gottes Wort … Sollen wir alles, was im siebten Jahrhundert offenbart wurde, auch die juristischen Einzelanweisungen, zum Beispiel im Strafrecht, heute eins zu eins übertragen? Ich glaube nicht. Mir geht es um die zeitgemäße Deutung des Islam.« Und weiter: »Als gläubiger Muslim und Theologe gehe ich davon aus, dass der Koran das Gotteswort nicht nur für die Menschen des siebten Jahrhunderts, sondern auch für uns heutige Menschen ist. Um diese Frage aber zu beantworten, muss man den Koran in seinem historischen Kontext lesen. Unterlässt man das, kann man ihn nicht angemessen begreifen.«

Khorchide macht deutlich, dass hinter der historisch-kritischen Lesart des Korans die Forderung nach Verständnis des Korans steht. Und er weist im Folgenden darauf hin: »Die Muslime hatten bereits im achten Jahrhundert eine eigene Hermeneutik entwickelt. Sie fragte nach den Anlässen der Offenbarung. Leider wurde diese Tradition nicht weiterverfolgt …«

Es geht also darum, »den Geist hinter den Buchstaben zu finden«. Die allgemeinen Prinzipien. Wie die Menschen diese Prinzipien umsetzen, hängt vom jeweiligen Kontext ab. Und das wiederum bedeutet: Der Islam kann gar keine Verbotsreligion sein. Verbote sind konkrete Regelungen, die jede Zeit für sich neu finden muss. Der Islam – wie auch die anderen Religionen – kann seinen Beitrag zur Aufstellung der zeitgemäßen Regeln leisten, indem er die normativen Grundlagen produziert. Aber eben nicht mehr!

Dabei ist eine historisch-kritische Auslegung des Korans Voraussetzung dafür, dass man an die ethischen und zeitlosen Botschaften von Nächstenliebe überhaupt herankommt. Nur wer sich um die Entstehungsgeschichte und die Textgattung des Korans kümmert, nur wer sich die Botschaften anschaut und sich nicht im Klein-Klein längst überholter historischer, damals vielleicht zutreffender Fakten verliert, kann zum Kern der Botschaften vorstoßen.

Auch hier die Parallele zur Bibel: Nur wer die Bibel als Erzählung von Heilsgeschichten erlebt und sie nicht als Geschichtsbuch wortwörtlich nimmt, kann die christlichen Botschaften überhaupt erkennen. Wenn man alle zeitgebundenen Themen des Korans eins zu eins umsetzen wollte, dann müssten Muslime auch wieder die Sklaverei einführen, denn sie wird ja im Koran behandelt.

Im modernen islamischen Denken – und nicht nur in der westlichen Forschung, wie Islamisten abschätzig bemerken – gilt als unstrittig, dass der Koran ein Text ist. Aber schon bei dieser simplen Feststellung weigern sich konservative Gelehrte, die Realität anzuerkennen. Sie behaupten einfach, den Koran als Text zu sehen, entweihe ihn als sakrale Quelle.

Ein Professor der ägyptischen Al-Azhar-Universität in Kairo wendete sich dagegen, weil »in der gesamten Geschichte des Islam niemand mit Bezug auf den Koran andere Begriffe verwendet habe als die, die Gott selbst im Koran verwendet hat«; so zitiert ihn der leider mittlerweile verstorbene ägyptische Autor Nasr Hamid Abu Zaid in seinem Buch *Gottes Menschen-*

wort. Ein eindrucksvoller Beleg für den Versuch der Orthodoxen, keinerlei Entwicklung zuzulassen – und sei sie auch nur begrifflicher Natur.

Der Koran, die Offenbarung Gottes, die dem Propheten Mohammed im siebten Jahrhundert gesandt worden ist, kann heute nicht mehr so verstanden werden wie im siebten Jahrhundert. Heute muss man den Koran anders interpretieren als damals, weil sich der gesellschaftliche Kontext verändert hat. Wir müssen verstehen, welche Anliegen die Menschen damals hatten und welchen Sinn die damals gegebenen Antworten erfüllten. Auf der Grundlage dieser Hermeneutik kann man dann verstehen, welchen Sinn die heiligen Texte heute haben. Nur so können wir heute die Essenz, die ethischen Botschaften verstehen, und nur so bleibt der Islam lebendig und ist eine Stütze bei den Herausforderungen des Lebens.

Moderne Muslime versuchen, diesen Weg auf zwei Arten zu beschreiten: Zum einen finden sich jene, die den Koran durch neue Übersetzungen in die heutige Zeit übertragen möchten. Vor allem die strittigen Passagen, die von der Stellung der Frau oder dem Dschihad handeln, sollen durch zeitgemäße Übersetzungen gemildert oder sogar gänzlich neu interpretiert werden.

Vor allem muslimische Frauenrechtlerinnen gehen diesen Weg, um ihre Religion in Einklang mit ihren Vorstellungen von Gleichberechtigung zu bringen. Zum Beispiel die Autorin Nahed Selim, die in ihrem Buch *Nehmt den Männern den Koran* eine weibliche Interpretation des Islam vorschlägt und gegen die patriarchale Weltsicht anschreibt. So interpretiert sie die Bekleidungsvorschriften im Koran als Schutzregeln, die in der Zeit des Propheten Sinn gehabt haben – etwa um Frauen vor Gewalt und Schändung zu schützen, unter denen sie damals zu leiden gehabt hätten. Zudem findet sie Textstellen, mit denen sie nachweist, dass es den Frauen zu Prophet Mohammeds Zeiten freigestanden habe, sich »nach eigenem Gutdünken zu kleiden, selbstverständlich im Rahmen der damals herrschenden Sitten und Bräuche«.

Da ist viel dran, wie später noch zu zeigen sein wird; das Buch von Nahed Selim ist deshalb verdienstvoll, weil es die weibliche Perspektive auf den Koran in den Mittelpunkt stellt. Der Islam ist – wie der Katholizismus – eine durchweg von Männern dominierte Religion, die *über* Frauen spricht, aber nur selten *mit* den Frauen.

Auch andere muslimische Feministinnen, wie etwa die Kölner Islamwissenschaftlerin Rabea Müller, versuchen, strittige Koransuren hermeneutisch, das heißt kritisch zu beleuchten und modern zu interpretieren – mittels neuer Übersetzungen. Vor allem die berühmt-berüchtigte »Schlagen«-Sure 4 (»Die Frauen« oder auch abschätzig »Die Weiber«), Vers 34, steht im Mittelpunkt ihres Interesses:

»Die Männer stehen den Frauen in Verantwortung vor, weil Allah die einen vor den anderen ausgezeichnet hat und weil sie von ihrem Vermögen hingeben. Darum sind tugendhafte Frauen die Gehorsamen und diejenigen, die (ihrer Gatten) Geheimnisse mit Allahs Hilfe wahren. Und jene, deren Widerspenstigkeit ihr befürchtet: ermahnt sie, meidet sie im Ehebett und schlagt sie! Wenn sie euch dann gehorchen, so sucht gegen sie keine Ausrede. Wahrlich, Allah ist erhaben und groß.«

In ihrem Buch *Ein einziges Wort und seine große Wirkung* versuchen die Autorinnen des Zentrums für islamische Frauenforschung (ZIF), das Verb »schlagen« in einen neuen Zusammenhang zu stellen und es dadurch zu entschärfen. Bei diesem Ansatz gibt es ein großes Problem, ganz abgesehen davon, dass sich die konservativen islamischen Prediger solche Bücher gar nicht erst anschauen: Neuübersetzungen und Neuinterpretationen haben immer etwas von einer Krücke, die zwar im Moment hilfreich beim Gehen ist, an der Versehrtheit aber nichts ändert. Das reine »gegen etwas Anschreiben« wirkt zudem bemüht und konstruiert. Es wirkt auch nicht attraktiv, weil es von einem Defizit des Textes ausgeht und sich vor allem um Schadensbegrenzung bemüht. Verdienstvoll, aber bemüht – so könnte man die Versuche islamischer Feministinnen sehen, sich in Schadensbegrenzung zu üben.

Ein anderer Weg ist, den Koran von seiner Wortwörtlichkeit zu lösen und gleichsam das Verhältnis zur Heiligen Schrift und der Sunna neu zu justieren. Ziel muss es sein, zu der Essenz, den ethischen Kernbotschaften, zu stoßen, die die Zeit überdauern. Das gilt vor allem für die Prophetenüberlieferung der Sunna. Hierbei handelt es sich um Aussprüche, die dem Propheten Mohammed zugesprochen werden, tatsächlich aber in den ersten Jahrhunderten des Islam aufgeschrieben wurden. Die Sunna ist kein heiliger oder sakrosankter Text, sondern eine Sammlung von zeitgebundenen Aussagen, die heute noch in islamischen Ländern als Rechtsquelle dienen. Der Koran ist zwar die wichtigste Schrift der Muslime, für die Rechtsfindung ist die Sunna aber bedeutender, weil sie mehr Regelungen zu konkreten Einzelfragen enthält.

Die »Ankara-Schule«

Die sogenannte Ankara-Schule, die Theologische Fakultät der Universität Ankara, beschäftigt sich schon seit Langem mit diesen Fragen. Deren ehemalige Dekanin, Professor Dr. Beyza Bilgin stellt sogar die fünf Säulen des Islam auf den Prüfstand – die wichtigsten Regeln für gläubige Muslime, die wiederum von islamischen Verbänden als unveränderbar und sakrosankt behandelt werden. Die fünf Säulen des Islam sind das islamische Glaubensbekenntnis, das fünfmalige Gebet, die Almosensteuer, Fasten im Ramadan und die Pilgerfahrt nach Mekka.

Prüfstand bedeutet nicht Ablehnung. Prüfstand bedeutet, jede Regel, jeden Glaubensgrundsatz daraufhin zu überprüfen, ob dieser noch zeitgemäß ist und heute den ursprünglich angedachten Sinn und Zweck noch erfüllt. Eigentlich sollte das eine Selbstverständlichkeit für alle Muslime sein, schließlich möchten sie doch die wahren Inhalte der Religion ausleben und nicht irgendwelchen Schatten nachjagen, die vielleicht gar nicht mehr existieren, weil sich die Sonne verschoben hat.

Die Theologin Beyza Bilgin kommt zu dem Schluss, dass alles zeitgemäß interpretiert werden kann, gemäß dem Geist des heiligen Ömer, einem der vier Kalifen des Propheten, der gesagt haben soll, sogar Inhalte des Korans seien nicht mehr gültig, wenn sie ihre Funktion verloren hätten oder mit dem Zeitgeist nicht mehr übereinstimmten. Weiter soll der heilige Ömer gesagt haben, der Verstand sei eine »immerwährende Offenbarung«: Der Mensch muss mit reinem Herzen überlegen und so handeln, wie es ihm vernünftig erscheint. Unabhängig und sich seines Geistes annehmend.

Nun braucht es aber für die Deutung im Sinne des heiligen Ömer Mut und Verstand. Wer nicht bereit ist, den Verstand einzusetzen, wird die Botschaften des Korans niemals entschlüsseln können.

Fürs Erste genügen ein paar Beispiele zum Umgang mit den fünf Grundpfeilern des Islam, die in diesem Buch näher ausgeführt werden:

- Das fünfmalige Gebet kann auch auf ein oder zwei Mal reduziert werden. Damit entfallen all die Kämpfe und Gerichtsurteile, ob in der Schule gebetet werden darf oder nicht.
- Wer Steuern zahlt, braucht keine Almosen zu geben.
- Niemand muss fasten.
- Der Islam verbietet den Verlust der Selbstkontrolle, verdammt aber nicht pauschal den Alkohol. Maßhalten ist angesagt, aber nicht jeder Schluck Alkohol eine Todsünde.
- Es gibt im Koran keine Stelle, die den Frauen eine Verhüllung oder ein Kopftuch vorschreibt. All jene »Kulturkämpfe«, die man derzeit in Frankreich, Dänemark, Deutschland und anderen Ländern erlebt, hätten sich erledigt, wenn sich alle Muslime dessen bewusst wären.

Nur am Rande sei erwähnt, dass die historisch-kritische Lesart des Korans und der Sunna mitnichten eine Erfindung der westlichen Welt ist. Schon seit jeher ist die Frage nach der Natur des Korans eine innerislamische Debatte, die kontrovers geführt wird.

Einer ihrer Vertreter war beispielsweise Muhammad Ahmad Khalafallah, der 1947 in seiner Dissertation an der Kairoer Al-Azhar-Universität vom mythischen Charakter der koranischen

Erzählungen schrieb. Seinerzeit sorgte diese Abschlussarbeit für Aufregung, und die Professoren lehnten sie ab. Erst 1953 erschien die Arbeit als Buch.

Wer also behauptet, die kritische Würdigung der islamischen Quellen sei »Blasphemie« oder eine »verwestlichte Idee«, kennt die muslimischen Intellektuellen nicht, die sich seit Jahrhunderten um diese Frage streiten. Wer Dogmen aufbaut, fürchtet letztlich nur die Freiheit des Gedankens. Wer Dogmen aufbaut, fürchtet letztlich nur den Verlust seiner Macht.

Sogar im achten Jahrhundert hatten die Muslime bereits eine Hermeneutik entwickelt, die nach den Anlässen der Offenbarung fragte. Leider sei »diese Tradition nicht weiterverfolgt worden«, sagt der neue Münsteraner Religionswissenschaftler Mouhanad Khorchide. Und weiter: »Allerdings missverstehen viele Muslime diesen Begriff. Sie glauben, ›historisch-kritisch‹ bedeute, der Koran sei historisch geworden und gehe uns heute nichts mehr an. Das ist ein schlichtes Missverständnis.«

Professor Halis Albayrak von der Universität Ankara geht sogar noch weiter: »In der zweiten Hälfte des 20. Jahrhunderts merkten die Intellektuellen der islamischen Welt, dass sie mit dem Westen nicht Schritt halten können. Irgendwo, so sagten sie, müssten Fehler sein, und sie suchten die Fehler in den Traditionen.« Die Religion, so Albayrak, sei danach entstaubt worden, und man habe versucht, den Islam weiter von den Traditionen zu reinigen, indem man zurück zu seinen Quellen ging. Angefangen mit dem Koran, sollten die heiligen Quellen des Islam neu interpretiert werden.

Allerdings schieden sich auch bei den wohlmeinenden, modernen Muslimen vor hundert Jahren die Geister, wie der Slogan »zurück zu den Quellen« am besten umgesetzt werden könnte. Die einen meinten, der Koran sei die einzige wahre Autorität, die alle Probleme lösen könnte, um das individuelle und gesellschaftliche Leben zu regeln. Daraus entwickelten sich die neuen Fundamentalisten, die das Mittelalter predigen, derweil sie die modernen Errungenschaften für ihre Zwecke nutzen: etwa die Taliban oder al-Qaida in den unwegsamen Gebieten Afghanistans und Pakistans. Die Folge: totale Ablehnung aller westlichen Werte.

Die Menschen, die in solchen Systemen leben, lernen nicht, multireligiöse und multikulturelle Gesellschaften zu akzeptieren; sie sind sozial nicht kompetent, sie beherrschen keine Regeln im Umgang mit der »Andersartigkeit«. Wer nicht weiß, wie ein Pfirsich schmeckt, wird den Pfirsich nicht lieben können.

Die andere Haltung sucht nach Wegen, den Koran mit der Postmoderne zu versöhnen. Moderne Muslime, wie die islamischen Feministinnen Amina Wadud oder Asma Barlas, haben in ihren Werken immer wieder festgestellt, dass gerade der Koran für unterschiedliche Auslegungen sehr geeignet ist, weil er in einer poetischen Sprache und in Gedichtform verfasst ist. Ein erster Schritt wäre, sich mit der Möglichkeit anderer Meinungen auseinanderzusetzen, ohne beleidigt zu sein. Diese Kompetenz wird jedoch von vielen konservativen Islamfunktionären verhindert.

Das Problem des mangelnden Verständnisses für eine historisch-kritische Lesart des Korans zieht sich quer durch die islamische Welt und ist keineswegs ein Konflikt zwischen »dem Westen« und »den islamischen Ländern«. Es gibt eine Reihe von muslimischen Denkern, die ihre Vorstellungen von Rationalität und Koranexegese mit ihrem Leben bezahlen mussten. So etwa der ägyptische Publizist Faraq Fawda, der 1992 von Anhängern einer radikalislamischen Gruppe auf offener Straße erschossen wurde, weil er sich öffentlich für die Säkularisierung starkgemacht hatte. Diese Tat wurde nachträglich sogar von einem bekannten Scheich der Kairoer Al-Azhar-Universität gerechtfertigt.

Man muss klar sehen: Die Intellektuellen speziell der arabisch-muslimischen Welt, die einer historisch-kritischen Koranexegese das Wort reden, sind in Europa oftmals wesentlich bekannter als in ihren Heimatländern. Ihr Denken ist das Denken westlicher Universitäten, durchsetzt von europäischen

Schemata und Begriffen, aber kaum geeignet, in ihren Heimatländern gehört zu werden.

Der französische Wissenschaftler Gilles Keppel schreibt dazu: »Diese potenzielle Intelligenzija gebraucht ein konzeptionelles Vokabular, das sogar auf Arabisch übersetzt für die große Mehrheit der Bevölkerung unverständlich bleibt. Im Gegenzug drücken sich die ›ulama‹ (die Gelehrten, Anm. d. A.) in den Kategorien des Korans aus, welche die Muslime ansprechen, bis hin zu den Einfachsten unter ihnen.« (Übersetzung nach Lukas Wick in: *Islam und Verfassungsstaat.*)

Kurz gesagt, den westlich geprägten Intellektuellen in der arabischen Welt fehlt neben jeder theologischen Autorität vor allem auch der Rückhalt in den Bevölkerungen.

Die letztendliche Frage lautet doch: Wie vereinbaren wir die Heilige Schrift mit dem Leben, sodass sie ein Gewinn für alle ist? Stellen Sie sich die Frage: Was kann dieser Text Ihnen geben? Was kann der Koran einer 56-jährigen Akademikerin geben? Was kann der Koran einem 30-jährigen Geschäftsmann geben? Oder einem 17-jährigen Azubi, einem Großvater, einer Ärztin, einer Hausfrau, einem Rennfahrer, einer Managerin?

Der Islam ist genauso zeitgemäß oder unzeitgemäß wie alle anderen Religionen. Der Islam ist genauso mit der Demokratie und den Menschenrechten kompatibel wie alle anderen Religionen. Unvereinbar sind allerdings rein gemeinschaftsorientierte Perspektiven des Islam, die sich ausschließlich auf die sogenannte Umma beziehen – das ist die gedachte Weltgemeinschaft der Muslime –, die individuelle Seite des Menschen aber sträflich vernachlässigen.

Unvereinbar sind wortwörtliche Auslegungen des Korans, die weder dem Islam noch den Muslimen die Chance für eine zeitgemäße Entwicklung geben.

An der Universität Ankara betreibt ein junges Team um Professor Mehmet Pacaci islamtheologische Forschung nach der historisch-kritischen Schriftexegese sowie nach Hans-Georg Gadamers hermeneutischer Methode. Dabei steht die vernünftige Grundannahme im Mittelpunkt, dass der Koran ein über mehrere Jahre geoffenbarter Text ist, der verstanden werden muss.

Auch wenn es nicht vernünftig ist, eine einzelne Sure isoliert zu betrachten, hilft das folgende Beispiel der Sure 4, Vers 34 bei der Verdeutlichung: »Die Männer stehen über den Frauen, weil Gott sie ausgezeichnet hat und auch weil sie aufwenden ihr Vermögen.« Die Wendung »stehen über« wird auch auf Allah selbst angewendet und bedeutet so viel wie »Beschützer«. Die moderne textkritische Lesart fragt nun nach dem geschichtlichen Hintergrund: Zur Offenbarungszeit sorgten durchweg die Männer für das Auskommen ihrer Familien. Daraus resultierte eine Rollenverteilung des Beschützers auf der einen und seiner Familie auf der anderen Seite – eine Regel, die im damaligen Patriarchat also Realität widergespiegelt hat.

Heute aber sieht die Welt anders aus, und vielerorts sorgen Frauen für das Einkommen. Klar, diese Lesart hat sich noch nicht in jedes jemenitische Dorf herumgesprochen, aber sie wird sich durchsetzen, wenn ihre Fürsprecher stärker werden. Und ein Schlagen der Frauen ist mit unserem heutigen Verständnis von der Gleichberechtigung von Mann und Frau nicht mehr vereinbar. Punkt.

Heute praktizieren viele, leider zu viele Muslime einen Islam, der seine Individuen vergessen hat und stattdessen den Kadavergehorsam für die Masse predigt. Der Grund dafür liegt – wie die Wissenschaftlerinnen der Universität Ankara betonen – in der Überbetonung der Medina-Suren im Koran durch die Orthodoxen.

»Sie sind Gefangene der Medina-Suren und verstehen nicht, dass diese Suren nur für den Propheten offenbart worden sind«, sagt Mualla Selçuk, ehemalige Dekanin der Theologischen Fakultät Ankara über die Orthodoxen, »und sie wollen den Islam in den Medina-Suren einmauern.«

Das sind etwa 13 Prozent aller Suren, wohingegen gut 70 Prozent in Mekka offenbart wurden. Die Medina-Suren sind die persönlichen Offenbarungen, als Unterstützung Gottes für seinen Propheten Mohammed gedacht. Darin finden sich vor allem kontextuell stark zeitlich gebundene Aussagen, die heute keine Verbindlichkeit mehr für die Dinge des Alltags haben können. Diese Suren waren einzig und allein für den Propheten bestimmt, jedoch keine globalen Botschaften, die für die Menschheit über alle Zeiten gelten sollten.

Wenn der Prophet Friedensabkommen unterschrieb, tat er dies mit seinem Namen, nicht aber mit »Botschafter des Herrn« – ein Indiz von mehreren, dass der Prophet Mohammed auch ein politischer Führer in Medina war; weitere Anzeichen sind seine Reden gegenüber Heeresführern, die allesamt Zeitbezug haben.

Diese Botschaften an den Propheten Mohammed finden sich in etlichen, heute als politisch bezeichneten Suren, den sogenannten Medina-Suren. In diesen Suren wendet sich Gott an den Propheten Mohammed und ruft nicht, wie bis heute oft missverstanden, zum Kampf gegen Andersgläubige auf. Wie etwa »Das Haus des Imran«, Sure 3, Verse 118 bis 120: »Oh ihr, die ihr Glauben erlangt habt! Nehmt nicht als eure Busenfreunde Leute, die nicht von eurer Art sind. Sie scheuen keine Mühe, euch zu verderben; sie würden euch liebend gern in Bedrückung sehen. Ungestümer Hass ist schon aus ihren Mündern offen herausgekommen, aber was ihre Herzen verbergen, ist noch schlimmer. Wir haben euch fürwahr die Zeichen (davon) klargemacht, wenn ihr doch nur euren Verstand gebrauchen würdet.«

Eine bei radikalen Muslimen besonders »beliebte« Sure ist »Die Reue«, Sure 9, Vers 5: »Und wenn dann die heiligen Monate vorüber sind, tötet jene, die etwas anderem neben Gott Göttlichkeit zuschreiben, wo immer ihr auf sie stoßt, und nehmt sie gefangen und belagert sie und lauert ihnen an jedem vorstellbaren Ort auf. Doch wenn sie bereuen und sich an das Gebet machen und die reinigenden Abgaben entrichten, lasst sie ihres Weges ziehen: denn, siehe, Gott ist vielvergebend, ein Gnadenspender.«

Eine andere Sure, »Joseph«, Sure 12, Vers 40: »Alles, was ihr anstelle Gottes anbetet, ist nichts als (leere) Namen, die ihr erfunden habt – ihr und eure Vorväter – (und) für die Gott keine Ermächtigung von droben erteilt hat. Das Urteil (darüber, was recht und was unrecht ist) liegt bei Gott allein – (und) Er hat verordnet, dass ihr nichts außer Ihm anbeten sollt: dies ist der (eine) immer wahre Glauben: aber die meisten Leute wissen es nicht.«

Aus diesem Vers schneiden die Radikalen gerne den Satz »Das Urteil liegt bei Gott allein« heraus, um zu »beweisen«, dass die politische Macht alleine Allah zustehe. Dabei gilt diese Sure ausschließlich dem Glauben und der Aussage, es könne keinen anderen Gott außer Allah geben – was aber unterschlagen wird.

Auch in weiteren Suren finden sich ähnliche Äußerungen, die mit Boshaftigkeit und einem enormen Dehnungswillen in politische Botschaften für die heutige Zeit umgemünzt werden können. Das ist unverantwortlich, wie die herbeigeredeten Konflikte zwischen »dem Islam« und »dem Westen« in den vergangenen Jahren gezeigt haben.

Der Prophet Mohammed hatte also eine religiöse und eine politische Mission, die man unbedingt voneinander trennen muss, zumal niemand »das Erbe des Propheten angetreten hat und antreten durfte«, wie die drei Islamprofessoren Mualla Selçuk, Halis Albayrak und Nahide Bozkurt in ihrem jüngst in der Türkei erschienenen Buch verdeutlichen. Diejenigen, die ihm nachfolgten, sind seine Verwalter, niemals aber würdige Nachfolger, die in seinem Namen Politik machen dürfen. Die Radikalen auf Erden maßen sich jedoch an, Gott auf Erden zu vertreten, indem sie in seinem Namen Politik machen.

Nach dem islamischen Menschenbild ist der Mensch ein Mängelwesen, also fehlerhaft. Darum kann er niemals einem anderen Menschen zum Gehorsam verpflichtet sein, weil das schon der Beginn einer unheilvollen Fehlerkette sein könnte. Im Koran wird der Prophet David erwähnt, dem Gott verziehen hat – das zeigt, auch Propheten können Fehler machen. Und selbst der Prophet Mohammed muss sich nach islamischen Vorstellungen am Tag des Jüngsten Gerichts vor seinem

Schöpfer verantworten, weil er ein Mensch ist; zwar ein auserwählter, aber ein Mensch.

Der Iraner Mohsen Kadivar, ein schiitischer Geistlicher, ist der Auffassung, die Lehre des Islam müsse in vier Teile aufgeteilt werden: Die ersten drei Teile betreffen den Glauben an Gott und an den Propheten, die Ethik und Moral sowie das Gebet. Diese Bereiche seien unveränderbar; dazu komme ein vierter Bereich, der das Zusammenleben der Menschen, also das soziale Miteinander, regelt: das Familienleben, den Handel, das Strafrecht, auch die Gleichberechtigung der Geschlechter.

Wie viele Unterteilungen nun nötig sind, kann man getrost dahingestellt lassen. Übrig bleibt die Erkenntnis, dass die rituellen Verpflichtungen (Ibadat) von den zwischenmenschlichen Beziehungen (Muamalat) zu trennen sind. Wer der Meinung ist, fünf Mal am Tag beten zu müssen, kann das tun, wenn keine gewichtigen Gründe, etwa des Arbeitgebers, dagegen sprechen. Rituelle Handlungen lassen sich nicht hinterfragen; wer daran glaubt, soll sie ausüben. Jedoch soll keiner behaupten, sie seien für alle Pflicht.

Bei den Lebensverhältnissen der Menschen muss der Grund für die Regeln aber gnadenlos offengelegt werden, hier genügt also nicht die rituelle Oberfläche. Wenn der Grund für eine Regel heute noch gilt, kann die Regel weiter angewendet werden, falls nicht, ist sie ein Anwärter für den Friedhof der Geschichte.

Übrigens entwickelten schon frühislamische Koraninterpreten die Interpretationsmethode »Ta'wil«, die über die rein sprachliche Ebene hinausgeht, um sich mit dem historischen Kontext sowie dem Entstehungszusammenhang auseinanderzusetzen. Ta'wil ist der Vorgang der Entschlüsselung und des Verstehens der koranischen Verse; ein Verstehen jenseits der bloßen Worte, ein Verstehen, das zum Verständnis, zur Gewissheit und zur Veränderung der menschlichen Seele führt und letztendlich zur Erkenntnis der Quelle der Suren; letzthin zur Erkenntnis von Gott.

Leider hat sich im Lauf der Zeit die »Tafsir«-Methode herrisch in den Vordergrund geschoben, wonach der Text wörtlich und sprachlich interpretiert wird. Im Koran findet sich der Begriff »Ta'wil« 17 Mal, »Tafsir« hingegen nur ein einziges Mal. Was will uns das sagen?

Dass der Symbolik und der Allegorie mehr Raum gegeben wird. Die wörtliche Auslegung vieler Suren mutet angesichts des geistigen Reichtums des Korans allzu schlicht und naiv an. Der Koran selbst weist in Sure 3 (»Die Unterscheidungsfähigkeit«), Vers 7 darauf hin, dass er Botschaften enthält, die »klar in und durch sich selbst sind – wie auch andere, die allegorisch sind«.

Statt also die koranische Botschaft ernst zu nehmen und »Ta'wil« sowie »Tafsir« als zwei Seiten derselben Interpretationsmedaille zu sehen, wurde ein künstlicher Gegensatz aufgebaut, der nie existierte.

Entscheidend ist deshalb, die juristische Seite, die klaren Rechtsvorschriften mit ihren historischen Bezügen, von der Glaubensseite zu trennen. Der Beweis dafür sind die weltlichen Strafen, die der Koran für seine historischen Verbotssuren vorhält. Weltliche Strafen eines weltlichen Rechtssystems, das von Menschen ausgeführt wird, also fehlerbelastet ist.

Demgegenüber steht die Grundidee des Korans, der Mensch sei für sein Handeln selbst verantwortlich und müsse »nur« im Jenseits vor Gott Rechenschaft ablegen. In der Sprache des Korans erfolgen Belohnung und Strafe in einer anderen Welt als dieser. Die Verbote des Islam sind deshalb »ictimai«, also weltlich, sie regeln das Verhältnis der Menschen untereinander: Gott stört sich nicht an der Trunkenheit der Menschen, sondern ein Betrunkener ist nur schwer für die anderen Menschen erträglich. Gottes Gebot ist deshalb das Maßhalten des Einzelnen, damit die andern geschützt werden.

Der Koran ist also ein Wegweiser auf dem Lebensweg, er gibt Lebensrichtlinien, er kann den Menschen Unterstützer sein. Seine wichtigste Aufgabe ist es, Menschen zu leiten, damit sie Gott erkennen und sich bewusst machen, dass sie Verantwortung tragen für das, was sie tun, und das, was sie nicht tun.

Die Botschaft braucht Adressaten, die sie verstehen und interpretieren. Und die Menschen verstehen den Koran mit ihrem eigenen Bildungsstand, mit ihrem eigenen Erfahrungshintergrund.

Gott spricht nicht arabisch

Glaube ist also mehr, als Gebete nachzusprechen und Riten zu folgen. Die Radikalen aber halten die Gläubigen genau dazu an; und das tun sie, indem sie die Menschen vom Verständnis des Korans abhalten.

Meist wird der Koran in Arabisch rezitiert; in den Koranschulen der deutschen Moscheevereine beten die Kinder Koranverse auf Arabisch, obwohl sie kein Wort davon verstehen, weil sie deutsch und türkisch oder andere Sprachen sprechen. Dadurch sind sie nicht in der Lage zu überprüfen, was ihnen der Imam als Koranschullehrer oder als Vorbeter predigt.

Gott spricht aber nicht arabisch! Gott spricht überhaupt keine bestimmte Sprache; Sprachen sind von Menschen erfundene Kommunikations- und Symbolsysteme, um miteinander in Kontakt zu treten.

Um das zu verstehen, muss man auch wissen, was »Tanzil« ist. »Tanzil« meint die Herabsendung des Korans und beschreibt den Prozess, wie die Suren von Gott in das Herz des Propheten gesandt worden sind – und wie die Menschen sie dann vom Propheten übermittelt bekommen haben. Der Prophet Mohammed, der in Arabien lebte, sprach arabisch: Also empfingen die Menschen die göttliche Offenbarung auf Arabisch.

Wäre der Prophet in Bosnien sesshaft gewesen, würden die Muslime heute den Koran auf Bosnisch lesen? Vermutlich ja!

Für die Offenbarungen Gottes ist nicht die Sprache entscheidend, sondern die inhaltliche Botschaft. Deshalb darf keine einzige irdische Sprache ein Monopol auf die Inhalte haben. Wenn als Sprache des Islam einzig und allein das Arabische maßgeblich sein soll, dann wird auch die arabische Kultur – so undifferenziert dieser Pauschalismus sein mag – zur Islamleitkultur; eine hierarchische Kultur ohne große demokratische Erfahrung und deshalb nicht geeignet als Lehrmeisterin für den deutschen Alltag muslimischer Kinder und Erwachsener.

Der Islam ist eine globale Religion, die – wie der Katholizismus – quer durch alle Kulturen geht. Der japanische Moslem und seine Kultur verdienen daher die gleiche Akzeptanz wie die deutschen, türkischen oder bosnischen Muslime.

Bei den gemeinsamen Gebeten und Feierlichkeiten kann Arabisch ruhig als Lingua Franca des Islam gesprochen werden: Hierbei geht es weniger um das Verständnis als um ein Wir-Gefühl, das mittels einer einheitlichen Liturgie erzeugt wird. So weit, so rituell! Für das Verständnis der Botschaften ist der Satz »Der Koran ist arabisch« für die Mehrheit der Muslime außerhalb Arabiens allerdings ein Sargnagel. Und nicht nur fürs Verständnis; auch für die Demokratisierung des Islam.

Beyza Bilgin führt sehr eindrucksvoll aus, wie das Patriarchat die Religion instrumentalisiert, um eine plausible Erklärung für die Frauenunterdrückung zu haben. Auch hier dient das Festhalten am Arabischen dazu, die Menschen fern vom eigenen Verständnis zu halten, damit ihnen die Hodschas, die Vorbeter, ihre Sicht der Dinge ungeprüft erzählen können.

Der Koran kann, nein, er muss in die Muttersprachen der Gläubigen übersetzt werden. Gerade das Verbot, sich des Korans in einer anderen als der arabischen Sprache zu bedienen, erweitert die Macht derjenigen, die die Religion für sich instrumentalisieren wollen.

Die Deutschen kennen das aus der Geschichte der christlichen Religion: Solange die Bibel ausschließlich auf Latein gelesen wurde, so lange blieben auch die meisten Menschen von einem inhaltlichen Verständnis der Heiligen Schrift ausgeschlossen, weil nur die »religiösen Experten«, die Priester, in der Lage waren, die Texte zu verstehen. Ein Machtmittel in den Händen der Bischöfe.

Mit Martin Luthers Übersetzung der Bibel – aber auch schon mit anderen Übersetzungen orthodoxer Christen in ihre jeweiligen Landessprachen – wurde sie erstmalig breiten

Schichten zugänglich, und zwar im Verstehen zugänglich, nicht nur im ritualhaften »Herunterbeten«. Speziell durch die Übersetzungen der Reformatoren Luther und Zwingli konnten die Deutschen endlich auch verstehen, was sie jahrhundertelang lediglich »maschinell« heruntergebetet hatten. Gemeinsam mit dem aufkommenden Buchdruck war die Übersetzung der Bibel ins Deutsche ein riesengroßer Schritt, um aus der Elite-Religion Christentum eine Volksreligion zu machen. Letztlich wurde das Christentum so demokratisiert.

Aber es geht nicht nur um die Übersetzungen. Für Sunna als auch für den Koran gilt: Wer jahrhundertealte Schriften wortwörtlich und ohne geschichtliche Einbettung nimmt, geht den ersten und wichtigsten Schritt hin zum Fundamentalismus – analog zu den christlichen Fundamentalisten, die die Bibel, wie etwa die Schöpfungsberichte, wortwörtlich nehmen.

Die Gläubigen sollten die Schriften offensiv angehen, sich mit ihnen auseinandersetzen, Fragen stellen, sich distanzieren, wo nötig, oder sich annähern, wo es ein gutes Gefühl gibt. »Frage nicht den Mufti, frage dein Herz«, sagt Beyza Bilgin.

Wenn man dazunimmt, dass der Koran uns geradezu auferlegt, den Verstand einzusetzen, dann rückt der Mensch als Träger der Vernunft in die Mitte. Der Mensch, der mit seinen Entscheidungswerkzeugen Gewissen und Verstand die Vernunft in Handlung übersetzt. Der Islam ist dabei eine intime, Gott sehr nahe Religion, die keine menschlichen Nebengötter benötigt.

Heute ist viel von der Aufklärung die Rede, die der Islam durchmachen müsse; aber was waren die wichtigsten Begleitumstände der Aufklärung? Neben den Philosophen der Aufklärung, die darauf beharrten, dass der Mensch seine selbstverschuldete Unmündigkeit verlassen und seinen Verstand benutzen müsse, waren die Übersetzung der Bibel ins Deutsche und die Erfindung des Buchdrucks durch Gutenberg die zentralen Motoren der Aufklärung.

Auch die Aufklärung des Islam wird nicht durch einen Meteoriteneinschlag eingeläutet werden, sondern durch die

Akzeptanz der Übersetzung des Korans in die Muttersprachen der Gläubigen und die Möglichkeit der Neuinterpretation durch die Gläubigen selbst, ohne dass ihnen andere eine Interpretation vorsetzen. Die Übersetzung darf dabei nicht als ein notwendiges Übel angesehen werden.

Wer zum ersten Mal eine Koranübersetzung in den Händen hält, zum Beispiel von der Organisation DITIB herausgegeben, könnte irritiert sein, denn es gibt eine merkwürdige Sitte: Koranübersetzungen werden immer mit dem arabischen Text angeboten, nach dem Modell zweisprachiger Bücher. Und für den unkundigen Leser bewegt sich die Welt rückwärts, weil der deutsche Text sich der arabischen Schrift anpasst und das Buch für unsere Verhältnisse hinten anfängt und dann rückwärts gelesen werden muss. Der deutsche Text richtet sich nach dem arabischen.

Wozu?

Wer Arabisch kann, kauft sich keinen deutschen oder türkischen Koran. Wer aber kein Arabisch kann, ist mächtig irritiert. Das ist wohl auch der Zweck der Übung; die Leser sollen keine Sekunde vergessen, dass sie »nur« eine Übersetzung lesen, eine irgendwie unvollständige Koran-Version.

Aufklärung im Islam heißt also, den Koran zu übersetzen, in Taschenbuchformat zu drucken, für jeden zugänglich, für jeden erschwinglich, für jeden verständlich.

In Vorbereitung dieses Buches habe ich einige Wochen in Ankara verbracht; wenn ich mit der Metro fuhr, hatte ich einen handlichen Koran dabei, in dem ich las und den ich dann beim Aussteigen in die Handtasche steckte. Ich wurde immer wieder mit Fragen konfrontiert, die mir zeigten, dass es nicht üblich ist, den Koran aus Interesse zu lesen.

»Haben Sie sich rituell gewaschen?«

»Legen Sie die Handtasche auch auf den Boden?«

Oder auch:

»Sie sind relativ klein. Was ist, wenn Sie in der Enge der Metro mit anderen Leuten zusammenstoßen, die viel größer sind als Sie, sodass der Koran in der Tasche an die Hüften oder an die Beine von irgendwelchen Leuten stößt, die sich nicht rituell gewaschen haben?«

Niemand fragte, was der Koran aussagt oder aus welchen Gründen man ihn unbedingt lesen sollte.

Niemand fragte, ob er mich inspirieren würde.

Die jahrhundertelange Tabuisierung des Korans und das Verbot, ungezwungen mit ihm umzugehen, haben ihn den Gläubigen entfremdet und die Kräfte gestärkt, die ihn auf ihre Weise interpretieren konnten.

Aufklärung heißt also zu erkennen, dass der Koran für alle Gläubigen da ist. Jeder Muslim, jede Muslimin hat das Recht, den Koran zu lesen; was bedeutet, dass die Analphabetenrate gesenkt werden muss, dass Mädchen in die Schule geschickt werden müssen und dass jeder das Recht hat, nicht nur einen Koran zu besitzen, nein, sondern ihn auch zu lesen und zu verstehen.

Weil den Kindern in den Koranschulen nur das Lesen des arabischen Textes beigebracht wird, ohne dass sie verstehen, was sie lesen, ist daher die zentrale Forderung:

Schluss mit der Gehirnwäsche in den Korankursen, jeder hat das Recht, die Botschaft des Korans zu verstehen.

Das wusste auch der heilige Ömer. Leider konnte er das seinem Sohn Abdullah ibn Ömer nicht beibringen, der sich zu einem Lehrmeister der orthodoxen Schule entwickelte: Er lehrte seine Anhänger die äußere Form der Religion und wurde so zum Vorbild für alle Orthodoxen und Ultraorthodoxen; die Energie und das menschliche Denkvermögen werden ausschließlich dafür verwendet, Riten und Gebete auswendig zu lernen, um dem Propheten im Verhalten nachzueifern. Diese Geisteshaltung führt dazu, das angebliche Verhalten des Propheten eins zu eins zu wiederholen: Der Bart wird so getragen, wie der Prophet es getan haben soll, die Kleidung bis hin zur Körperhygiene entsprechen dem »technischen Stand« der frühen Zeiten vor der Erfindung von Elektrizität, Internet und Auto. Von Abdullah ibn Ömer ist überliefert, dass er sogar seine Notdurft dort verrichtete, wo es der Prophet getan hatte.

Und so machen es die Orthodoxen bis heute, indem sie ausgiebig darüber predigen, was der Prophet in dieser oder jener Situation getan habe, und allen anraten, es ähnlich zu machen, ohne ihren Verstand einzusetzen.

Das intime Verhältnis zu Gott – was ja den Islam auszeichnet – wird durch eine Vielzahl an Zwischeninstanzen, Regeln und Normen gestört. Und hier machen sich auch die Orthodoxen mit ihren Institutionen breit.

Die islamischen Verbände sind ein Beispiel dafür: sie versuchen, diese Zwischenwände einzuziehen, eine nach der anderen, Stück für Stück, um Gott und die Menschen einander zu entfremden. Ihr Ziel ist, sich die politische und gesellschaftliche Macht mittels Religion zu sichern. Und gerade in Deutschland protzen die islamischen Verbandsfunktionäre damit, dass sie sich bei der Organisation ihrer Verbände die christlichen Kirchen zum Vorbild nehmen.

Dabei heißt es im Koran, Sure 17 (»Die Nachtfahrt«), Vers 54: »Euer Erhalter ist dessen völlig gewahr, was ihr seid (und was ihr verdient): wenn Er es so will, wird Er euch (Seine) Gnade erteilen; und wenn Er es so will, wird Er euch strafen. Darum haben Wir dich nicht (o Prophet, zu den Menschen) gesandt mit der Macht, ihr Schicksal zu bestimmen.«

Was ist damit gemeint? Die Sure richtet sich an die Gläubigen und weist den Propheten Mohammed (»O Prophet«) deutlich in die Schranken. Nach dieser Lesart soll er sich nicht in die Angelegenheiten zwischen Menschen und Gott mischen; jeder Mensch, so die logische Schlussfolgerung, ist einzig und allein vor Gott verantwortlich.

Wenn Gott schon keinen Propheten zwischen sich und der Menschheit duldet, was ist dann mit all den »Pseudopropheten«, den Imamen und Hodschas? Mit welchem Recht weisen sie die Menschen zurecht, mit welchem Recht glauben sie besser als jeder andere zu wissen, was Gott will?

Der Islam, so die zentrale Schlussfolgerung, ist daher die Religion mit der geringsten Distanz zwischen dem Gläubigen und Gott. Hierin liegt der Unterschied zum Christentum, das eine zentrale Rolle für Jesus, den Mittler zwischen Gott und den Menschen, kennt.

Zu wenige Muslime wissen um diese Grundlagen. Nur weil so viel Unwissenheit herrscht und die Muslime in Deutschland zu einem recht großen Prozentsatz zu den eher Ungebildeten gehören, können die Imame, Hodschas und Funktionäre in das Vakuum vorstoßen, das es zwischen Gott und den Gläubigen eigentlich gar nicht geben dürfte. Wer Angst hat, etwas falsch zu machen, wird versuchen, alles richtig zu machen. Wird verführbar von denjenigen, die drohen: »Du verlierst sonst deinen Glauben!« Alles Neue, alles, was ihre Macht bedroht, wird von diesen Leuten verdammt:

Erst hieß es, das Radio sei des Teufels, dann wurde das Fernsehen zum Spielzeug Satans, und nun betreiben die gleichen Leute ihre eigenen Fernsehsender und nutzen die umfassenden Möglichkeiten des Internets und der sozialen Netzwerke. Durchaus virtuos, diese selbst ernannten Zwischengötter.

Sich mit den Meinungen anderer zu beschäftigen, ist ein Gewinn. Und wenn man den Koran für Verständnis und kritische Würdigung öffnet, statt ihn bleischwer im Giftschrank der Unveränderlichkeit zu konservieren, dann gelingt es, seine Botschaft ins 21. Jahrhundert zu bringen. Alles andere wäre ein Einfrieren der koranischen Botschaft, schreibt auch der ägyptische Autor Hamed Abdel-Samad: »Und wenn die Bedeutung eingefroren und fixiert ist, kommt es zur Entstehung einer Autorität, die sich selbst als der einzige Beschützer des Islam zu etablieren versucht. Ganz gleich, ob diese Autorität nun der Staat ist oder eine politische Opposition – die Bedeutung des Korans wird dabei manipuliert. Durch die Gleichsetzung von politischer Autorität und Bedeutung des Korans wird der Islam manipuliert.«

Der Autor weist auf einen wichtigen Punkt hin: Macht. Die Auslegung der koranischen Botschaft übernehmen jene, die die meiste Macht in den Händen halten oder Macht anstreben und deshalb ihre Jünger um sich scharen.

Eines wird nach und nach deutlich: Wenn es schon selbst an

einem Mindestmaß an Kritikfähigkeit und Entwicklungsbereitschaft mangelt, wie soll man dann den Islam zu einem gemeinsamen europäischen Islam weiterentwickeln, der Fragen und vielleicht Antworten rund um die hiesigen Lebensbedingungen entwickelt?

Wahrscheinlich am besten, indem man gemeinsam den Einfluss der konservativen und rückwärtsgewandten Islamgelehrten begrenzt und für einen modernen Islam streitet. Nichts anderes bleibt übrig. Mühe, die sich lohnt.

Islamische Verbände: Ultras und andere

Die Sheriffs der Islamisierung sind die ultraorthodoxen Funktionäre. Diese kleine Gruppe versucht, die Definitionshoheit über den Islam zu erlangen und den Muslimen im Innenverhältnis eine anachronistische Lebensweise vorzuschreiben, wie sie Abdullah Ibn Ömer, der Sohn des Kalifen Ömer, vielleicht gutgeheißen hätte. Zudem wollen sie den Nichtmuslimen die Welt erklären, in der Muslime angeblich leben; sie sind Sheriffs und Türsteher zugleich, weil sie bestimmen wollen, wer in das Haus der Muslime hineingehen darf und wer nicht.

Zur Orientierung ist es sinnvoll, die Muslime in Deutschland in drei Gruppen einzuteilen, eine Einteilung, die zugegebenermaßen etwas holzschnittartig ist: die modernen Muslime, die Otto-Normal-Muslime (Traditionalisten) und die Ultraorthodoxen, künftig Ultras genannt, die unter anderem einen politischen Anspruch erheben. Selbstverständlich überschneiden sich die beiden letztgenannten Kategorien erheblich, und so mancher Ultra wird im Alter zum Traditionalisten oder auch umgekehrt. Hier geht es nicht darum, Typen zu entwerfen, sondern Schwerpunkte zu betonen. Die Grenzen zwischen den Traditionalisten und den Ultraorthodoxen sind fließend.

Der Tradition verpflichtet: Otto-Normal-Muslime

Die Mehrheit der Otto-Normal-Muslime in Deutschland lebt ihren Glauben traditionell; für diese Menschen spielt die theologische Diskussion, der intellektuelle Zugang zur Religion eine untergeordnete Rolle. Im Mittelpunkt ihres religiösen Lebens stehen Riten und Traditionen, wie Ramadan oder Zuckerfest.

Moderne Muslime und Ultraorthodoxe, die ungefähr 15 Prozent der hiesigen Muslime ausmachen, eint das Interesse, den Islam zu prägen.

Aber in den Fragen, in denen sich die Modernen und die Ultraorthodoxen voneinander unterscheiden, sind ihre Ziele diametral entgegengesetzt; ihre Ansichten stehen sich unversöhnlich gegenüber.

Moderne Muslime

Sie sind erst kürzlich aus ihrem Dornröschenschlaf erwacht und beginnen gerade, wenn auch zögerlich, sich in Vereinen zu formieren. Ihre Ziele:

- Den Islam als Glaube zu betrachten und nicht als Staatssystem oder Lebensweise, die alles regelt.
- Demzufolge die Trennung von Staat und Religion als Grundüberzeugung durchzusetzen.
- Den Islam in die Lage zu versetzen, Antworten auf aktuelle Fragen zu finden, die sich im Hier und Jetzt stellen.
- Den Islam in Einklang mit den Menschenrechten und der Frauengleichstellung zu bringen.
- Den Islam raus aus der »Schmuddelecke« zu holen, in der Unbildung und soziale Probleme herrschen – die Verknüpfung von Benachteiligung und Islam zu durchschneiden.

In anderen Ländern sind diese Überzeugungen schon längst in den islamischen Diskurs eingeflossen, hierzulande beherrschen die Ultraorthodoxen die Diskussion.

Die Ultraorthodoxen

Sie sind vielfältiger und gut organisiert. Sie versuchen, sich formal den kirchlichen Strukturen anzupassen, und werden dafür vom Staat wie auch von manchen Bürgern, die an diese Strukturen gewöhnt sind, belohnt. Rückendeckung bekommen die Ultras leider zu oft von der Politik und von Teilen der Gesellschaft, die die Akzeptanz dieser Vereine als edle Form der Toleranz betrachten.

Dabei tauchen sie mal in beeindruckenden Outfits auf, weil sie meinen, dass der Prophet sich so gekleidet habe, mal in Anzug und Krawatte. So viel Anpassung muss sein. Zu den Ultras zählen zudem Intellektuelle, die wie Tariq Ramadan und andere nicht mehr dem »früheren Islam« das Wort reden, sondern den Islam als moderne Antwort auf die »Sinnkrise« der Welt zu propagieren versuchen. Ihr Auftreten ist modern, in ihrer Erscheinung sind sie durchaus telegen – und auch sie spielen gut bis virtuos auf der Klaviatur der Medien- und Konsumgesellschaft.

Alles in allem vertreten die »hauptberuflichen Prediger und Funktionäre« höchstens zehn bis 15 Prozent der Muslime als Mitglieder ihrer diversen Verbände und Vereine.

Die Salafisten sind eine nicht zu unterschätzende Gruppierung; sie sind ein wachsendes Phänomen in Deutschland. Sie berufen sich auf die »frommen Altvorderen«, auf Arabisch »al-salaf al-salih«, die ersten drei Generationen, die mit und nach dem Propheten Mohammed lebten. In Deutschland, so die Zusammenfassung des Verfassungsschutzes NRW, seien vor allem »orientierungslose Migrantenkinder der dritten Generation und Konvertiten eine Zielgruppe salafistischer Prediger«.

Die Anhänger der Salafisten legen sehr viel Wert auf die ihrer Meinung nach korrekte Praxis, den Islam zu leben. Ihr Vorbild ist, ganz unhistorisch, einzig und allein der Prophet Mohammed – was dazu führt, dass sie sich teilweise sogar die Zähne mit Hölzern putzen, weil der Prophet eben noch keine Zahnbürste gehabt hat. Nichts gegen Zahnhölzer, sie waren zu Zeiten des Propheten ein Segen für die von Karies und Mundfäule geplagten Menschen. Aber heute gibt es bessere Prophylaxen, wie nicht nur Dr. Best bestätigen würde.

Alle anderen Muslime, erst recht Nichtmuslime, sind in diesem dualistischen Weltbild von Schwarz und Weiß die Ungläubigen, sie selbst die einzigen Gläubigen.

Im Lauf der Zeit haben sich verschiedene Richtungen ausgebildet: zum Beispiel die eher puristischen Salafisten, die sich für unpolitisch halten. Das kann so weit gehen, dass sogar der Aufstand gegen eine »ungerechte« Herrschaft verboten ist, weil man sich komplett aus der Politik heraushalten möchte. Trotzdem sollte man nicht den Fehler machen, die Puristen deshalb als harmlos abzutun: ihr Weltbild ist durch und durch undemokratisch, weil in einer Demokratie Menschen über Menschen regieren – dies jedoch gebühre einzig und alleine Gott. Ihr Wunschziel ist und bleibt der islamische Gottesstaat mit Scharia-Gesetzgebung, auch wenn sie nicht offen dafür politisch agitieren, sondern eher im Privaten wirken.

Dagegen abzugrenzen sind diejenigen, die offen zum Dschihad im Sinne eines bewaffneten Kampfes für einen islamischen Gottesstaat aufrufen; sie sind klar in der Minderheit. Die meisten Salafisten – der Verfassungsschutz spricht von »Mainstream-Salafismus« – zeigen sich indifferent, was den Dschihad angeht. Prediger wie der Kölner Konvertit Pierre Vogel beispielsweise rufen nicht offen zum Heiligen Krieg auf und vermeiden alles, was ihnen als Aufruf zur Gewalt ausgelegt werden könnte. Dennoch sehen sie sich im Dienst einer strengen Missionsarbeit.

Gerade im Internet, auf YouTube und in sozialen Netzwerken wie Facebook und StudiVZ finden sich eine Reihe von Videos und Vorträgen sowie zahlreiche Filmchen, in denen Konvertiten über ihren Wechsel zum Islam berichten. »Sie tragen zur Schaffung eines ›Rekrutierungspools‹ bei, der sich berufen fühlt, die – wenn nötig auch gewaltsame – Errichtung eines islamischen Staates umzusetzen«, schreibt der Verfassungsschutz NRW. Inzwischen kann man übers Internet sogar ein Islamstudium absolvieren, worin sich die Ambivalenz der Traditionalisten und Orthodoxen zeigt. Zum einen wird alles Westliche, alles vermeintlich Moderne abgelehnt, weil es angeblich dem Willen des Propheten widerspreche, auf der anderen Seite nutzen gerade die jüngeren Salafisten recht virtuos die neuen Medien rund ums Internet. Gerade an die weniger Gebildeten unter den Muslimen richten sich die Internetfilme, die mit geschriebenen Texten ansonsten kaum zu erreichen wären. Einerseits versagen sich die Puristen alles Politische und Moderne, weshalb sie recht eindeutig Traditionalisten sind. Die Mainstream-Salafisten hingegen haben einen politischen Anspruch, dem sie vor allem durch Agitation auch in modernen Medien nachkommen. Und sie haben einen größeren Verbreitungsgrad.

Blüten der unhistorischen Lesart

Wenn der Zentralrat der Muslime eine »Islamische Charta« veröffentlicht, reißt der Verband die Interpretationshoheit über den Islam in Deutschland an sich. Mit einem geschickten Schachzug: Indem so getan wird, als sei es der Koran selbst, der die Bedeutung des Islam bestimme, legitimiert man sich selbst als den Verkünder und Wächter der frohen Botschaft. Aber nicht der Koran spricht hier, sondern diejenigen, die Zugang zu den Gläubigen haben: Das sind die Moscheevereine, die Imame in den Freitagspredigten und die Organisationen, die den medialen Diskurs beherrschen und Kontakt zu den Mächtigen in der Politik suchen – und mittlerweile leider auch gefunden haben.

Der ehemalige Vorsitzende des Zentralrats der Muslime, ein freundlicher älterer Herr namens Ayyub Axel Köhler, macht keinen Hehl aus dem wahren Anspruch der Charta-Autoren: »Mit der Charta soll auch deutlich werden, dass der Islam keine Religion im engeren Sinne ist, sondern auch eine Lebensweise.«

Wenigstens ist Köhler ein ehrlicher Mann: Er beschreibt den Islam als Lebensweise, die weit über Spiritualität und Gottesglauben hinausgeht; der Islam ist politisch geworden mit einem Anspruch auf Regelung der intimen privaten Bereiche der Gläubigen. Aus der Lebensweise von Muslimen wird eine muslimische Lebensweise!

Die Doktrin der Unfehlbarkeit der Heiligen Schrift ist bei den Christen heute eine extremistische Position – und wird vornehmlich von evangelikalen Gruppen und katholischen Fundamentalisten vertreten. Ja, der Koran ist die Botschaft Gottes. Aber er ist dem Glauben nach die Offenbarung Gottes zu einer bestimmten Zeit und an einem bestimmten Ort – der Prophet Mohammed war demnach das Medium der Offenbarung im siebten Jahrhundert.

Welche Blüten die unhistorische Lesart des Korans annimmt, zeigt ein Beispiel des bereits erwähnten Kölner Predigers Pierre Vogel, der 2001 zum Islam konvertierte und in verschiedenen Berichten von deutschen Landesverfassungsschutzstellen als einflussreicher Prediger in der Konvertitenszene gesehen wird.

Vogel, der vor allem via Internet mit Videos junge Leute erreicht, geht auf seiner Homepage »Einladung zum Paradies« der Frage nach, ob im Islam Frauen Auto fahren dürfen. Hier ist nicht seine Antwort interessant (Vogel hat nichts dagegen, dass Frauen Auto fahren, Gott sei Dank!), sondern seine »Beweisführung«:

Für ihn kommt nur der Koran als Quelle der Beweisführung infrage. Also befragt er ihn nach Frauen am Steuer und resümiert, es gebe dort kein Verbot von weiblichen Autofahrerinnen, darum sei das Fahren erlaubt.

Mit diesem »Beweis« schießt Pierre Vogel den Vogel ab. Er sucht eine Textstelle im Koran, die sich zum Thema Autofahren äußert. In einem Text, der 1400 Jahre alt ist, »Deutschland sucht die Auto-Sure«. Eine Sure, die sich mit einer Erfindung des 19. Jahrhunderts auseinandersetzt, dem Automobil, 1886 erstmals von Carl Benz vorgeführt.

Dieses kleine Beispiel aus dem Fundus abstruser Ideen verdeutlicht, wie sehr ein solch naiver Umgang mit dem Koran die Religion und ihre Botschaften beschädigt oder besser gesagt verhunzt. Eigentlich eine Beleidigung für jeden denkenden Muslimen.

Den radikalen Islamisten mit ihren Internetbotschaften gelingt der Zugang zu Zuhörern eher. Sie sind viel konkreter mit ihren politischen Forderungen als die Soziologen und Islamwissenschaftler mit ihren analytischen Konzepten und Gedankengängen, für die man fast studiert haben muss. Die Salafisten, die radikalen Ultra-Traditionalisten vom »Kaliber« eines Pierre Vogel, müssen sich nicht vorwerfen lassen, im intellektuellen Wolkenkuckucksheim zu leben, im Gegenteil: ihr Rückhalt basiert auf extrem vereinfachenden Darstellungen religiöser Inhalte nach dem Schema:

»Du willst X tun? Dann frage ich den Koran, ob du X tun darfst. Der Koran und die Sunna sagen, du darfst X tun. Also darfst du X tun.«

»Du willst Y tun? Dann frage ich den Koran, ob du Y tun darfst. Der Koran und die Sunna sagen, du darfst Y nicht tun. Also darfst du Y nicht tun.«

Das ist alltagsnah und für jeden verständlich. Diese primitive Denksystematik ist erfolgreich, weil sie sich inhaltlich einfach darstellt. Und weil sie sich der Massenmedien bedient. Kaum eine andere Gruppe nutzt derart wirkungsvoll Internetvideos wie die islamistische Szene.

Hamas, Hisbollah oder die Muslimbrüder nutzen in ihren jeweiligen Staaten das Versagen des Staates aus, indem sie den Menschen auf der Straße Leistungen bieten, die ihre Regierungen nicht erbringen. In Deutschland existieren sicher weniger Freiräume des Staates, die religiöse Eiferer ausnutzen können. Aber auch hier gibt es genügend alltagspraktische Andockpunkte, wie etwa die Diskriminierung von Zuwanderern, die islamische Verbände und salafistische Prediger permanent thematisieren, indem absurde historische Vergleiche zur Verfolgung der Juden bemüht werden. Und auch die großen Themen wie Globalisierung, Angst vor Job- und somit Sinnverlust bieten sich an, ein »Angebot« an solche Menschen zu richten.

Globalisierungskritik, Konsum- und Materialismuskritik

gehören schon seit Längerem zum beliebten Repertoire islamistischer Kräfte, wenn es darum geht, die Menschen auf der Straße anzusprechen.

Es ist doch schade um den Koran, wenn man einen religiösen Text, der für Gläubige unerschöpflich sinnstiftend sein kann, zumauert wie eine niemals genutzte Tür nach draußen. Sein Wirken hängt davon ab, ob die Leserinnen und Leser in der Lage sind, den Text zu verstehen. Sein Sinn erneuert sich sozusagen mit den Generationen, die ihn lesen. Und jede Generation hat neue Erfahrungen und neue Möglichkeiten des Bewusstseins und der Erkenntnis.

Als Vorbild dient hier durchaus der lange und schmerzhafte, gleichsam reibungsvolle Anpassungsprozess, der – speziell im Fall der Katholiken – erst mit dem Zweiten Vatikanischen Konzil von 1962 bis 1965 als weitgehend abgeschlossen gelten darf. In Deutschland ist beispielsweise seit der Staatsgründung 1949 die negative und positive Religionsfreiheit von besonderer Bedeutung. Die römisch-katholische Kirche hatte sich nie leicht getan mit dem Verfassungsrecht des Individuums, religiös sein zu können (wie auch immer) oder eben nicht. Erst im Schlussdokument des Konzils rangen sich die Gelehrten durch: »So bleibt das Recht auf religiöse Freiheit auch denjenigen erhalten, die ihrer Pflicht, die Wahrheit zu suchen und daran festzuhalten, nicht nachkommen.«

Das war immerhin ein Zugeständnis an die Realität in Europa, das sich nach den Gräueln und Gleichschaltungen der Nationalsozialisten auf eine Toleranz der Vielfalt einigte. Das Zweite Vatikanische Konzil war insofern – nicht nur in diesem Punkt – ein Meilenstein für die Versöhnung der Religion mit dem Staat.

Freilich: Dieser Kampf scheint niemals abgeschlossen. Wenn man katholische Geistliche schwadronieren hört, wie etwa den Kardinal Javier Lozano Barragán, Schwule kämen »nicht in den Himmel«, fühlt man sich ans Mittelalter zurückerinnert, und man zweifelt daran, ob diese Menschen wirklich in der Demokratie angekommen sind.

Und auch die Tatsache, dass Vertreter der russisch-orthodoxen Kirche ein Treffen mit der früheren obersten deutschen Protestantin Margot Kässmann ablehnten, weil diese eine Frau sei, ist nicht nachvollziehbar. Gut, bei den Orthodoxen heißen die obersten Priester nach wie vor »Patriarch« – da darf man sich über so viel Sexismus nicht wundern. Immerhin hat der Papst den Titel des Patriarchen abgelegt, wenn er auch in manchen seiner Ansichten, etwa bei der Frage der Priesterweihe für Frauen, immer noch keinen Schritt weiter ist.

Aber unabhängig von Einzeläußerungen bestimmter Geistlicher und den rückwärtsgewandten Ansichten des Papstes: Der Absolutheitsanspruch, den der frühere Katholizismus ebenso wie der politische Islam besonders betont, wurde vorsichtig – auch gegen den Widerstand der Kirchen – abgemildert. Die katholische Kirche hatte begriffen, sich mit dem Entwurf des modernen Verfassungsstaats arrangieren zu müssen.

Dem Kirchentiger wurden die Zähne gezogen.

Letztlich war der katholischen Kirche klar, dass sie den Kampf gegen den modernen säkularen Verfassungsstaat niemals gewinnen könnte. Um ihrer eigenen Marginalisierung vorzubeugen, wandelte sie sich. Und diese Wandlung ist noch nicht abgeschlossen, weder in die eine noch in die andere Richtung: Der jetzige Papst gibt der katholischen Kirche wieder ein betont konservatives Gesicht – mit seinen gebetsmühlenartigen Warnungen vor heutigem »Relativismus« wendet er sich, bisher allerdings ausschließlich rhetorisch, gegen den Säkularstaat. Auch die Ansicht, eine »gottlose Gesellschaft« führe unweigerlich in die Diktatur, zeugt von einem mittelalterlichen Unverständnis demokratischer Strukturen und der politischen Kultur einer aufgeklärten demokratischen Gesellschaft.

Dennoch: Die Macht der Kirchen ist mittlerweile stark eingeschränkt oder – wie im Fall der evangelischen Kirche Deutschlands – stark auf den Staat und dessen Werte ausgerichtet.

Nur eine Art Leasingvertrag?

Etwas Ähnliches braucht der Islam: eine echte Erneuerung, was unter dem Begriff »tecdid« seit Hunderten Jahren in der islamischen Welt diskutiert wird.

Wahrheit Nummer eins: Der Koran ist das Wort Gottes, aber zu einem bestimmten Zeitpunkt an einem bestimmten Ort an eine bestimmte Person, den Propheten Mohammed, gerichtet.

Wahrheit Nummer zwei ist, dass die Macht der Rückständigen, die Wahrheit Nummer eins nicht anerkennen wollen oder können, zuerst gebrochen werden muss, damit der Islam zu echter Erneuerung fähig ist. Das ist die Aufgabe der heutigen jungen muslimischen Generation, die alte Regeln, wo nötig, aufbrechen muss.

Muslime brauchen, wenn der Begriff »Reformation« fällt, keine Angst vor Spaltung zu haben – wie bei der Reformation der christlichen Kirchen. Denn der Islam ist überhaupt nicht zu spalten, weil er durch viele Strömungen und Richtungen ohnehin niemals ein einheitliches Gebäude war. Die eigentliche Spaltung ist ein Produkt derer, die nur sich selbst zu Muslimen erklären und anderen, wie den Ahmadiyya oder den Aleviten, die muslimische Identität absprechen.

Auch der Zentralrat der Muslime – eine unter mehreren islamischen Organisationen in Deutschland – ist noch nicht so weit, die Vielfalt des Islam anzuerkennen.

Unter Punkt 8 seiner »Islamischen Charta« heißt es: »Der Islam ist Glaube, Ethik, soziale Ordnung und Lebensweise zugleich. Wo auch immer, sind Muslime dazu aufgerufen, im täglichen Leben aktiv dem Gemeinwohl zu dienen und mit Glaubensbrüdern und -schwestern in aller Welt solidarisch zu sein.«

Das ist bemerkenswert. Der Islam ist Glaube, sicher auch Ethik, für manche vielleicht auch Lebensweise. Aber er ist keine zwingende soziale Ordnung. Das kann er gar nicht sein, weil die konkreten Regeln die soziale Ordnung des siebten Jahrhunderts auf der Arabischen Halbinsel widerspiegeln.

Der Koran und die Sunna bieten den gläubigen Muslimen Sinn und theologische Regeln – jahrhundertealte Texte können aber niemals ein modernes Gemeinwesen im 21. Jahrhundert verbindlich regeln, nicht als Rechtsschule, nicht als »soziale Ordnung«.

Nur die Verfassung kann die »Bibel« oder der »Koran« der Bürgerinnen und Bürger sein, mit einem Unterschied: Bis auf die Ewigkeitsparagraphen lassen sich Verfassungsartikel mit demokratischen Mitteln, also mit Mehrheiten ändern. Letztlich liegt hierin der Unterschied begründet zwischen einer persönlichen Annäherung an Religion und einer staatlichen, institutionellen, alle Bürger bindenden Religion. Eine Koranauslegung, in staatliche Gesetzesform gegossen, bedeutet einen religiösen Staat wie den Iran, dessen Bürgerverständnis extrem eingeschränkt ist – oder gar nicht existent ist.

Auch in der »Islamischen Charta« kommt der Bürger nicht vor. Dafür findet sich im zitierten Absatz ein Bezug auf die »Umma«, die Gemeinschaft der Muslime in der Welt. Laut dem Zentralrat ist die Umma die entscheidende Zugehörigkeit des Menschen, nicht die Staatsbürgerschaft oder die Identität als Mann, Frau, Kind, Deutscher, Europäer oder Asiate. Doch nur die Staatsbürgerschaft kann die entscheidende Beziehung des Menschen zur Gemeinschaft und andersherum sein. Nur durch die individuellen Rechte und Pflichten des Staatsbürgers, die für alle gelten, gibt es Gerechtigkeit.

Islamisten und auch die Autoren der »Islamischen Charta« sehen das anders: sie greifen auf eine islamische Vertragstheorie zurück, die auch der bekannte Neo-Islamist Tariq Ramadan vertritt. Demnach gehören Muslime zuerst der Umma an, sollen sich aber mit den Gesetzen jenes Landes, in dem sie leben, arrangieren, sofern dort keine muslimische Mehrheit wohnt. Ramadan bezeichnet dies als »Fiqh des Westens«.

Damit meint er wohl mehr eine Art Leasingvertrag zwischen Muslimen und der westlichen Gesellschaft, was dem Bürgergedanken widerspricht, welcher in die Herzen der Menschen gehört, niemals jedoch ein Kalkül sein kann.

»Fiqh« ist das islamische Recht, das Ramadans Meinung nach in abgewandelter Form auch in den säkularen Staaten des Westens Geltung haben könnte. Und in der »Islamischen Charta« klingt das so: »Muslime dürfen sich in jedem beliebigen Land aufhalten, solange sie ihren religiösen Hauptpflichten nachkommen können. Das islamische Recht verpflichtet Muslime in der Diaspora, sich grundsätzlich an die lokale Rechtsordnung zu halten. In diesem Sinne gelten Visumerteilung, Aufenthaltsgenehmigung und Einbürgerung als Verträge, die von der muslimischen Minderheit einzuhalten sind.«

Nicht das anerzogene Bürgerverständnis – einfacher ausgedrückt: ihre Überzeugung – hält dieser Meinung nach die muslimischen Bürger an, die Gesetze einzuhalten, sondern das islamische Recht.

Eine schwache Grundlage für ein gelungenes Zusammenleben. Dieser Auffassung nach sind Muslime nichts anderes als »Bürger auf Widerruf«, wie der Ramadan-Kritiker Ralph Ghadban zu Recht anmerkt. Nur solange die Muslime in der Minderheit sind, sind die Gesetze des Landes gültig. Einbürgerung gilt nur auf Widerruf. Einbürgerung gilt als Vertrag auf Zeit – und hat nichts mit Zusammenwachsen oder gar Identifikation mit der neuen Heimat zu tun. Diese Art von Kommunitarismus ist der Spaltpilz der Gesellschaft.

Reformorientierte Muslime, wie der Inder Asghar Ali Engineer, haben längst begriffen, in welche Sackgasse uns die islamistischen Spalter bugsieren. Er plädiert dafür, dass die Staatsbürgerschaft als grundlegendes Merkmal von Gruppenzugehörigkeit die Anbindung an die Umma ersetzen sollte. Natürlich sollen sich Muslime aller Welt miteinander verständigen und auch Nähe verspüren. Aber es kann nicht sein, dass hier Staatsbürgerschaft gegen Religion ausgespielt wird. Das gebetsmühlenartige Sprechen von der Umma als wichtigstem Bindeglied dient den Islamisten nur dem Machterhalt – indem Muslime von den anderen Bürgerinnen und Bürgern abgespalten werden. Es ist ein Mittel der rhetorischen Apartheidpolitik der Verbände und Islamisten.

Apartheid, die sich in so manchem muslimischen Land Bahn bricht, und das im wahrsten Sinne des Wortes: In Malaysia fährt seit Neuestem ein Zugwaggon nur für Frauen. Die Initiative auf der rund 40 Kilometer langen Strecke zwischen der Hauptstadt Kuala Lumpur und der Hafenstadt Port Klang solle die weiblichen Passagiere vor sexueller Belästigung durch männliche Mitreisende schützen, berichteten malaysische Medien unter Berufung auf die Eisenbahngesellschaft KTM. Von dem Männerverbot in dem mit einem rosa Aufkleber gekennzeichneten Waggon seien Jungen bis zu zwölf Jahren ausgenommen. Das Modell solle auch auf anderen Strecken der Eisenbahngesellschaft eingeführt werden.

Zur Begründung hieß es weiter, die Neuerung solle muslimischen Frauen die Möglichkeit geben, gemäß ihrem Glauben getrennt von Männern zu reisen. Die Frauen seien aber nicht verpflichtet, die Sonderwaggons zu benutzen. »Nicht verpflichtet« heißt hier wohl so viel wie »dringend aufgefordert«.

So etwas ist natürlich in Deutschland undenkbar. Zumindest solange nicht der Zentralrat der Muslime das Sagen hat. Obwohl auch wir Badetage nur für muslimische Frauen in deutschen Schwimmbädern anbieten – und uns dadurch an die Islamisten anbiedern.

Der Spaltpilz der Islamisten wächst mittlerweile überall: In Deutschland und Europa hat man schon längst mit weitverzweigten Netzwerken des politischen Islam zu tun, deren Führungsmannschaften vor allem weitere Keile zwischen Muslime und alle anderen treiben wollen. Keile, die aufgerissene Klüfte weiter verbreitern und damit die Macht der Islamisten zementieren. Ihr Ziel ist, die Muslime von ihren nichtmuslimischen Nachbarn, Bekannten und Freunden zu entfremden. Die Mission lautet: Unfrieden säen und Unverständnis ernten.

Vor diesen Spaltern zu warnen, ist keine Warnung vor »dem Islam«. Es ist nicht einsehbar, warum »der Islam« demokratieuntauglicher als die anderen monotheistischen Religionen sein soll. Aber eine Warnung vor einem aggressiven Islamismus, der schon längst in Europa angekommen ist und hier seine Fäden spinnt, ist mehr als notwendig.

Der vielleicht einflussreichste islamische Verband in

Deutschland, DITIB, ist ein Ableger der türkischen Religionsbehörde Diyanet. Nach eigenen Angaben vertritt er bundesweit über 880 Moscheegemeinden.

In ihrer Selbstdarstellung gibt sich die DITIB als »integrationsfreundlich« und offen und wirbt derzeit vor allem für Neubauten »repräsentativer Moscheen«. Deutlich zu erkennen ist zudem der Versuch, professionellere und transparentere Öffentlichkeitsarbeit zu betreiben – deswegen hatte man eine Sprecherin eingestellt, die nach außen keines der typischen islamischen Klischees vertritt: sie trägt kein Kopftuch und spricht akzentfreies Deutsch. Als Vertreter der türkischen Religionsbehörde hat sich die DITIB mittlerweile als die wichtigste islamische Vereinigung in Deutschland etabliert.

Zusammen mit drei anderen Verbänden – dem Islamrat, dem bereits genannten Zentralrat der Muslime und dem VIKZ (Verband der islamischen Kulturzentren) – hat die DITIB 2007 den sogenannten Koordinierungsrat der Muslime in Deutschland gegründet, eine Antwort auf die staatliche Forderung nach einem einheitlichen Ansprechpartner für muslimische Angelegenheiten. Auch wenn der Koordinierungsrat den Anschein erweckt, ein repräsentatives Sprachrohr der Muslime zu sein, so täuscht das: Höchstens zehn Prozent der Muslime sind Mitglied in einem der Verbände, zudem ist der Koordinierungsrat untereinander heillos zerstritten.

Die deutsche Politik hofiert die DITIB und die anderen Verbände – mithilfe der »Deutschen Islamkonferenz«, die die Verbandsvertreter regelmäßig an den Tisch des Bundesinnenministers bittet. Inzwischen ist die Konferenz in Teilen zusammengebrochen, weil der Bundesinnenminister den Islamrat von der Teilnahme ausgeschlossen hatte, woraufhin sich auch der Zentralrat der Muslime zurückzog; übrigens war das der DITIB nicht ganz unrecht, weil es zu ihrer Politik gehört, möglichst alleine als Sprachrohr der Muslime in der Öffentlichkeit wahrgenommen zu werden. Da stören andere Verbände nur …

Aber dass selbst die DITIB als vermeintlich harmloseste Vereinigung mitunter stockkonservative Ansichten vertritt, die mit hiesigen Verfassungswerten wie der Gleichberechtigung von Mann und Frau im Widerspruch stehen, wird leider zu selten zur Kenntnis genommen. Zum Beispiel war auf der Internetseite von Diyanet, der türkischen Mutterorganisation, lange Zeit ein Aufsatz zu lesen, der die Geschlechtertrennung forderte: »Frauen und Männer begehren einander«, hieß es dort, und weiter: »Deswegen dürfen sie, sofern sie nicht verheiratet sind oder verwandt sind, nicht zusammen sein … Wenn ein Mann und eine Frau alleine in einem Zimmer sind, ist der Dritte im Bunde der Teufel.« Und weiter im Text: »Auch sollen Frauen nicht alleine reisen. Und sie müssen hinschauen, wie sie mit einem fremden Mann sprechen. Sie sollen alle Sinne kontrollieren, damit der andere sexuell nicht erregt wird.«

Die Frauenverachtung, die diesen Worten zugrunde liegt, muss gar nicht weiter kommentiert werden. Besonders perfide sind Botschaften wie diese: »In den vergangenen Jahrzehnten haben wir am Beispiel der westlichen Welt sehen können, dass die sexuelle Freiheit … Ursache für Perversität, unnatürliches sexuelles Verhalten und Krankheiten ist, derer man nicht Herr wird.« Die Tendenz ist klar: Hier soll ein Keil zwischen Muslime und die sogenannte westliche Welt getrieben werden – ein beliebtes Mittel radikaler Islamisten. Der Aufsatz ist übrigens schnell nach Bekanntwerden von der Internetseite der Diyanet entfernt worden.

Nun ist die DITIB keine radikale Islamistenvereinigung: Aber die Funktionäre sind knackkonservativ, und ihr Geschlechterbild stammt aus den Annalen rechtskonservativer Kreise, wie man es ansonsten vielleicht vor allem bei Burschenschaften oder ultratraditionalistischen christlichen Gruppen findet.

Mitglied des Koordinierungsrates ist zudem auch der Islamrat – der wiederum von der Islamischen Gemeinschaft Milli Görüs (IGMG) dominiert wird. Mit rund 27 000 Mitgliedern ist sie nach Angaben des Verfassungsschutzes Nordrhein-Westfalen die größte islamistische Organisation in Deutschland. Sie wird vom Verfassungsschutz beobachtet, obwohl sich die IGMG seit Jahren um ein gemäßigtes Außenbild bemüht. Allerdings gelingt ihr das nur zum Teil: So wurden beispielsweise DVDs der antisemitischen Fernsehserie »Sahras blaue Augen« auf einer Buchmesse vertrieben, die in einer Moschee in Berlin-Kreuzberg stattfand. Die Veranstalter stammten aus dem IGMG-Umfeld.

Der Islamexperte Michael Kiefer, der seit Jahren die islamischen Organisationen beobachtet, schrieb dazu in der *taz*: »Zwar ließen die Veranstalter das inkriminierte Material sofort entfernen. Doch man sollte sich keine Illusionen darüber machen, welche Verbreitung es dennoch finden dürfte. Für die deutsche Polizei, auch für hiesige Bildungsinstitutionen und Lehrer an deutschen Schulen ist das eine Herausforderung, auf die sie noch nicht so recht vorbereitet scheinen.«

Die siebenteilige Fernsehserie wurde im türkischen islamistischen Sender TV 5 ausgestrahlt. Sie spielt im israelisch besetzten Westjordanland und erzählt die fiktive Geschichte eines israelischen Generals, der für seinen erblindeten Sohn ein neues Augenpaar sucht. Er findet dieses beim kleinen Mädchen Sahra, das der General aus der Schule in ein Krankenhaus entführt – wo ihr die Augen entfernt und seinem Sohn eingesetzt werden. Es ist klar, worauf die Serie zielt: Mit solchen Räuberpistolen der übelsten Machart will sie antijüdische Ressentiments wecken.

Die IGMG tut sich zudem mit Initiativen zum getrennt-geschlechtlichen Schwimmunterricht hervor und natürlich lehnt sie auch Klassenfahrten ab, an denen Mädchen und Jungen teilnehmen.

Auch wenn der Ethnologe Werner Schiffauer in seinem Buch *Nach dem Islamismus. Eine Ethnographie der Islamischen Gemeinschaft Milli Görüs* zu dem Schluss kommt, dass sich eine zweite Generation an jüngeren Anhängern in ihrer Beziehung zu Rechtsstaat und Demokratie neu aufstellt: Die grundlegenden Fixpunkte der sogenannten Post-Islamisten sind nach wie vor Geschlechtertrennung und Judenhass, Letzterer vielleicht hier und da etwas abgemildert, aber keineswegs verschwunden.

Als der Bundesinnenminister die »Internationale Humanitäre Hilfsorganisation« (IHH) verbot, wusste er schon, warum; dieser Verein soll 6,6 Millionen Euro an sechs Sozialvereine der Hamas im Gazastreifen überwiesen und damit eine Organisation unterstützt haben, die unter dem Deckmantel der »humanitären Hilfe« gegen das Existenzrecht Israels kämpft, und zwar mit allen Mitteln. Nach Erkenntnissen des Verfassungsschutzes wurde die verbotene IHH von Funktionären der IGMG gesteuert – die *taz* berichtete vom Leitungsgremium der IHH, in dem unter anderen die IGMG-Funktionäre Oguz Ücüncü und Islamrat-Vorsitzender Ali Kizilkaya saßen.

Übrigens reagierte auch hier wieder ein Funktionär, der IGMG-Generalsekretär Ücüncü, mit einem typischen Beißreflex: »Der Bundesinnenminister tritt mit willkürlichem Verbot der IHH den Rechtsstaat mit Füßen.«

Der bereits erwähnte ägyptische Autor Hamed Abdel-Samad erinnert sich in seiner Autobiografie an die spalterischen Reden in einer IGMG-Moschee in Augsburg: »Der Imam schimpfte die ganze Zeit auf die ungläubigen Deutschen und warnte die Türken davor, sich mit ihnen zu befreunden.« Und weiter: »In diesem Spagat leben die meisten muslimischen Gemeinden in Deutschland: den eigenen Anhängern eine Heilsvision über die Islamisierung Europas zu vermitteln und gleichzeitig gegenüber den deutschen Behörden den Anschein zu wahren, tolerant und unpolitisch zu sein. Sie nehmen teil an Dialogveranstaltungen von der Sorte ›Friede, Freude, Eierkuchen‹.«

Diese Auftritte mit zwei Gesichtern bleiben viel zu oft unbeachtet. Zumindest aber sollte man erkennen, dass die IGMG sicherlich kein Förderer von »Integration« ist. Denn darunter verstehen islamische Organisationen wie die IGMG, ihren Anhängern einzureden, Schulunterricht – Klassenfahrten, Schwimm-, Sport- und Biologieunterricht – sollte tunlichst für Mädchen und Jungen getrennt sein. Sie bieten vorformulierte Formulare an, die Eltern an die Schulleitung schicken können, damit ihre Töchter vom Unterricht befreit werden. Und hier wird es besonders gefährlich, wenn die Spalter schon in die Kindererziehung eingreifen, um die Jüngsten von ihren nichtmuslimischen Klassenkameraden zu entfremden.

Die Ähnlichkeiten zu evangelikalen Gruppierungen sind frappierend: So entschied ein Richter des US-Bundesstaats Tennessee, der Familie Romeike aus Baden-Württemberg Asyl in den Vereinigten Staaten zu gewähren, mit der atemberaubenden Begründung: Der deutsche Staat versuche, die Familie zu unterdrücken, weil er die Schulpflicht auch bei den Kindern der Familie durchsetzen wolle.

Die Eltern durften in Deutschland ihre drei ältesten Kinder nicht zu Hause unterrichten, was sie aus religiösen Gründen gerne getan hätten. Der Vater, ein Klavierlehrer, beanstandete beispielsweise, in einem deutschen Schulbuch obszöne Ausdrücke für Geschlechtsverkehr entdeckt zu haben, außerdem nannte er den Unterricht »ein unchristliches Treiben«, wie die *Süddeutsche Zeitung* berichtete.

Damit waren die Mitglieder der Familie, die zuvor als Touristen in die USA gereist waren, an ihrem Ziel angelangt: Asyl aufgrund von politischer Verfolgung. Unterstützung erhielten sie von einer evangelikalen Gruppe, der »Home School Legal Defense Association«, einer Lobby-Organisation, die den Hausunterricht unterstützt. Gerne behauptet die Gruppe, das staatliche Schulsystem in Deutschland gehe auf Adolf Hitler zurück und sei deswegen nicht in der Lage, Kinder angemessen zu erziehen. Der Verein reichte den Asylantrag für die Familie Romeike ein, rief zu Spenden auf und sorgte für Öffentlichkeitsarbeit.

Wie so manche islamistische Organisation behaupten die Aktivisten der Heimschule, mit der deutschen Schulpflicht und dem Heimunterrichtsverbot würden Menschenrechte verletzt, was der Europäische Gerichtshof für Menschenrechte allerdings abwies: Die deutsche Schulpflicht sei, so wie sie ist, mit europäischem Recht vereinbar, und auch mit der Menschenrechtskonvention.

Die Familie Romeike lebt nun im sogenannten Bibelgürtel,

der von evangelikalen Christen dominierten Region des Bundesstaates Tennessee – und kann ihre Kinder zu Hause unterrichten.

Immer wieder gibt es in Deutschland Einzelfälle evangelikaler Eltern, die sich durch alle Gerichtsinstanzen klagen, um ihre Kinder selbst unterrichten zu können. Aber weder die deutschen Institutionen noch die Öffentlichkeit zweifeln deswegen an der Richtigkeit der Schulpflicht. Bildung kann eben nicht nach religiösen Grundsätzen erfolgen, auch wenn das Einzelne gerne hätten.

Deshalb sollte man besonders sensibel sein, wenn religiöspolitische Gruppen wie die IGMG versuchen, Kinder und Jugendliche in den deutschen Schulen zu isolieren. Die Schulpflicht ist ein wesentliches Gut unseres Wertekonsenses und daher besonders verteidigungswert – und Kinder und Jugendliche sind besonders schutzbedürftig.

Eine legalistische Organisation ist auch die Islamische Gemeinschaft in Deutschland (IGD), einer der ältesten islamischen Verbände in Deutschland. Sie wird von der ägyptischen Muslimbruderschaft dominiert.

Der Verfassungsschutz Nordrhein-Westfalen beschreibt die IGD so: »Die Beziehungen der IGD reichen durch persönliche Kontakte von Funktionären und gemeinsame Projekte sowohl in den Bereich von islamisch-extremistischen Organisationen arabischstämmiger als auch türkischstämmiger Muslime sowie zu einer islamischen Hilfsorganisation, die im Verdacht steht, heimlich den islamistischen Terrorismus zu unterstützen. Bei der IGD handelt es sich demnach um eine Organisation mit sehr verzweigten und schwer durchschaubaren Verbindungen in die islamistische Szene in Deutschland.«

Die IGD ist Gründungsmitglied im Zentralrat der Muslime und saß daher ebenfalls indirekt mit am Tisch des Bundesinnenministers – zumindest bei der ersten Runde der Islamkonferenz unter dem damaligen Innenminister Wolfgang Schäuble. Übrigens genauso, wie Milli Görüs als Mitglied beim Islamrat Gast des Innenministers war.

Bittere Ironie der Geschichte: Der Bundesinnenminister ist zugleich oberster Dienstherr jener Behörde, des Verfassungsschutzes, die die IGD und Milli Görüs wegen des Verdachts auf Extremismus beobachtet. Zum Glück ist der neue Bundesinnenminister zur Besinnung gekommen und schaut etwas genauer hin, mit wem er zu Mittag essen möchte.

Die von der Münchener Zentrale abhängigen Gemeinden der IGD halten mit ihren islamistischen Ansichten jedenfalls keineswegs hinter dem Berg. Das Islamische Zentrum in München beispielsweise verbietet den Gläubigen die Ehe mit Nichtmuslimen: »Ehe und Familie sind im Islam besonders geschützt, weil sie als kleinste Einheiten der Gesellschaft das Fortbestehen der Gemeinschaft sichern. Eine funktionierende Ehe bedarf einer Lebensgrundlage und Lebenseinstellung, die beiden Partnern gemeinsam ist. Deshalb ist eine Ehe zwischen muslimischen Partnern in jedem Fall vorzuziehen.«

Hier wird also »nur« von Vorzug gesprochen. Doch ein paar Sätze weiter gerät die Empfehlung zur Anweisung: »Auch kann ein nichtmuslimischer Ehemann seine Frau zum Beispiel bei der Religionsausübung einschränken. Daher darf eine muslimische Frau keinen Angehörigen einer anderen Religion heiraten.«

Auch beim Schwimm- und Sportunterricht spricht die IGD eine klare Sprache: »Dabei sollten aber die Grundregeln des Islam, im Falle des Turn- und Schwimmunterrichts vor allem die Bekleidungsvorschriften nicht verletzt werden. Deshalb ist es im Islam nicht erlaubt, dass Mädchen – und übrigens auch Jungen – ab der Pubertät an einem gemischten Sportunterricht teilnehmen. Viele muslimische Mädchen lassen sich aus diesem Grund … befreien … Die hier lebenden Muslime sind allgemein bestrebt, Möglichkeiten für sportliche Betätigungen zu schaffen, bei denen Männer und Frauen getrennt sind.«

Wenn sich Dieter Bohlen bei »Deutschland sucht den Superstar« auf Kosten Heranwachsender lustig macht, indem er ihr Gesangstalent als unterirdisch bezeichnet, sind die Jugendschützer, völlig zu Recht, zur Stelle. Aber in Deutschland existiert wenigstens eine »negative Bohlen-Freiheit« – das heißt, jeder kann den Fernseher abschalten, keiner muss zum Casting der Sendung gehen. Welche Wahlmöglichkeiten aber haben Kinder und Jugendliche, die in Familien aufwachsen, deren Eltern sich zu evangelikalen oder islamistischen Gruppen hingezogen fühlen? Deshalb müssen die Gesellschaft und ihre Institutionen hellwach sein. Denn oberflächlich betrachtet wollen auch die islamistischen Akteure in diesem Land »Integration«.

Aber eben nur oberflächlich, wie das Beispiel der IGD zeigt: Eine Organisation, die nichts anderes im Sinn hat, als in möglichst allen Lebensbereichen ihre Spaltpilze zu pflanzen, ist Mitglied beim Zentralrat der Muslime – einem Verein, der auf seiner Internetseite islam.de von sich behauptet: »Die Integration des Islam und der Muslime in die deutsche Staatsordnung und die Gesellschaft ist eine unserer größten Herausforderungen.«

Die Politik des Zentralrats und der IGD atmet den Geist des »Bürger-Seins auf Widerruf«. Die sogenannte Integration ist vor diesem Hintergrund nur der Versuch, die deutsche Staatsordnung durch die Hintertür zu beeinflussen. Nicht »der Islam« soll ein selbstverständlicher Mosaikstein des großen Puzzles Deutschland sein, sondern Deutschland und Europa ein kleiner Stein im großen Spiel der islamischen Umma. Die Identität als Muslime ist ihnen oberstes Gebot.

Der Zentralrat möchte deshalb »ein zeitgenössisches Verständnis der islamischen Quellen, welches dem Hintergrund der neuzeitlichen Lebensproblematik und der Herausbildung einer eigenen muslimischen Identität in Europa Rechnung trägt«, erreichen, wie er als Leitbild formuliert.

»Identität« ist das große Stichwort! Ein Stichwort, bei dem sich Kirchen und Islamorganisationen die Hände reichen.

Das hehre Wort von der »muslimischen Identität«

Jetzt betreten wir den Ring im Kampf zwischen »christlichem Abendland« und »muslimischer Identität«.

Die Beschwörung einer »muslimischen Identität« ist neuerdings die Lieblingsbeschäftigung islamistischer Akteure. Dabei passt der Ruf nach Identität hervorragend in unsere Zeit, die der Soziologe Ulrich Beck mit dem Schlagwort »zweite Moderne« beschrieben hat:

Es fehlt eindeutig an Eindeutigkeit. An verbindlichen Regeln. Und festen Zugehörigkeiten. Das Leben ist weniger reglementiert, die Kirchen haben weniger Einfluss, die Freiheiten sind höher, zugleich streiten jedoch viele Rollenvorstellungen um Interpretationshoheit über das, was wichtig ist. Kurzum, nichts Genaues weiß man nicht. Deshalb rufen viele Menschen nach Identität, also nach einer abgegrenzten Enklave, einer kleinen Insel, auf der sie sich einrichten können: »Ich bin Helgoländer« auf Helgoland, in Köln: »Isch bin ene Kölsche« oder eben auch: »Ich bin Christ, Muslim oder Buddhist.«

Daran ist nichts Schlimmes, im Gegenteil: Ein Mensch, der weiß, wo er steht, weiß auch eher, wie er handeln soll. Das Problem ist nur, dass viele Akteure – politische Parteien, Kirchen und eben auch die islamischen Organisationen – auf den fahrenden Identitätszug aufspringen, um ihre eigenen Ziele zu erreichen.

Frankreichs Staatspräsident Nicholas Sarkozy zum Beispiel verordnete seinen Landsleuten, wie bereits erwähnt, Ende 2009 zum wiederholten Male eine Wertedebatte über nationale Identität. Dabei vermischte er gleich mehrere Themen wie nationale Identität, Umgang mit Einwanderung und Burka-Verbot zu einem schwer verdaulichen Identitätssüppchen. Andere sprachen von einer »Amalgam-Debatte«. Sarkozys Vorstoß mündete in dem Verbot der Burka. Sich über ein Burka-Verbot zu unterhalten, ist richtig und wichtig. Sie aber zur Frage der nationalen Identität zu stilisieren, ist schädlich: Plötzlich fangen auch »ganz normale Menschen« an, Muslime oder nicht, sich von der Burka zu distanzieren, nur um als gute Franzosen durchzugehen.

Beim Thema Identität sind die muslimischen Organisationen in Deutschland besonders wachsam und stellen ihre Angebote in die Auslagen: Eine Identität als Muslim, Mitglied eines Kollektivs, abgegrenzt von anderen, mit starker Bindung nach innen, weil die Mauern nach außen hochgezogen sind – das scheint bei manchen durchaus anzukommen, weil diese Art Identität für Gewissheit sorgt.

Wie gesagt, Identität ist etwas Gutes, sie bedeutet nichts anderes als: Ich bringe mich auf einen Nenner! Aber Identität kann auch in blanken Extremismus abdriften, wenn sie von purer Vereinfachung (»ich bin Arzt«) in Chauvinismus umschlägt (»ich bin Arzt, und nur Ärzte sind gut«).

In diesem Moment vernachlässigt man tausend andere Stücke seines Identitätspuzzles. All das, was man auch ist – Frau, Mann, Angestellter, Golfspielerin, Autofahrer, Abiturientin –, wird unter den Teppich gekehrt. Jeder Mensch hat viele Identitäten zu bieten, multiple Identitäten. Einzelne Stücke können sich auch widersprechen: Man kann schwul sein und Muslim, obwohl der Koran Homosexualität ablehnt. Genauso wie man als Homosexueller auch gläubiger Katholik sein kann, obwohl auch das Alte Testament Homosexualität ablehnt und so mancher heutiger Bischof Schwule immer noch zum Therapeuten schicken möchte, damit diese »gesunden«. Man kann auch gläubiger Christ sein, ohne irgendwas mit den evangelischen, katholischen und orthodoxen Kirchen am Hut zu haben.

Der Identitätscocktail besteht aus mehr als einer Zutat.

Die islamischen Organisationen allerdings erkennen das nicht an. Sie konstruieren und fordern eine muslimische Identität ein, die über allen anderen Identitäten steht. Und Teile der Politik und der Kirchen machen dieses falsche Spiel mit, indem sie von »den Muslimen« sprechen, »die integriert werden müssen«. Indem sie Zuwanderer zu Muslimen machen. Noch vor 15 Jahren sprach kein Mensch von »den Muslimen«, sondern von Türken oder Syrern, wenn es um Zuwanderer ging.

Alle Lebensbereiche werden somit langsam, aber sicher islamisiert:

- Die Lebensmittel in den Supermärkten sollen nicht mehr gesund, günstig oder lecker sein – nein, natürlich müssen sie islamisch sein (»halal«, also erlaubt).
- Der Arzt soll nicht in erster Linie Ahnung von seinem Fach haben – nein, er soll ein Muslim sein.
- Die Sozialpädagogin in der Familienhilfe soll nicht eine Fachfrau sein – nein, zuallererst soll sie Muslimin sein. Das führt sogar zu Forderungen nach einer »muslimischen Psychotherapie«, was immer das sein soll.

Aber nicht nur die islamischen Organisationen tun sich schwer mit der Akzeptanz von vielfältiger Identität. Anders als die Bürger der Vereinigten Staaten von Amerika haben sich die Deutschen ein Ideal von Einheit in die Köpfe gemeißelt. Blut, Kultur, Sprache und Religion – das »christliche Abendland« als Kitt für ein Land, das sich jahrhundertelang in den Religionskriegen zwischen Katholiken und Protestanten zerrieben hat. Nur wenige Nationen machen einen derartigen Fetisch um ihre Ausweise, nur wenige Industrie- und Dienstleistungsstaaten verfallen in Hysterie wie die Deutschen, wenn es um die Einführung einer doppelten Staatsbürgerschaft geht. Nur wenige Landsleute gehen aber auch so hart mit sich ins Gericht, wie das die Deutschen tun. Identität ist also das Ergebnis der Suche nach einem Wertekonsens, der die Nation zusammenschweißt.

Aber was gehört denn nun zu einer »Leitkultur«? Goethe, Schiller? Helmut Dietl und Dieter Bohlen? Alice Schwarzer? Fatih Akin etwa auch? Jogi Löw genauso wie Cacau?

»Was ist deutsch?«, fragt auch der ägyptische Autor Hamed Abdel-Samad: »Rilke und Goethe, Hitler und Göring. Die Ruinen und der Wiederaufbau. Das geteilte Deutschland und das der friedlichen Wiedervereinigung. Disziplin und Zielstrebigkeit, ›Made in Germany‹ und natürlich die deutsche Fußballnationalmannschaft, die fast jedes Spiel gewann, obwohl sie nicht besonders attraktiv spielte.«

Sollen alle in diesen Identitätspoker einsteigen? Wer hat das As im Ärmel, wer »hat mehr Leitkultur als der andere«? Wer ist deutscher als die anderen? Und wer ist der deutscheste? Mittendrin im Identitätspoker stecken die Muslime, die zwischen den medialen Begriffen der Assimilation und Parallelgesellschaft verortet werden, was mitnichten ihrer Lebensrealität entspricht.

Dabei sind die gemeinsamen Werte, auf die sich die Deutschen bei der Staatsgründung der Bundesrepublik verständigt haben, die einzige legitime Leitkultur. Sie gründet sich auf einen säkularen Humanismus, auf Gleichberechtigung, Religionsfreiheit und den staatlichen Institutionen, denen gerade Zuwanderer besonderes Vertrauen entgegenbringen, wie Studien immer wieder zeigen. Vor allem Zuwanderer vertrauen der deutschen Justiz, der Polizei und der Armee in besonderer Weise, weil sie auch die institutionellen Zustände in ihren Heimatländern kennen, die Korruption und die mangelnde soziale Hilfe, wenn auch gelegentlich nur aus dem Fernsehen oder der Zeitung.

Das deutsche Grundgesetz ist nicht dogmatisch, auch nicht sakrosankt oder eine Art Bibel- und Koranersatz. Es kann sich mittels geregelter Verfahren anpassen – seine Bedeutung ergibt sich aus dem Alltag der Menschen, die meistens in der Gemeinschaft gute Erfahrungen mit ihm als Grundlage gesammelt haben. Diese Verfassung muss nicht ewig sein. Das kann man nicht erwarten, und bisher ist jedes Reich, ist jede Verfassung irgendwann untergegangen. Aber zum jetzigen Zeitpunkt ist das Grundgesetz die beste Grundlage, weil es so vielen äußerst verschiedenen Menschen einen Wertekonsens ermöglicht, der von allen gelebt werden kann.

Das Unwort »Ehrenmord«

Wer diesen Wertekonsens verlässt – nicht nur in Gedanken, sondern in der Tat –, wird zur Rechenschaft gezogen. Dafür sind die Gerichte zuständig:

- Wer Frauen schlägt, in wessen Namen auch immer, macht sich strafbar.

- Wer anderen Gewalt androht, weil sie von Religion nichts wissen wollen, macht sich strafbar.
- Wer Homosexuelle angreift und bespuckt, macht sich strafbar.
- Wer seine Schwester ersticht, weil sie so leben möchte wie alle anderen Mädchen in ihrem Alter, macht sich strafbar.

Letzteres geistert regelmäßig als »Ehrenmord« durch unsere Schlagzeilenwelt. Einmal davon abgesehen, dass diese schrecklichen Verbrechen nichts, aber auch rein gar nichts mit Ehre zu tun haben, bedarf es hier keiner neuen Gesetze. Das Motiv spielt bei der Strafzumessung vielleicht eine Rolle, aber nur hier. Und da müssen wir auch in Zukunft dafür Sorge tragen, dass keinerlei Zugeständnisse seitens der Gerichte gemacht werden, nur weil angeblich »kulturelle« oder »religiöse« Gründe im Motiv der Täter eine Rolle gespielt haben.

Die Verfassung betrachtet die Menschen nicht unter dem Gesichtspunkt Religion, sondern als Bürger oder Bürgerin, als Citoyen. Herkunft interessiert ebenso wenig wie ihre Religion. Die einzige Identität, die vor dem Hintergrund der Verfassung interessant ist, ist die Bürger-Identität.

Dieses Verständnis hat zwei Seiten: Zum einen haben Zuwanderer wie nicht Zugewanderte die gleichen Rechte und Pflichten, sofern sie Bürger sind. Sie können ihre Religion frei ausleben – sofern sie nicht rechtsbrüchig werden – und haben auch die Freiheit, zu keiner Religion zu gehören.

Um die Verfassungstheorie mit ihren Gleichheitsgrundsätzen in die Wirklichkeit des gelebten Alltags zu transportieren, sollten Ethnisierungen vermieden werden. Ein Zuwanderer, dem man die Herkunft aus einem südlichen Land ansehen kann, hat es noch immer schwer, als Deutscher anerkannt zu werden.

Auch sollte man aufhören, Europa als »christliches Abendland« zu deklarieren. Das war Europa einmal, wenn es auch in vielen Religionskriegen niemals so eins war, wie es jetzt erscheint. Es hat sich viel zu viel geändert im vergangenen Jahrhundert, die Bevölkerung ist heute viel pluralistischer. Darauf hat auch Bundespräsident Wulff in seiner Rede 2010 hingewiesen. Sicher: Im Privaten spielt die christliche Prägung vielleicht eine Rolle. Man geht ab und an in die Kirche, Hochzeits- und Beerdigungsrituale sind manchen wichtig, manchen weniger. Vielleicht sind manche auch sehr gläubige Christen. Das alles bleibt ihnen unbenommen, und der deutsche Staat ist bei allem Säkularismus Religionen freundlich gesinnt.

Aber der Rechtsstaat baut eben nicht mehr auf Religion auf – und die Säkularität des Staates ist eine Erfolgsgeschichte. Weder Europa noch Deutschland sind heute im Kern christlich. Viel näher liegen die Werte von Toleranz, Pluralismus, Humanismus und Demokratie.

Diejenigen, die die Bürger-Identität mit dem Hinweis ablehnen, Deutschland sei doch ein »christliches Abendland«, spielen den Islamisten in die Hände. In einer Gesellschaft, die permanent nach Identität fragt und ihren Einwanderern Bekenntnisse abnötigt, ihnen dann aber keine Bürger-Identität anbietet, tummeln sich Sinn-Stiftergruppen aller Art. Und diese haben Erfolg.

Neben all den Esoterik- und Exotikverkäufern spielen die islamistischen Organisationen und Prediger zunehmend professioneller auf der Identitätsklaviatur. Sie bieten einen Islam, der Ge- und Verbote ausspricht. Sie bieten einen Islam, der vor allem auf Rituale und Äußerlichkeiten setzt, wie das Kopftuch, oder auf mittelalterliche Tugendgebote, wie etwa das Verbot, Frauen die Hand zu schütteln – natürlich alles unter dem Vorwand, die Damenwelt vor den angeblich lüsternen Blicken der Männer zu schützen (meinen diese Männer vielleicht nur sich selbst?). Und sie krempeln eine Religion um, die eigentlich sehr intim ist. Die Nähe der Gläubigen zu Gott bedarf im Islam keiner Zwischeninstanzen, Kirchenstrukturen und Machtkonstellationen. Sie sichern ihre Macht, mehr nicht.

Das hat mit Religion nichts, aber auch rein gar nichts zu tun. Doch sie finden leider dankbare Opfer unter den Muslimen, die sich in Deutschland – warum auch immer – angegriffen und zurückgesetzt fühlen. Sie finden ihre Opfer im Identitätspoker: verherrlichen eine Kultur, die sie »unsere« nennen, und setzen die anderen, mitunter die ganze »westliche Welt«, herab. Sie konstruieren einen Gegensatz zwischen Deutschen und Muslimen – auch wenn Deutsche Muslime sind und Muslime Deutsche.

Der syrische Philosoph Georg Tarabishi schrieb einmal, die arabische Welt verspüre gegenüber dem Westen ein Gefühl der Ohnmacht, eine Art materielle Unterlegenheit, die durch ein übersteigertes Gefühl der eigenen moralischen Überlegenheit kompensiert würde.

Vielleicht trifft das in Wahrheit nur auf wenige zu, aber die islamistischen Akteure in diesem Land versuchen alles, um die Ansicht des Philosophen wahr werden zu lassen.

Unterstützt werden die islamistischen Akteure in Deutschland von Organisationen aus jenen islamischen Ländern, deren junge Leute vor lauter wirtschaftlicher Hoffnungslosigkeit eine dankbare Zielgruppe der Sinnstifter-Islamisten sind: Der »Arab Human Development Report«, eine für die Vereinten Nationen erstellte Studie, zeigt auf, dass die arabischen Staaten in Sachen wirtschaftliche Entwicklung, Wissenschaft und Innovation dem Rest der Welt hinterherhinken: Arabische Staaten drucken zu wenige nichtreligiöse Bücher, bringen nur wenige herausragende Wissenschaftler hervor und melden nur sehr wenige Patente an. Ihre Modernisierung beschränkt sich allzu oft auf das Internet oder Mobiltelefone, mithin nur auf technologischen Konsum.

Es fehlt der Freiraum, sich zu entfalten, und damit für die Innovationsfähigkeit.

Das gilt übrigens nicht für das Potenzial der Menschen in arabischen Staaten, das selbstverständlich genauso groß ist wie das der Menschen in westlichen Ländern. Dieses starre System, das auf Reproduktion und Konsum aufbaut, bereitet jedoch den Nährboden für pseudowissenschaftliche Ergüsse, wie etwa den Kreationismus.

Kreationisten sind der Ansicht, dass die Schöpfung –

Mensch, Tiere, Natur – einem göttlichen Plan folgt. Einem göttlichen Plan, der im Fall der Evangelikalen in der Bibel, genauer in den Schöpfungsgeschichten zu finden ist. Kreationistische Muslime suchen hingegen im Koran nach »Belegen« für ihre These, dass Gott alle Fäden der menschlichen Schöpfungsgeschichte in der Hand halte, und sie werden ihrer Meinung nach auch fündig: »Er ist es, der euch aus Ton erschaffen und dann eine Frist (für euch) bestimmt hat – eine Frist, die nur (Ihm) bekannt ist. Und doch zweifelt ihr« (Sure 6 »Das Vieh«, Vers 2). Oder auch: »Der Allmächtige, der Gnadenspender, der alles höchst vortrefflich macht, was Er erschafft. Also beginnt Er die Schöpfung des Menschen aus Ton.« (Sure 32 »Die Anbetung«, Vers 7)

Der Mensch wird hier als Sonderanfertigung Allahs in den Mittelpunkt der Erde gerückt, wohingegen er in der Evolutionstheorie nur eine Art unter vielen im Reich der Tiere ist. Neben der Schöpfungsgeschichte ist für den Kreationismus die Sintflut wichtig, die auch im Koran, in Anlehnung an das Buch Genesis, eine Rolle spielt. Zudem schöpfen Kreationisten aus dem reichen Fundus der Sunna, also der überlieferten, dem Propheten Mohammed zugesprochenen Äußerungen.

Die Schöpfungsgeschichte steht im krassen Widerspruch zur Evolutionstheorie, die heutzutage kein seriöser Wissenschaftler mehr ablehnt. Kreationisten allerdings glauben, die Komplexität der Lebewesen sei ohne intelligenten »Designer« nicht erklärbar. Als Beispiel führen sie den Zellaufbau an, der in all seiner Komplexität nicht Produkt des »Zufalls« sein kann.

Islamisten holen auf dem Gebiet des Kreationismus die Evangelikalen – die bisher »Marktführer« waren – langsam, aber sicher ein.

Schon in den 1970er-Jahren wurde in türkische Biologiebücher eine Klausel eingefügt, wonach die Evolutionstheorie nicht bewiesen sei; mit zu dieser »intellektuellen Hintertür« beigetragen haben der türkische Prediger Fethullah Gülen und seit 2002 auch die AKP-Regierung in der Türkei. Speziell Gülen, der in der Türkei, aber auch in Deutschland eine Vielzahl an Schulen unterhält, tut sich hier hervor. Die Anhänger des 1941 in der türkischen Provinz Erzurum geborenen Predigers sind mittlerweile über die ganze Welt verstreut, auch in den USA und den Staaten der ehemaligen Sowjetunion.

Sie folgen den Idealen von Said Nursi, die Gülen-Bewegung wird deshalb auch eine Neo-Nurcu-Bewegung (nach »Nur«, arabisch für »Licht«) genannt. Dahinter verbirgt sich eine schwer zu fassende Geheimlehre, die der Einzelinitiative und persönlichen Vorstellungen wenig Raum lässt; dafür steht das Gebet im Mittelpunkt und vor allem die sich dadurch auftuende Gefühlswelt: gemeinsames Weinen und gemeinsames Beten – Gülen selbst zeigt sich des Öfteren weinend beim Gebet.

»Bete und fühle« ist das Motto der Gülen-Bewegung, wodurch ein Wir-Gefühl erzeugt wird. Die Anhänger stellen ihre Eigeninteressen zugunsten der Gemeinschaft zurück. Demnach wird auch die Zugehörigkeit als zentral erachtet. Ihre Häuser sind sehr offen, und Fremde werden eingeladen. Ziel ist, sie für die Gemeinde der Gülen-Bewegung zu gewinnen, und es gibt eine breite Missionsaktivität. Ihre Versammlungsorte heißen »isik evleri«, und deren »Einfallstor« ist eine Art Gesprächskreis für Interessierte.

Die Gülen-Bewegung ist schwer zu fassen. Befürworter sehen liberale Ideen von Bildung und Gleichberechtigung, weil ein Hauptsatz der Nurculuk lautet: »Seid nicht häuslich.« Mit ihrer Bildungsoffensive konnten die Gülen-Anhänger in den vergangenen Jahren viele Schulen auch in Deutschland bauen, allerdings oft unter anderem Namen. Weltweit soll es mittlerweile rund 500 Privatschulen, Internate, Nachhilfeorganisationen und Studentenwohnheime geben.

Gerade diese Schulen zeigen jedoch die Abschottungstendenzen einer ethnisch definierten Schülerschaft. Laut Kennern gehe es in diesen Schulen kaum um Religion, missioniert würde allerdings im Umfeld: in Wohnheimen und in Freizeiteinrichtungen. Kritiker vergleichen die Gülen-Bewegung mit dem christlichen Orden Opus Dei und werfen ihr Machthunger und Sektencharakter vor. Gülen strebe eine »kulturelle Umorientierung« an, wie der Islamwissenschaftler Martin Riexinger sagt.

In der Türkei, wo die meisten Gülen-Anhänger leben, findet sich folgende kuriose Situation: Immer mehr Gülen-Leute sitzen in staatlichen Institutionen, auch bei der Polizei und der Armee. Da sie die Hierarchie ihrer Sekte über die weltliche stellen, bringen sie die Rangordnungen der Institutionen gehörig ins Wanken; der General, der eigentlich der Vorgesetzte des Oberst sein sollte, ist in der Gülen-Hierarchie unter dem Oberst angesiedelt. Folglich weigert sich der Oberst, den Befehlen und Anweisungen seines Generals Folge zu leisten.

Die Sektenstruktur der Gülen-Bewegung hat in den staatlichen Strukturen der Türkei bereits Spuren hinterlassen, ja mehr noch: die Ordnung durcheinandergebracht. Und damit finden Werte Eingang in die staatlichen Strukturen, die viel zu oft im Widerspruch zu den staatlichen Normen stehen.

Atheismus lehnt Gülen ab – den Mangel an Gottesglauben sieht er als Indiz für einen moralischen Niedergang der Gesellschaft. Seine Gegner fürchten, Fethullah Gülen wolle eine fromme Elite heranzüchten, um so eines Tages die Macht im Staate zu übernehmen. Aus diesem Grund wurde vor ein paar Jahren in der Türkei ein Prozess gegen ihn eröffnet. Seither lebt der greise und schwer kranke Prediger in den USA, von wo aus er auf sein wachsendes Netzwerk von Medien und Bildungseinrichtungen blickt. In Deutschland beispielsweise agitiert die Zeitung *Zaman*, die ihm nahesteht.

Ein wichtiges Anliegen ist die Leugnung der Evolutionstheorie, wie sie die Medien des Gülen-Imperiums schon einigermaßen erfolgreich vorangetrieben haben. Eine internationale Umfrage ergab, dass etwa 50 Prozent der türkischen Bevölkerung die Evolutionstheorie verwerfen und nur 30 Prozent sie akzeptieren. Damit ist die negative Einstellung der Türken sogar noch stärker ausgeprägt als in den USA und erst recht in den europäischen Ländern.

Bei einer allerdings nicht repräsentativen Befragung muslimischer Mittelstufenschüler im belgischen Antwerpen verneinten 81 Prozent die Abstammung der Menschen von einer Affenart. Bei einer anderen Befragung in Amsterdam zeigte sich, dass viele Studenten zwar Teilaspekte, wie die Mikroevolution, akzeptierten, die Makroevolution sowie die Abstammungslehre des Menschen jedoch offen ablehnten.

Hinter dem Kreationismus steckt die Fehleinschätzung, dass Bibel und Koran wortwörtlich zu verstehen sind, ohne den Kontext zu ergründen. Die Geschichte von Adam und Eva, wie sie etwa im biblischen Schöpfungsbericht vorkommt, ist als Allegorie zu verstehen einer Welt, die von Mann und Frau »beackert« wird. Die Aufforderung im Ersten Buch Mose, sich die Welt untertan zu machen, ist nichts anderes als die Richtungsvorgabe für die Menschen, sich der Erde anzunehmen, sie zu nutzen, zugleich aber auch ihre natürlichen Grundlagen, die Schöpfung eben, für die nachkommenden Generationen zu bewahren.

Islamische Ultras und christliche Fundamentalisten ziehen dagegen gemeinsam ins Feld.

Wie sagte passenderweise einmal ein islamischer Theologe auf einer Tagung in Ankara? »Wir haben hier natürlich auch Ultraorthodoxe. Aber wir haben zudem die anderen, einen Ausgleich. Bei euch in Deutschland fehlt dieses Korrektiv!«

Ein verbesserungswürdiges Verhältnis: Staat und Religion

Die Trennung von Staat und Religion ist ein besonders schützenswertes Kulturgut, weil sie zu den Rahmenbedingungen gehört, die den geistigen und materiellen Fortschritt ermöglichen.

Der säkulare Staat kreiert die Gesetze nach den allgemeinen Vorstellungen von Moral und Menschenrechten; er ist also unabhängig von jeglichen religiösen Vorstellungen und zwingt keinen Bürger zu einer Religion – wie dies im Gegensatz der religiöse Staat tut.

Zwar kann eine Kultur auch religiös geprägt sein, so wie Deutschland unter anderem auch christlich geprägt ist, aber das Gesetz entspringt nicht der Religion.

In einem laizistischen Staat kann folglich jeder so leben, wie er will, solange er anderen nicht schadet oder sie belästigt; niemand darf einen anderen Menschen begrenzen, weder die eigene Familie noch die Nachbarn. Ehefrau und Kinder können niemals Eigentum des Ehemannes sein.

»Fiqh«-Staaten und die Scharia

Dazu im Gegensatz stehen die »Fiqh«-Staaten, wie Iran oder Saudi-Arabien.

»Fiqh« ist die islamische Rechtswissenschaft, die Summe der Gesetze, die dem Koran oder den Äußerungen des Propheten, der Sunna, entnommen sind oder aus ihnen abgeleitet wurden. Oder sie beruhen auf den Ansichten von Rechtsgelehrten, wenn sie weder im Koran noch der Sunna belegbar sind. »Fiqh« ist die Wissenschaft über die Rechtsvorschriften im islamischen Rechtssystem Scharia, durch die alle Bereiche des privaten und öffentlichen Lebens im Islam geregelt werden.

In den religiösen Staaten untersteht man in einer bestimmten Weise der Religion, ob man will oder nicht. Selbst wo keine strafrechtlichen Konsequenzen zu erwarten sind, folgen möglicherweise zivilrechtliche. In Ägypten wird die Ehe mit einer Muslimin annulliert, wenn der Mann die Religion verlässt, und die gemeinsamen Kinder werden fortan nur noch von der muslimischen Mutter erzogen. Im Iran drohen die Todesstrafe, zumindest aber empfindliche Haftstrafen und zeitweiliger Entzug sämtlicher Bürgerrechte; Libyen entzieht sofort die Staatsbürgerschaft.

Zwar stehen in aller Regel Pluralismus und auch Egalität offiziell in den Verfassungstexten – diese werden jedoch wiederum von religiösen Rechten, die ebenfalls in der Verfassung verankert sind, eingeschränkt. Christen können somit Muslime werden (Recht auf Religionswechsel), andersherum jedoch nicht (Einschränkung in diesem bestimmten Fall).

Wer in einem Land mit Staatsislam lebt, ist dem Zwang der Gesetze unterworfen, die sich auf eine göttliche Ordnung berufen. Jeder dieser Staaten verkündet zudem seine eigene Auslegung dieser göttlichen Ordnung. Das ist der Knackpunkt der Unberechenbarkeit: Die Auslegung des Korans, »ictihad« genannt, ändert sich je nachdem, in welcher Konfession, welcher Kultur oder welcher Fortschrittsstufe man lebt.

Pakistan, Syrien und Iran sind »Fiqh«-Länder, die ihre Bürger zwingen, ihre muslimische Auslegung als die allgemeingültige zu akzeptieren.

Aber auch Marokko nennt sich selbst einen islamischen Staat, trotzdem hat das Königshaus eine veritable moderne Familiengesetzgebung entwickelt. Gibt es in Syrien Platz für vier Ehefrauen im Ausweis des Mannes, so ist in Marokko die Vielehe abgeschafft. Auch andere rückständige Traditionen, wie etwa die Eheaufsicht, wonach eine Frau die Ehe nur im Beisein eines »Tutors«, ihres Vaters zum Beispiel, eingehen durfte, wurden abgeschafft.

Wenn Leute in Deutschland und anderswo also von »der Scharia« sprechen, kann man ruhig fragen: »Welche meinen Sie denn?«

Sonderstatus Türkei

Einen Sonderstatus hat die Türkei, die einen strengen Laizismus, also eine strikte Trennung von Staat und Religion entwickelt hat. Aber die Tatsache, dass der türkische Islam streng von den staatlichen Institutionen ferngehalten wird, heißt eben nicht, dass gleichzeitig auch die religiöse Vielfalt gleichberechtigt ist; das ist in der Türkei mitnichten so.

Die Vielfalt der vier Rechtsschulen des Sunnitentums, Hanefi, Schafi, Maleki und Hanbeli, spielt beim türkischen Staats-Sunnitentum beispielsweise keine Rolle. Die oberste staatliche Religionsbehörde Diyanet drillt die türkischen Muslime auf das Hanefitentum, obwohl eben auch etliche Schafi dort leben. Denn viele Türken kennen die anderen Rechtsschulen des Sunnitentums erst gar nicht.

Der Grund für diese Fehlentwicklung liegt darin, dass es keinen Religionsunterricht gibt, der die Kinder die Unterschiede der Konfessionen lehrt. In der Praxis führt das Nichtwissen zu Ausgrenzung, etwa beim rituellen Gebet in der Moschee.

Ein junger Student der Theologin Beyza Bilgin betete einmal in einer Moschee nach dem Ritual der Schafi, wonach die Arme anders zusammengelegt werden, als es die Hanefi kennen. Prompt wurde der junge Mann von den umstehenden Männern aggressiv angegangen und angehalten, er müsse noch einmal beten. Als er den Männern erklärte, dass sei richtig so, er sei ein Schafi, ließen die verdatterten Männer von ihm ab mit den Worten: »Ach so, und wir dachten, du bist auch ein Moslem.«

Eine andere große religiöse Minderheit, die Aleviten, wird gar nicht erst als gleichberechtigte Religionsgemeinschaft anerkannt. Ihre Cem-Häuser als Gebetsstätten müssen privat betrieben werden, und die Aleviten profitieren auch nicht von den Geldern, die Diyanet für sunnitische Moscheen aufwendet. Letztlich zahlen die Aleviten Steuern wie alle anderen, profitieren aber im Bereich der Religion nicht davon.

Die türkische Religionspolitik ist deshalb unzulänglich, weil sie die Vielfalt zerstört, indem sie Minderheiten zur Assimilation drängt. Ein »Fiqh«-Land ist die Türkei deshalb aber nicht. Ihre Gesetze speisen sich nicht aus dem religiösen Fundus, wie etwa im Jemen oder in Pakistan. Dort haben es nichtmuslimische Bürger schwer: Entweder genießen sie einen Sonderstatus, oder sie haben sich streng an die islamische Gesetzgebung zu halten – Heirat, Scheidung, Unterhalt – alles dreht sich dann um die islamischen Regeln. Die Türkei ist zumindest im Kern ein moderner Staat mit einer Trennung von Staat und Religion.

»Scharia-Gesetzgebung« und Parallelgesellschaften

Hierzulande spricht man sehr schnell von der »Scharia-Gesetzgebung« – ein Begriff, der in den Medien viel zu oft in einen Topf mit den sogenannten Parallelgesellschaften geworfen wird.

In Wahrheit ist die Scharia aber eine Ansammlung verschiedener Gesetzesquellen, die wiederum von Land zu Land, selbst von Region zu Region unterschiedlich angewendet wird. Vielerorts waren die Scharia-Gesetze sogar eine Verbesserung gegenüber den Zeiten davor, als Anarchie in rechtsfreien Räumen herrschte. Die Stichwörter »Blutrache« und »Ehre« weisen letztlich auf alte Konzepte zur Selbsthilfe im rechtsfreien Raum hin.

Ein kurzer Blick in die nordalbanische Bergwelt, die übrigens eher katholisch denn muslimisch geprägt ist, bestätigt dies. Hier gilt zumindest vereinzelt noch immer der »Kanun«, das mündlich überlieferte Recht, das von Generation zu Generation weitergetragen und erstmals 1933 vollständig aufgeschrieben wurde. Darin regeln zwölf Kapitel die wichtigsten Bereiche des Lebens, das Ehe- und Erbrecht, das Schuldrecht und das Strafrecht. Im Mittelpunkt steht die Ehre der Familie, und die patriarchale Gesellschaftsstruktur gibt dem männlichen Familienoberhaupt sehr weitgehende Befugnisse und eine Macht, die auch Strafen bis zur Tötung der eigenen Familienmitglieder ermöglicht.

Die Frau ist in dieser Weltanschauung zur Fortpflanzung des »männlichen Blutes« da, sie heiratet von außen in die Familie des Bräutigams ein und sieht ihre Pflicht darin, möglichst männliche Nachkommen zu zeugen. Nichts geht über die Verwandtschaftsbeziehungen, was sich schon darin zeigt, dass es im Sprachgebrauch alleine drei verschiedene Bezeichnungen für »Onkel« gibt: der Bruder des Vaters, der Bruder der Mutter und der Patenonkel.

Die oft angesprochene »Blutrache« ist so etwas wie der Extremfall eines umfassenden Regelwerks, das nach dem alttestamentarischen Prinzip »Auge um Auge, Zahn um Zahn« funktioniert. So vergingen zuerst 24 Stunden, bis in einem Mordfall der Schuldige überhaupt verfolgt werden durfte. Der Tote wurde zunächst unter die Erde gebracht, der Täter konnte gar zur Beerdigung erscheinen, ohne dass ihm etwas angetan wurde. Danach verhandelten die betroffenen Familien, wer von der Täterfamilie bedroht war und wie lange – die übrigen Familienmitglieder, vor allem Frauen, Kinder und Priester, blieben ohnehin unbehelligt. Oft ließen sich die Schuldigen in einen Wohnturm einsperren, wo sie zunächst sicher waren. Einen dieser Türme kann man noch heute in der entlegenen Bergregion von Thethi sehen.

Dann musste ein Vermittler in Aktion treten, den beide Seiten akzeptierten. Entweder handelte er einen Burgfrieden aus, oder aber die Familie des Täters erklärte sich bereit, ein »Blutgeld« zu zahlen, um die Sache aus der Welt zu schaffen. Wer sich für das albanische Gewohnheitsrecht weiter interessiert, dem seien die Bücher des Schriftstellers Ismail Kadare ans Herz gelegt.

Diese detaillierten straf- und verfahrensrechtlichen Bestimmungen zu Mord und Totschlag *hatten* möglicherweise ihren Sinn in einem Gebiet – den Bergen Nordalbaniens –, in dem sich das osmanische Recht und seine Gesetzgebung nie hatten durchsetzen können. Die Bergbewohner entwickelten daher ihre Regeln, um der Anarchie Herr zu werden. Um diesen selbst erfundenen Regeln Gewicht zu verleihen, wurden sie oftmals religiös unterfüttert – und damit immunisiert gegen Kritik und Verstöße. Im Fall Nordalbaniens ging das Gewohnheitsrecht eine Verbindung mit den örtlichen Auslegungen des Katholizismus ein.

Ähnlich ist es mit den konkreten Regeln, die oftmals unter dem Namen »Scharia« verhandelt werden. Sie mögen ihren Sinn gehabt haben in Zeiten, in denen kein funktionierendes Staatswesen in der Lage war, seine Bürgerinnen und Bürger zu schützen und am Wohlstand teilhaben zu lassen. Heute aber, erst recht in Mitteleuropa mit seinen Sozialstaaten und im Grunde funktionierenden Institutionen, Behörden und Gesetzen, wäre es blanker Hohn, ins Mittelalter zurückkehren zu wollen.

Dass sich alteingesessene Regeln, wie der »Kanun« in Nordalbanien, lange halten und bis heute nicht vollständig auszumerzen sind, hat nur damit zu tun, dass dort hoch droben in den Bergen der Staat nur fehlerhaft funktioniert – und der albanische Staat ohnehin noch Probleme hat, für funktionierende Behörden und Institutionen zu sorgen.

In Deutschland funktionieren im Gegensatz zu anderen Ländern die staatlichen Institutionen, sodass kein Anlass für die Bürger besteht, auf andere, lokale Rechtssysteme auszuweichen. Deshalb benötigen wir kein religiöses Recht, das zudem jahrhunderte- und jahrtausendealt ist – es hätte überhaupt keinen Bezug mehr zu den heutigen Problemen. Ein Zusammengehen von Religion und Staat wäre aus diesem Grunde aberwitzig und ein Anachronismus.

Von Parallelgesellschaften spricht man, wenn sich eine Gruppe eine eigene Infrastruktur, eine eigene Gerichtsbarkeit und eine eigene Währung erfindet. In Deutschland wurde in den vergangenen Jahren schon meist von Parallelgesellschaft gesprochen, wenn es sich um eigene Bäcker oder Metzger bestimmter Bevölkerungsgruppen handelte. Das ist zu kurz gegriffen, weil man dann eben auch »Little Italy« oder »Chinatown« verdammen müsste – das sind ja Touristenmagnete, die nichts Gefährliches an sich haben.

In Großbritannien beispielsweise existieren schon lange die »Jewish Arbitration Tribunals«, eine Art jüdische Schlichtungstribunale in Familienfragen. Dagegen ist zunächst einmal nichts zu sagen. Seit 2008 gibt es diese Tribunale auch für Muslime, inzwischen fünf an der Zahl in Großbritannien. Problematisch werden diese Tribunale allerdings, wenn sie sich zu inoffiziellen »Scharia-Gerichten« entwickeln, die Zivilrechtsstreitigkeiten regeln – davon gibt es nach den neuesten Zahlen 85 in Großbritannien.

Gefährlich sind Parallelgesellschaften, in denen sich Menschen eigene lokale Rechtssysteme schaffen, die in diesen Stadtteilen das staatliche Rechtssystem verdrängen. Dieses Parallelrechtssystem bricht mit dem gesellschaftlichen Konsens, dass die einzige legitime Gewalt vom Staat ausgehen darf, damit nicht jeder Selbstjustiz üben kann. Für jeden Bürger gelten vor dem Gesetz gleiche Rechte und gleiche Pflichten, denn zum

Staatsbürgertum gehört beidseitige Loyalität: Der Bürger akzeptiert die staatlichen Institutionen und ordnet sich den Gesetzen unter, dafür bietet der Staat Schutz und Gleichheit.

Was ist gemeint?

In parallelen Rechtssystemen, die sich in Teilen Berlins und anderen Großstädten partiell ausgebreitet haben, bilden vornehmlich junge Männer die Exekutive. Judikative und Legislative, also Rechtsprechung und Gesetzgebung, übernehmen meist Imame oder Chefs großer Familienclans. An ihnen kommt kein Mensch vorbei, der sich in diesen Strukturen wiederfindet.

Dazu ein kleiner Erfahrungsbericht: 2004 lud eine Delegation türkischer Abgeordneter in Berlin in ein Restaurant ein. Unter den Abgeordneten der türkischen Partei AKP, die sich im Restaurant die Bäuche vollschlugen, war auch eine Art Feudalherr. Während des Abendessens passierte eine merkwürdige Sache: Die Restauranttür öffnete sich immer wieder, und es kamen einzelne Männer in die Räume, die die Jacke und die Hand des Mannes küssten, um sich danach hinter ihm hinzukauern. Irgendwann waren das 20 oder 25 Männer. Der Leiter der Delegation sagte, es habe sich in Berlin herumgesprochen, dass der Feudalherr in Berlin sei – und dass man ihm deshalb die Aufwartung machen müsse. Diese Begebenheit zeigt deutlich, wie sehr die Herr-und-Knecht-Strukturen der Heimat mittlerweile nach Europa und auch nach Deutschland transportiert wurden und hier weiterwirken.

Woher nimmt dieser Feudalherr seine Legitimation? Warum küssen die Menschen ihm die Hände? Jetzt kommt der Islam ins Spiel: Die Träger dieses Systems, die mächtigen Feudalherren, verbrämen ihre Machtstellung religiös, indem sie sich auf Gott berufen. Damit erreichen sie Anerkennung und Respekt derjenigen, die das System von Herr und Knecht als gottgewollt sehen, weil sie es nie anders gelernt haben.

So funktionieren Clans.

Nach Angaben der verstorbenen Berlinerin Kirsten Heisig, die in ihrem Buch *Das Ende der Geduld* über ihre Erfahrungen als Jugendrichterin mit gewaltkriminellen Jugendlichen berichtet, agieren in Deutschland zehn bis zwölf Großfamilien, ehemals aus dem Libanon. Diese seien in ihren Clanstrukturen »sowohl im Innen- wie auch im Außenverhältnis kriminell«, so Heisig.

Nährboden für diese Parallelgesellschaften sind die Stadtteile, in denen vor allem sozial schwache Menschen leben müssen. Die sozialen Probleme – Gewalt in den Familien und auf den Straßen – werden von ihnen quasi religiös legitimiert. Grob gesagt: Der Schläger sucht sich im Islam die Entschuldigung für seine Gewalttätigkeit. Die Mehrheitsgesellschaft an ihren Fernsehern macht ebenfalls die Religion für alles, was in diesen Stadtteilen passiert, verantwortlich – und alle haben eine »schöne Erklärung«: Der Schläger kann seine Verkommenheit mit einer »göttlichen Ordnung« verbrämen (etwa bei der Rolle der Frau), und die Mehrheitsgesellschaft kann sich zurücklehnen, weil sich eine Religion ohnehin nicht reformieren lasse.

Beides sind bequeme Positionen – aber auch sehr gefährliche, weil sie borniert sind und nicht bereit, eine andere Sicht der Dinge auch nur in Betracht zu ziehen.

Im Übrigen weisen die Parallelgesellschaften auf einen von Islamisten gewünschten Minderheitenstatus hin, den das deutsche Recht aus gutem Grund nicht kennt: Das sogenannte Millet-System regelte im Osmanischen Reich zwischen dem 16. und dem 20. Jahrhundert den Minderheitenstatus der Nichtmuslime in einem muslimischen Großreich. Anerkannte Minderheiten waren entsprechend ihrer Religionszugehörigkeit in »Millets« zusammengefasst. Dieses System gewährte den Religionsgruppen gewisse Rechte, ihre Angelegenheiten selbst zu regeln.

Jüdische und christliche Untertanen wurden entsprechend dem islamischen Recht »Dhimmis« genannt. Bei Fragen und Streitigkeiten, die sowohl muslimische als auch christliche Untertanen betrafen, galt das islamische Recht, die Scharia. Die Steuerlast der Dhimmis war höher als die der Muslime. Zudem gab es eine Reihe von diskriminierenden Vorschriften und Verboten. Es ist offensichtlich, dass einige islamische Verbände das alte osmanische »Millet-System« im Hinterkopf haben, wenn sie für Minderheitenrechte streiten, wie etwa beim Familienrecht.

Festzuhalten bleibt: Es darf keinen gesonderten Minderheitenstatus für einzelne Gruppen geben. Gruppenrechte und Gruppengerichtsbarkeit darf es nicht geben. Mehr noch: Es muss klar sein, dass keine Religionsgemeinschaft das Recht hat, sich über die Gesetze zu stellen. Niemand kann sich auf den Koran oder die Bibel berufen, um gegen die bestehende Gesetzgebung zu handeln. In einer multireligiösen Gesellschaft ist und bleibt das einzig verbindende Element der Rechtsstaat. Das mag für den Einzelnen manchmal bedauerlich sein, für die Gesellschaft ist dieser Grundsatz überlebensnotwendig.

Also muss der Staat eingreifen, wenn das allgemeine Interesse durch das Streben Einzelner gefährdet ist. Auch wenn das Individuum selbst zu schwach ist, sich zu schützen, wie bei Kindern zum Beispiel: damit ein Kind von den Zeugen Jehovas im Unglücksfall ebenso eine Bluttransfusion erhalten darf wie ein Kind orthodoxer Muslime die Chance haben muss, am Sport- und Schwimmunterricht in der Schule teilzunehmen.

Funktioniert das deutsche säkulare System?

Deutschland richtet sich eben nicht nach den christlichen oder islamischen Geboten: Scheidungen zum Beispiel folgen dem Zerrüttungsprinzip, das seinerzeit das Schuldprinzip abgelöst hat. Eine Scheidung erfolgt also, wenn eine Versöhnung der beiden Ehepartner nicht mehr zu erwarten ist. Das ist ein Beispiel für ein modernes, säkulares Gesetz, denn der christliche Hintergrund – die katholische Unauflösbarkeit der Ehe – spielt keine Rolle mehr. Die religiöse Vorstellung, eine Ehe sei vor Gott geschlossen, ist eine Tradition, die die Ehe für die gläubigen Ehepartner aufwertet; dennoch sollte man die kirchliche Heirat nicht zum staatlichen Ritual machen. Analog dazu existieren eben auch keine Gesetze, die dem Mann die »Vielweiberei« erlauben.

Die Antwort auf die Frage, ob das säkulare deutsche System funktioniert, ist wenig befriedigend, weil das säkulare Staatssystem in Deutschland wenig befriedigend ist: ja und nein.

Die Trennung von Staat und Kirche war in der Bundesrepublik nie zu hundert Prozent gewährleistet; und jetzt, da neue Religionen und ihre Gläubigen hier angesiedelt sind, stößt das alte System an seine Grenzen. Es muss daher angepasst werden.

In Deutschland haben wir einen säkularen Rechtsstaat, der Distanz zur Religion hält, ihr jedoch grundsätzlich wohlgesinnt gegenübersteht. Der deutsche Staat ist also mitnichten laizistisch, wie der französische, wo Staat und Religion streng getrennt sind, sondern eine Art Netz, in das auch die Religionen mehr oder weniger eingewoben sind.

Das führt dazu, dass Kirchenvertreter in den Rundfunkräten sitzen und über die Programme der öffentlich-rechtlichen Sender mitberaten. Das führt auch dazu, dass der Staat die Kirchensteuer eintreibt und für die Besoldung der Pfarrer und Bischöfe verantwortlich ist. Die Besoldung der Pfarrer entspricht ungefähr der von Staatsbeamten. Die bayerische Landesregierung beispielsweise gibt im Jahr rund 60 Millionen Euro aus dem Staatshaushalt für Bischöfe und andere katholische Würdenträger aus.

Dieses System der gegenseitigen Annäherung bei gleichzeitiger Distanz hat in den ersten 50 Jahren der Bundesrepublik einigermaßen funktioniert. Vor allem die beiden großen christlichen Kirchen – die Römisch-Katholische sowie die Evangelische Kirche in Deutschland (EKD) – haben davon profitiert, indem ihr Einfluss trotz schwindender Mitgliederzahlen auf vergleichsweise konstant hohem Niveau geblieben ist. Allein der religiöse Bekenntnisunterricht der beiden Kirchen in staatlichen Schulen sorgt bis heute für eine christliche Erziehung der meisten Schülerinnen und Schüler – ein Privileg, das die Kirchen verständlicherweise nicht aufgeben wollen. Ihr Zugang zu jungen Menschen wäre ohne diesen Religionsunterricht so nicht ansatzweise gegeben.

Mittlerweile ist die religiöse Landschaft jedoch wesentlich

vielfältiger geworden, man kann auch sagen: unübersichtlicher. Neben buddhistischen, hinduistischen und jüdischen Gemeinschaften (Letztere sind natürlich schon immer ein Teil der deutschen Bevölkerung gewesen) sind durch die Migration und den Zuzug von Millionen Menschen weitere Religionen hinzugekommen – neben den Russisch-Orthodoxen und Baptisten aus den Staaten der ehemaligen Sowjetunion natürlich vor allem die Muslime. Unter den Muslimen existiert eine weitere Vielfalt: Sunniten, Schiiten, Aleviten. Und unter den Sunniten, Schiiten und Aleviten eine weitere Vielzahl an Rechtsschulen, Ansichten und Traditionen. Ein unübersichtliches Puzzle.

Doch es gibt eine Ungerechtigkeit, die das Grundgesetz mit dem Gleichbehandlungsgrundsatz der Religionen eigentlich verhindern wollte (»Es besteht keine Staatskirche«): Die christlichen Kirchen können einen Bekenntnisunterricht mitgestalten, weil sie anerkannte Religionsgemeinschaften und Körperschaften öffentlichen Rechts sind. Einige Glaubensgemeinschaften, wie so manche orthodoxe Kirche, beharren nicht auf einem Bekenntnisunterricht an Schulen, weil es einfach zu wenige Kinder ihres Glaubens in Deutschland gibt. Aber auch die Buddhisten bieten seit 2003 zumindest im Stadtstaat Berlin einen eigenen Religionsunterricht an.

Schwieriger gestaltet es sich bei den muslimischen Verbänden: Keiner dieser Dachverbände von Moscheegemeinden bekommt den notwendigen Status als Religionsgemeinschaft anerkannt, weil bestimmte Kriterien – wie etwa die Binnenstruktur, umfassende Pflege der Religion und einige weitere Aspekte – nach Meinung des Staates nicht erfüllt sind.

Das Oberverwaltungsgericht Nordrhein-Westfalen hat deutlich gemacht, dass weder die Islamische Gemeinschaft Milli Görüs (IGMG) noch der Zentralrat der Muslime Religionsgemeinschaften seien. Und tatsächlich: Diese beiden islamischen Verbände sind weder von ihrer Organisation noch von ihren Inhalten her die richtigen Ansprechpartner für den Staat, wenn es um Bekenntnis-Islamunterricht an deutschen öffentlichen Schulen geht.

Interessant ist jedoch, dass die Alevitische Gemeinde Deutschland e. V. (AABF) im Vergleich zu den muslimischen Verbänden recht zügig als Religionsgemeinschaft anerkannt wurde. Und dass sie seit 2008 auch im bevölkerungsreichsten Bundesland, in Nordrhein-Westfalen, an Grundschulen Bekenntnisunterricht gestaltet.

Denn auch die AABF ist ein Dachverband, noch dazu ein Verband, der zwar sehr stark die kulturellen Aspekte des Alevitentums vertritt, in religiöser Hinsicht jedoch eher schwächelt. Der Kirchenrechtler Stefan Muckel findet in seinem Gutachten allerdings »auch Anhaltspunkte dafür, dass auf der Ebene des Dachverbandes zumindest in Ansätzen eine religiös gelebte Gemeinschaft natürlicher Personen besteht«.

An dieser Stelle sollen die juristischen Feinheiten nicht vertieft werden. Bemerkenswert ist jedoch, dass die AABF als Dachverband mit – sagen wir mal – ebenfalls nicht gerade gefestigter Struktur und Historie den Status als Religionsgemeinschaft zuerkannt bekommt, obwohl auch sie nicht mehr als geschätzte fünf Prozent der Aleviten in Deutschland vertritt. Hier drängt sich die Frage auf, welche Aleviten sie nun genau vertritt.

Innerhalb der Aleviten gibt es zwei diametrale Strömungen. Während die *alevitische Gemeinde* die Position vertritt, dass das Alevitentum ein eigenständiger Glaube ist, vertritt die *Cem-Stiftung* die Position, dass die Aleviten Teil des Islam sind.

Obwohl die Cem-Stiftung sehr viel mehr Anhänger hat und in religiöser Hinsicht anerkannter ist, wurde nicht sie, sondern die alevitische Gemeinde als eigene Religionsgemeinschaft anerkannt. Dies ist nur ein Beispiel für die Unübersichtlichkeit der Religionsgemeinschaften – schwer, nicht nur für den Staat, da den Überblick zu behalten.

Wie aber werden wir unter diesen Bedingungen unserem Gleichbehandlungsgrundsatz gerecht, der allen Religionen die gleichen Rechte gibt und die gleichen Pflichten abverlangt? Wäre ein klarer Schnitt nicht der bessere und sauberere Weg: ein laizistischer Staat, der eine klare Trennung von Religion und Staat vorsieht?

Ja, das wäre ein besserer Weg; und das meint auch der Staatsrechtler Naseef Naeem: »Das bisherige Wischiwaschi-Konzept schadet dem Staat mehr, als es ihm nützt.«

Muss ein bekenntnishafter Religionsunterricht heute überhaupt noch sein? Wäre es nicht besser, einen Informationsunterricht anzubieten, der über die wichtigsten Religionen in Deutschland informiert? Gehört zu einem modernen Staatsverständnis nicht auch ein Laizismus, der für klare Strukturen und Zuständigkeiten sorgt und den Religionen den Platz gibt, an dem sie am besten ihre positiven Eigenschaften einbringen können: in der Privatsphäre der Menschen zur Befriedigung ihrer spirituellen Bedürfnisse?

Ein klares Ja.

Der Autor Lukas Wick hat in seinem Buch *Islam und Verfassungsstaat* zwei Bedingungen genannt, die für eine Aussöhnung zwischen Religion und Staat in der europäischen Geschichte gesorgt haben:

Erstens, der Staat wird für nicht zuständig im Bereich der Religion befunden und die Religion als nicht zuständig für die weltliche Ordnung. Die Frage aller Fragen, was die Wahrheit ist, mit der sich Religionen gerne beschäftigen, wird bewusst aus der Zuständigkeit des Staates herausgeschnitten.

Nicht etwa, weil man davon ausgeht, dass staatliche Institutionen hierzu keinen wichtigen Beitrag leisten könnten. Nein, weil es um des lieben Friedens willen besser ist, wenn der Staat sich eben nicht positioniert. Das ist mit »weltanschaulicher Neutralität« gemeint.

Wick zitiert den Kölner Rechtswissenschaftler Otto Depenheuer, der völlig zu Recht schreibt: »Der Staat verlangt daher von Religionsgemeinschaften nicht die Selbstrelativierung ihrer Wahrheit. Was er aber erwarten kann und notfalls erzwingen muss, ist die Toleranz und Duldung konkurrierender Wahrheitsansprüche.« Soll heißen: Notfalls muss der Staat die Persönlichkeitsrechte Einzelner gegen die Anmaßungen von Religionen und deren Anhänger durchsetzen.

Und zweitens? Wick warnt davor, den Begriff Säkularisierung auf jeden Alltagsbereich auszuweiten, weil dies zu starken religiösen Abwehrreaktionen führen könne. Anders gesprochen: Im Alltag muss nicht alles »säkularisiert«, also verweltlicht werden.

Wer meint, der Bund der Ehe könne nur vor Gottes Angesicht geschlossen werden, eine standesamtliche Ehe reiche niemals, kann dieser Ansicht sein.

Wer meint, sein neues Auto mit Weihwasser aus dem Pilgerort Lourdes vor Beulen und Schrammen schützen zu müssen, soll dies natürlich auch weiterhin tun können.

Der Staat muss nur dafür Sorge tragen, dass dieser Mensch – sollte er mit einer Partei je im Bundestag vertreten sein – nicht erfolgreich eine Segnungspflicht für Neuwagen mit Wasser aus Lourdes in Gesetzesform packt. Als Rettungsanker für solche zugegebenermaßen absurden Fälle ist das Bundesverfassungsgericht der Gralshüter der Vernunft.

Für alle, die jetzt das Ende der Religionen kommen sehen: Die Kirchen und Religionsverbände werden auch in einem laizistischen Staat genügend Möglichkeiten haben, sich einzubringen. Sie werden nach wie vor größere und große Organisationen bleiben, die auf dem Markt der Meinungen mitbieten können. Ihre Vertreter werden weiterhin bei »Anne Will« und »Maischberger« sitzen und mitdiskutieren können.

Nur dann eben auf gleicher Augenhöhe und ohne Vorzugsbehandlung: neben all den Vertretern von Amnesty International, Greenpeace, Hausfrauen- und Unternehmerverbänden, Selbsthilfegruppen und Persönliche-Erbauungs-Gruppen.

Sie können auch weiterhin Religionsunterricht geben – aber eben nur für diejenigen, die freiwillig zu ihnen in die Kirchen, Moscheen oder Synagogen kommen. Sie werden weiterhin eine gewichtige Stimme haben – wie die Gewerkschaften oder Industrieverbände. Mit einer alten Tradition und Verankerung in der Gesellschaft, aber ohne Privilegien, die zu neuen Ungerechtigkeiten führen. Deutschland gewänne durch die klare Trennung von Staat und Religion mehr Transparenz und Gerechtigkeit.

Ein netter Nebeneffekt: Die Kirchen und Religionsverbände müssten um ihre Mitglieder wieder werben – durch Angebote, Service und Leistung. Sie müssten sich mehr um ihre Schäfchen bemühen. Und ihr Einfluss wäre nicht mehr viel größer, als er laut Mitgliederzahl eigentlich sein dürfte.

Ein bisschen Konkurrenz hat noch niemandem geschadet …

Wir müssen uns entscheiden: Entweder alle Religionsgemeinschaften bekommen die gleichen Rechte, oder Deutschland muss laizistisch werden und den Religionsgemeinschaften insgesamt weniger Rechte geben. Der Staat sollte also den Westfälischen Frieden als die Urmutter des vertraglich fixierten friedlichen Miteinanders weiterentwickeln und zu allen Religionsgemeinschaften eine Äquidistanz schaffen – alle auf Augenhöhe, alle in gleicher Entfernung zum Staat, und selbstverständlich alle dem staatlichen Gewaltmonopol untergeordnet.

Religion sollte sich auf ihr Kerngeschäft begrenzen

Damit würde man auch die religiöse Einflussnahme begrenzen. Ein guter Weg, um die efeuhafte Durchrankung unserer Gesellschaft mit Religion zu bekämpfen. Wir alle – Christen, Muslime, Juden, Atheisten – sollten nicht länger hinnehmen, dass sich bestimmte religiöse Gruppen ein immer größeres Stück vom Kuchen herausschneiden. Und danach noch mehr wollen.

Es geht ja schon los: Die DITIB – Hüterin des sunnitischen Staatsislam türkischer Prägung – bildet mit Geldern der Bundeszentrale für Migration und Flüchtlinge sogenannte Integrationslotsen aus, die türkischstämmigen Zuwanderern helfen sollen, sich in Deutschland zurechtzufinden. Nett gedacht. Aber glaubt jemand allen Ernstes, dass diese Integrationslotsen nicht auch gleich den Weg in die nächste DITIB-Moschee lotsen?

Das können sie ja tun, aber müssen dazu Steuergelder verwendet werden?

Wie geht es weiter? Wie weit soll die Verquickung von Staat und Religion noch getrieben werden? So gesehen ist Laizismus sogar ein Schutz der Kirchen und Religionsgemeinschaften – denn andernfalls riskiert Europa einen Kulturkonflikt zwischen den unnachgiebigen Religionsvertretern und den verhärteten Laizismus-Lobbyisten. Dass das gerade die religiösen Menschen so sehen, zeigt die türkische Theologin Beyza Bilgin: »Der Laizismus ist eine Garantie für die Freiheit im Leben und sollte entsprechend angewandt werden. Staat und Islam sind verpflichtet, neue Beziehungsformen zu finden und zu verbreiten. Islam und Laizismus sollten nicht gegeneinander aufgebracht werden.«

Richtig. Islam und Grundgesetz koexistieren nebeneinander – oder besser: mit leichtem Höhenunterschied. Denn das Machtmonopol hat freilich der Staat. Und dieser muss die Fanatiker im Zweifelsfall durch Gesetze von Verbrechen im Namen ihrer Religion abhalten. Gemeint sind die Unverbesserlichen, die zum Beispiel glauben, nach der salafistischen Parole »Der Koran ist meine Verfassung« handeln zu müssen. Ganz klare Antwort: Eine Verfassung ist der Koran nicht. Weder Bibel noch Koran stehen in Deutschland auch nur in der Nähe eines Verfassungsranges.

1995 entschied das Bundesverfassungsgericht, ein Kruzifix im Klassenzimmer verletze die Religionsfreiheit. Das Urteil stürzte das Gericht in eine tiefe Vertrauenskrise, kistenweise gingen in Karlsruhe Protestbriefe ein, und Medien, Kirchen und Politiker machten Stimmung gegen die Richter. Rund 25 000 Menschen protestierten in München. Dabei wurde damit nur ein bayerisches Gesetz gekippt, das Kruzifixe in Klassenzimmern vorschrieb. Mehr nicht – Karlsruhe war nicht daran gelegen, alle Kruzifixe zu verbannen.

Mittlerweile unterscheiden sich die Regelungen von Bundesland zu Bundesland recht stark, ähnlich den Nichtrauchergesetzen. Jeder Amtsgerichtspräsident entscheidet selbst, ob ein Kruzifix im Gerichtssaal hängt oder eben nicht.

Daneben hat sich die Welt verändert: Vor 15 oder 20 Jahren verlief die Trennlinie vor allem zwischen frommen Christen und Atheisten, wenn es um die Frage des Kreuzes ging.

Die Millionen Muslime, die schon damals in Deutschland lebten, enthielten sich der Debatte, da sie und ihre Religion fast unsichtbar waren. Heute verwundert es kaum, dass mancher Islamverband, wie beispielsweise der Islamrat, zu »Respekt vor dem Kruzifix« aufruft. Schließlich ist es in seinem Interesse, wenn die christlichen Kirchen ihre Rechte nicht einbüßen. Jeder Machtverlust der Kirchen bedeutet auch einen Machtverlust für die Islamverbände.

Das Argument der damaligen Bundesregierung, als Nichtchrist könne man doch über die Kreuze hinwegsehen, zieht in einer Welt nicht mehr, in der keiner mehr über Minarette oder Moscheen »hinwegsieht«. Ganz im Gegenteil: Gerade weil an jeder Ecke hochproblematische Symbole lauern – Kopftuch und Minarette, Priester-Mitra und Beichtstuhlgeheimnis –, ist Gleichberechtigung fast unmöglich geworden. Der eine Glaube steht deshalb nicht mehr nur gegen den Nichtglauben, sondern zudem gegen einen anderen Glauben. Gerade in der europäischen Religionsgeschichte des Dreißigjährigen Krieges weiß man um die schrecklichen Folgen, die herbeigeredete Religionskonflikte haben können.

Die Konsequenz: Der deutsche Verfassungsstaat mit seinem Ja zur Religion wird nur glaubhaft bleiben, wenn er sich in gleicher Distanz zu allen Religionen aufstellt. Und zu allen Religionen eine Bannmeile zieht. Um das durchzusetzen, wäre eine Initiative innerhalb der Unions-Parteien besonders wichtig.

Etwas muss also passieren, damit die europäische multireligiöse Gesellschaft nicht irgendwann implodiert. Denn schon heute ist die Vielfalt weltweit kaum zu überschauen, aber auch in Deutschland mehr und mehr unübersichtlich:

Nach Angaben des Religionswissenschaftlichen Medien- und Informationsdienstes sind knapp 32 Prozent der Deutschen nichtreligiös, danach folgen mit ungefähr gleichen Anteilen jeweils die katholische und evangelische Kirche – dann der Islam. Nach der 15. Jugend-Shell-Studie von 2006 glauben 30 Prozent der befragten deutschen Jugendlichen im Alter von 12 bis 24 Jahren an einen persönlichen Gott, 19 Prozent an eine überirdische Macht, rund 23 Prozent machten eher agnostische Angaben, und 28 Prozent glauben weder an Gott noch an eine andere überirdische Macht.

Anhand von Einstellungsmustern von Jugendlichen lassen sich Prognosen für die Zukunft wagen: Der Glaube an einen monotheistischen Gott wird nur von rund einem Drittel der Jugendlichen geteilt. Der Ein-Gott-Glaube ist jedoch der Kern des Christentums und des Islam. Wir sehen also, eine Fokussierung auf Kirchen und Islamverbände wäre eine falsche Weichenstellung in einer Gesellschaft, die sich ausdifferenziert. Deshalb wäre es wünschenswert, dass der Einfluss der Kirchen und islamischen Verbände (die wiederum nur einen Bruchteil der Muslime vertreten) auf ein Normalmaß zurückgestutzt würde – bei den Institutionen und dem Mitspracherecht in staatlichen Angelegenheiten. Aber auch im Alltagsleben der Menschen.

Die Toleranz-Frage

Als im September 2005 die Karikaturenreihe »Das Gesicht Mohammeds« in der dänischen Zeitung *Jyllands Posten* veröffentlicht wurde, passierte erst einmal ... nichts. Auf einer Karikatur war der Prophet mit einem Turban in Form einer brennenden Lunte zu sehen – auf dem das islamische Glaubensbekenntnis prangte.

Als zwei dänische Imame Anfang 2006 die Karikaturen dann in ein Dossier packten, angereichert mit Karikaturen, die niemals in dieser Zeitung veröffentlicht wurden, walzte eine weltweite Empörungswelle los, die immer größer wurde und letztlich viele Menschenleben kostete. Durch gezielte Desinformation von Islamisten auf der einen Seite und einseitige Berichterstattung auf der anderen eskalierte die Stimmung – bis zuletzt ein aufgebrachter, mit einem Messer bewaffneter Somalier Jagd auf den Karikaturisten und Urheber der Turban-Zeichnung, Kurt Westergaard, in dessen Haus machte. Die herbeigeeilte Polizei konnte den Attentäter rechtzeitig aufhalten, Westergaard passierte nichts.

Aus einer lokalen Lappalie wurde ein weltweiter Sturmlauf, der so nicht abzusehen war, wie der *Zeit*-Journalist Jörg Lau berichtet: »Als ich von meinen Gesprächen Anfang Januar 2006 nach Berlin zurückkehrte, begann ich einen Artikel zu schreiben. Der erste Satz ging ungefähr so: ›In Dänemark hat sich in den vergangenen Wochen eine Krise ereignet, die fast zu einer internationalen Krise hätte werden können.‹«

Zum Glück, so Lau, sei der Artikel erst später erschienen und dann mit einem neuen Einstieg: »Der Mann, der Dänemark in eine internationale Krise katapultiert hat ... hat einen Konflikt ausgelöst, der Botschaftern und Regierungschefs mehrerer Länder den Schlaf raubt ...«

Schlimmer als der Schlaf der Staatschefs dürften die knapp 140 Menschenleben wiegen, die der Konflikt letztlich kostete.

Teil der gezielten Desinformationskampagne war, den Muslimen weiszumachen, dass man den Propheten Mohammed nicht bildlich darstellen dürfe. Das ist Unsinn Nummer eins: Der Prophet ist nach der islamischen Vorstellung ein Mensch, wenn auch ein ganz besonderer, aus Fleisch und Blut. Ein Mensch, dem sich Gott offenbart hat, aber eben doch nur ein Mensch. Mit zwei Augen, einer Nase und einem Mund – folglich kann Mohammed auch bildlich dargestellt werden. Im Übrigen ist eine Vielzahl von Bildnissen des Propheten überliefert, zum Beispiel eines aus dem 14. Jahrhundert, das ihn beim Justieren des schwarzen Steins in Mekkas Kaaba zeigt.

Karikaturen sind moderne Abbildungen, natürlich mit einem besonderen Anstrich. Sie karikieren, das heißt, sie überhöhen die gezeigte Person, stilisieren und stellen sie in einen anderen Zusammenhang. Ob das im Einzelfall geschmackvoll ist oder lediglich platt, sei dahingestellt, das ist Aufgabe des Betrachters, kann aber in einer Demokratie niemals von oben oktroyiert werden.

Ohne jetzt zu tief in die Materie einsteigen zu wollen – die Frage ist doch: Warum nutzen die muslimischen Kritiker diese

Karikatur nicht dazu, über das Image ihres Propheten in Dänemark zu diskutieren? Warum sind die besagten Imame nicht in der Öffentlichkeit argumentativ und debattierend gegen die Darstellung zu Felde gezogen, ohne Gewalt anzustacheln? Warum haben sie ihren Leuten nicht erklärt, dass Karikaturen auch ein Zeichen für Bedeutung sind. Wer karikiert wird, ist wichtig! Wer nicht karikiert wird, ist dagegen unbekannt.

Hier mangelt es den Beteiligten offensichtlich an Toleranz anderen Meinungen gegenüber. Dahinter steckt ein übersteigerter Wahrheitsanspruch der eigenen Religion, sodass andere Ansichten und Religionen nicht mehr ertragen werden können. Chemiker würden sagen: Es bedarf nur weniger Grad Celsius, um die Aktivierungsenergie zu erreichen – aus einem Zündeln wird schnell ein Flächenbrand.

Natürlich steckt im Kern des Islam ein Wahrheitsanspruch. Der Glaube an die Richtigkeit dessen, woran ich glaube, ist eine Grundvoraussetzung, möchte man sich selbst und seinen Glauben ernst nehmen. Der Koran sagt in Sure 5 (»Der Tisch«), Vers 48:

»Für jeden von euch haben wir ein verschiedenes Gesetz und eine Lebensweise bestimmt. Und wenn Gott es so gewollt hätte, Er hätte euch alle sicherlich zu einer einzigen Gemeinschaft machen können: Aber (Er) wollte es anders, um euch zu prüfen durch das, was Er euch gewährt. Wetteifert daher miteinander im Tun guter Werke! Zu Gott müsst ihr alle zurückkehren; und dann wird Er euch wahrhaft verstehen lassen, worüber ihr uneins zu sein pflegtet.«

Diese Sure – so interpretiert das der Religionswissenschaftler Muhammed Esed – besagt, es gebe im Grunde genommen nur eine Wahrheit. Alle Menschen werden im Besitz der einen Wahrheit sein; um diese zu ergründen, gebe es allerdings viele Wege, die den Menschen gegeben wurden. Der Islam hat demnach also einen Wahrheitsanspruch, natürlich, aber die Muslime sollen respektieren, dass andere ebenfalls das, woran sie glauben, für wahr halten. Der Mensch als Mensch verdient Respekt, weil er ein Mensch ist, ein ebensolches Geschöpf Gottes.

In Sure 2 »Die Kuh«, Vers 148 heißt es: »Wetteifert daher miteinander im Tun guter Werke. Wo immer ihr sein mögt, Gott wird euch alle zu Sich versammeln: denn, wahrlich, Gott hat die Macht, alles zu wollen.«

Man könnte noch eine Vielzahl weiterer Suren zitieren, etwa »Die Bienen, Nahl« 16, 9, 16, 93, »Enám« 6, 107 und andere; die Botschaft ähnelt sich in allen: Die Religionen mit all ihren Wahrheitsansprüchen sollen miteinander konkurrieren – aber im Guten. Der Mensch, der sich seines Verstandes bedient und deshalb eigenverantwortlich handelt, ist befähigt, »seine« Religion aus der Angebotspalette auszuwählen. Die Suren zeigen zudem, dass die gesellschaftlichen Verhältnisse, in denen ein Mensch lebt, ein wichtiger Faktor bei der Wahl der Religion sind.

Die Aufgabe des Propheten Mohammed ist dabei, die offenbarten Suren an seine Mitmenschen weiterzugeben; als Übermittler, als Fürsprecher, der die Suren als Angebot interpretiert (die berühmte Sure 2, 256: »Es soll keinen Zwang geben in Sachen des Glaubens«). Gott schickt die Wahrheit, und die Menschen können daran glauben oder auch nicht, das ist ihnen überlassen. Der Prophet ist darüber weder traurig, noch muss er Druck ausüben.

Dort, wo es keine Wahlfreiheit gibt – in Diktaturen und sogenannten Theokratien, wie dem Iran –, kann es demnach keinen echten Glauben geben. Der Glaube im Iran kommt im Deckmantel eines Wissens daher. Vielleicht sollten sich die iranischen »Glaubens«-Wächter deshalb in »Wissens«-Wächter umbenennen – denn als solche gerieren sie sich. Der Mensch, das ist deutlich, ist in seinem Glauben nur Gott gegenüber verantwortlich. Für alles andere ist, zumindest im Fall Europas und Deutschlands, der Rechtsstaat zuständig.

Gerade zurzeit wird dem Islam pauschal Intoleranz zugesprochen. Dabei zeigt der Koran selbst den Weg auf, wie interreligiöser Dialog möglich ist. Man muss nur die genannten Suren mit der berühmten Ringparabel des großen Aufklärers Lessing vergleichen, und siehe da: sie sind, wenn auch nicht wortgleich, so zumindest in der Grundaussage nah beieinander:

Lessing, *Nathan der Weise*, 3. Aufzug, 7. Auftritt: »Hat von Euch jeder seinen Ring vom Vater: So glaube jeder sicher seinen Ring den echten … Es eifre jeder seiner unbestochnen von Vorurteilen freien Liebe nach! Es strebe von Euch jeder um die Wette, die Kraft des Steins in seinem Ring' an Tag zu legen! Komme dieser Kraft mit Sanftmut, mit herzlicher Verträglichkeit, mit Wohltun, mit innigster Ergebenheit in Gott ›zu Hilf'‹!«

Nichts steht folglich dem interreligiösen Dialog entgegen.

Das sehen die Ultras freilich anders. Sie unterteilen die Religionen in drei Kategorien:

- Der Islam als einzig wahre Religion: es gebe nur eine gerechte Religion, den Islam, denn alle anderen seien Aberglaube.
- Die verfälschten Religionen: Christentum oder Judentum seien zwar geoffenbarte Religionen, die allerdings später von Menschenhand »verdorben und verändert« worden seien.
- Die nichtgeoffenbarten Religionen: Buddhismus, Hinduismus und andere Religionen werden als Aberglauben bezeichnet.

Die Ultras nutzen diese simple Aufteilung, um ihr Weltbild zu untermauern. Interreligiöser Dialog wird dargestellt als Versuch der Christen, Muslime zur Konversion zu überzeugen, also zum Übertritt. Das Überlegenheitsgefühl, die einzig wahre Religion zu sein, ist folglich die Kehrseite eines strammen Minderwertigkeitskomplexes, der Christen missionarischen Eifer unterstellt.

Im Internet wimmelt es nur so von Seiten, die die Dreier-Typologie der Religionen ausführen, und die Islamisten nutzen sogar soziale Netzwerke wie Facebook, um ihre Botschaften an die Leute zu bringen.

Eine Facebook-Seite wirbt mit dem Titel »Auf Gottes Ebene

ist die einzige Religion der Islam; Nein zum Dialog mit den verdorbenen Religionen«. Selbst die staatliche türkische Religionsbehörde Diyanet wiederholt diese Dreiteilung in einer Blogseite, die »religiöses Basiswissen« vermitteln soll – hier allerdings, ohne an ein »Nein zum Dialog« zu appellieren. Pikant: An gleicher Stelle wirbt ein Artikel für die neue Zentralmoschee des deutschen Diyanet-Ablegers DITIB in Köln-Ehrenfeld. Ein interreligiöser Dialog ist also vonseiten Diyanets offensichtlich nicht erwünscht, zumindest nicht auf Augenhöhe mit einer gleichwertigen Religion wie dem Christentum oder dem Judentum, ganz zu schweigen von den Buddhisten oder Hindus, die als »Vielgötter-Glauben« in der Hierarchie ohnehin ganz unten stehen in den Augen der Islamisten.

Ostern, Weihnachten und Co.

Eine wichtige alltagspraktische Frage, die viel mit dem Dialogverständnis zu tun hat, lautet: Dürfen Muslime mit Christen deren Feste feiern?

Der Zentralrat der Muslime meint dazu: »Muslime feiern ihre religiösen Feste … Diese Feste sind einheitlich unter allen Muslimen. Wichtig: Zum guten Umgang gehört allerdings, dass man seine christlichen, jüdischen und andersgläubigen Mitbürger zu ihren Festen beglückwünscht und sich mit ihnen freut. Ihre heiligen Feste müssen respektiert werden! Der Prophet Muhammad ließ zum Beispiel die Christen in Medina ihre religiösen Feste und Zeremonien abhalten. Auch wir müssen diesen Respekt und guten Umgang mit Andersgläubigen pflegen.«

Kurzum: Nach dem Zentralrat dürfen Muslime ihre Nachbarn also zu Weihnachten »beglückwünschen«, was immer das heißen soll (ganz davon abgesehen, dass der Vergleich Deutschland/Medina fehl am Platze ist).

Mitfeiern aber ist offensichtlich nicht erlaubt. Verständlich ist das natürlich nicht, schließlich handelt es sich bei Ostern und Weihnachten mitnichten um rein christliche Feste: es sind Traditionen, die christlichen, aber auch heidnischen Ursprung haben. All die Symbole, wie Eier, Hasen und Tannenbäume, sind auch von anderen Religionen übernommen worden. Sie sind Figuren und Symbole, die die kulturellen Grenzen überwunden haben.

Am schönsten wäre es also, wenn auch die christlichen Kinder zum Ramadanfest Süßigkeiten ihrer türkischen Nachbarn erhalten würden. Zu einem solchen versöhnlichen und alltagstauglichen Hinweis kann sich der Zentralrat nicht durchringen.

Natürlich gehört zum »interreligiösen Dialog« auch die Möglichkeit eines Religionswechsels.

Wenn Christen Muslime werden, was zweifellos der Fall ist, dann müssen auch Muslime Christen werden können. Der Ärger um christliche Missionare in der Türkei ist eine riesengroße Blase, über die sich am meisten die kemalistischen Eliten aufregen, die einen Ausverkauf ihrer kulturellen Tradition befürchten. Damit argumentieren sie ähnlich wie jene, die bei jedem Einwanderer sofort ihre eigene »deutsche Leitkultur« in Gefahr sehen.

Das Verbot des Religionswechsels im Islam besteht, ist aber politisch begründet, um die Umma, die weltweite Gemeinschaft der Muslime, zusammenzuhalten. Wenn heute Menschen, die sich als Atheisten bezeichnen oder keiner Religionsgemeinschaft angehören, Mitglied einer islamischen oder christlichen Gemeinde werden wollen, dann sollte sich die Gemeinschaft der Gläubigen freuen, ein neues Mitglied zu haben.

Was aber ist mit denjenigen, die vom Glauben abgefallen sind? Dazu die Theologin Beyza Bilgin: »Ich habe es erlebt, dass ein sehr gläubiger junger Mann, ein Student von mir an der Theologischen Fakultät in Ankara, den Islam als sehr unterdrückend empfand und zum Christentum konvertiert ist. Er rief mich an und bat um mein Verständnis.« Religion, so Bilgin weiter, sei eben Glaube und Praxis. Wenn jemand das Gefühl habe, die Praxis nehme ihm die Luft zum Atmen, dann sei das durchaus verständlich, menschlich. Die Muslime seien nur dem Koran verpflichtet und nicht den politischen

Auslegungen, die für Apostasie die Todesstrafe erfunden hätten. Yunus Emre, der Mystiker, der im 14. Jahrhundert lebte, sagte: »Sei nachsichtig mit dem Geschöpf (Gottes) um des Schöpfers willen.«

Ähnlich tolerant wie Beyza Bilgin sind viel zu wenige auf dem »Minenfeld« des Islam. Wer seine Meinung sagt, wird scharf angegangen, da muss man nicht beleidigt sein. Aber es ist schon erstaunlich, wie bösartig und verletzend manche Mailschreiber agieren, die mir in den vergangenen Monaten und Jahren Mails oder Briefe an das Bundestagsbüro geschrieben haben. Ein kleines »Best of« soll Ihnen nicht vorenthalten werden:

»Sie wollen doch nur die Islamo- und Türkenphobie schüren.«

»Sie werden doch von der katholischen Kirche unterstützt, unter der Maske der Türkin ... sind Sie eine Katholikin, die missioniert.«

»Diskutieren Sie mal, wie sehr die Christen die Frauen erniedrigen.«

»Die Europäer werden imitiert, indem sich unsere Frauen nackt zeigen sollen.«

»Wir haben schon viele Hündinnen gesehen wie Dich, Du hast nicht genug Menschlichkeit abbekommen.«

»Wie kannst Du Dich Muslimin nennen und gegen das Kopftuch sein?«

»You look like a lesbian.« (»Du siehst wie eine Lesbe aus.«)

»Anstatt den Frauen den Ratschlag zu geben, sie sollten sich ausziehen, sollten Sie lieber darüber aufklären, wie sehr Ihr Judentum die Frauen erniedrigt, Sie Jüdin, Sie!«

Ob Jude, Christ, Katholik oder Lesbe – in diesen Zitaten aus Schmähmails werden die Begriffe als Beleidigungen eingesetzt. Das ist offensichtlich eine beliebte Taktik, um missliebigen Leuten einen vor den Latz zu knallen. Manche aus der Türkei schimpfen einen übrigens auch »Armenier« oder manchmal »Grieche«, was auch eine Beleidigung sein soll. Und viel zu oft verfängt diese Taktik, weil sich die Angesprochenen zu verteidigen suchen: »Nein, ich bin keine Jüdin.« Oder: »Gott bewahre, als Christ fühle ich mich nicht angesprochen, ich bin Atheist.«

Doch es geht nicht darum, wer oder was man ist.

Weder »Jude« noch »Katholik« noch »Lesbe« ist ein Schimpfwort. Wenn Kinder auf dem Schulhof ihren Mitschüler »du schwule Sau« schelten, so mögen wir das als symptomatische Verirrung von Halbwüchsigen abtun. Es ist aber weit verbreitet, dass Erwachsene diesem Muster folgen und ihre aggressiven Abneigungen gegen einzelne Minderheiten oder Bevölkerungsgruppen offen kundtun, indem sie andere als solche bezeichnen. Warum steht hier keiner auf?

Interessante Variante der Schmähbriefe: »Wollen Sie auch einen Oscar wie Orhan Pamuk, indem Sie Ihr Land schlechtmachen?«

Ganz davon abgesehen, dass der Schreiberling offensichtlich den Filmpreis »Oscar« mit dem Nobelpreis für Literatur verwechselt, wird dem türkischen Schriftsteller Orhan Pamuk unterstellt, sich bei den »Westlern« einzuschleimen – frei nach dem Motto, wer ihnen nach dem Mund redet, wird mit dem Nobelpreis für Literatur ausgezeichnet.

Kritik wird also als »Majestätsbeleidigung« empfunden, wie diese Ausfälle zeigen, welche nicht geduldet werden kann. Eine demokratische Bürgereinstellung, wonach der Mensch frei mit seinem eigenen Kopf denken kann, wird schlichtweg abgelehnt. Mit diesen Leuten ist kein demokratischer Staat zu machen.

Zum Abschluss dieses Kapitels eine Mail vom 7. Juni 2010, die durchaus repräsentativ ist für die Kritikfähigkeit der Ultrakonservativen. Ein Beispiel für das Unverständnis dieser Leute, die einem Dinge unterstellen, die man nie gesagt hat, aus der Debatte um ein Verbot der Burka:

»Sie sollten sich schämen, überhaupt zu erwähnen, Sie würden in Deutschland den Islam präsentieren oder was Sie da auch immer ›positiv‹ über sich selbst erklärt haben. Jede Frau hat das Recht, sich so zu bedecken, wie sie es wünscht, und ihren Körper zu verstecken, um ihre Scham zu hüten und ihre

Schönheit nicht mit anderen zu teilen und ihren Rang und Ehre zu erhöhen. Sie sollten sich besser einmal vernünftig über die Grundlagen des Islam informieren, bevor Sie irgendein Verbot gegen den Willen Allahs veröffentlichen. Nur weil Sie kein Interesse haben, den Islam zu praktizieren, sollten Sie andere nicht mitziehen. Denn vielleicht wollen sich andere Frauen schützen und das Wohlgefallen Allahs erlangen und nicht in die Hölle kommen, ob Ihnen das nun gerade passt oder nicht.«

Daran sind mindestens vier »Argumente« typisch für diese Art Schmäh-Mails:

- Erstens die Unterstellung, »den Islam repräsentieren« zu wollen, meist gepaart mit der Beichte, überhaupt nicht zu wissen, was eigentlich gesagt worden ist (»oder was Sie auch immer über sich erklärt haben«).
- Zweitens die Ausweitung der weiblichen Schamzone auf den ganzen Körper der Frau. Angeblich soll das »Rang und Ehre erhöhen« – was ja allenfalls in islamistischen Kreisen der Fall sein kann; und auch hier ist das nur Rhetorik, denn in Wahrheit haben die Frauen in diesen Männergesellschaften allenfalls die »Ehre« und den »Rang«, den Männern Tee zu bringen. Ansonsten haben sie sich in die hinteren Räume zu verziehen.
- Drittens wird jegliche Kritik und jedes Nachdenken als Affront »gegen den Willen Allahs« bezeichnet. Mit der Folge, dass ein Gläubiger also nicht selbst nachdenken soll – das kommt einer religiösen Gehirnwäsche recht nahe.
- Und viertens wird eine Debatte missverstanden als Versuch, andere »mitzuziehen«. Das zeigt, auf welch tönernen Füßen die behaupteten religiösen Gebote und Verbote stehen: Diskurs und Diskussion werden sofort als Bedrohung erlebt, deren man sich nur durch weitere Verbote entledigen kann; dieses Mal mit dem Verbot der freien Meinungsäußerung.

Die fünf Säulen des Islam

Der gegenläufige Trend zu all den Säkularisierungstendenzen ist die Renaissance der Religion. Ein Paradoxon: Zwar nimmt die Zahl der Kirchenaustritte zu, dennoch spielt Religion eine große und immer größere Rolle – vor allem in den Tageszeitungen und Fernsehsendern, der Glaube ist ein beliebtes Aufregerthema. Die Gazetten sind voll mit Religionsthemen mit diesen und anderen Schwerpunkten:

- Missbrauch.
- »Wir sind Papst.« »Wir waren mal Papst.«
- »Mixa entschuldigt sich.« »Mixa macht 68er für Pädophilie verantwortlich.«
- »Orthodoxer Priester will nicht mit Kässmann sprechen.«
- »Muslimischer Prediger ruft zu Dschihad auf.«
- »Steinigung, eine Züchtigung gemäß islamischem Recht.«

Und so weiter und so fort.

Es gibt nicht nur eine Renaissance des Religiösen, Deutschland erlebt gegenwärtig ein krebsartiges Wuchern von Religionsthemen auch an Stellen, wo sie nicht hingehören: etwa beim sogenannten Islamischen Banking oder dem wachsenden Markt an angeblich islamisch hergestellten Lebensmitteln – davon wird noch zu sprechen sein.

Religion sollte nicht für alles verantwortlich gemacht werden. Und zwar von keiner Seite.

Religion sollte aber auf ein Normalmaß zurückgestutzt werden: auf den Status einer Privatsache und Medium der persönlichen und spirituellen Erbauung.

Darüber hinaus sind die Kirchen und religiösen Verbände

auch gern gesehene Mitspieler und Mitbieter auf dem Markt der Meinungen. Wann immer es um gesellschaftspolitische Themen geht, wären die Standpunkte von Klerikern und Predigern, Theologen und Menschen von der Basis sicher ein Gewinn.

Mehr aber auch nicht. Das ist das Normalmaß im Sinne der dargelegten Trennung von Staat und Religion; und im Sinne der Vernunft. Den gläubigen Muslimen winkt ein entspanntes, sinnvolles und zufriedenstellendes Leben mit ihrer Religion, wenn es nicht mehr darum geht, »Kulturkonflikte« auszutragen. Und wenn es eben nicht mehr darum geht, sich von selbst ernannten Islampredigern Regeln und Verbote vorschreiben zu lassen.

Dazu muss alles auf den Prüfstand, was zum islamischen Alltagsleben gehört.

Auf den Prüfstand heißt, dass die islamischen Regeln des Alltags im Lichte der ureigenen heiligen Quellen interpretiert werden sollen – aber immer nach der Maßgabe: Was sagen uns diese Regeln im 21. Jahrhundert?

Erinnerung an die weisen Worte Lessings: Das kleine Kind benötigt einfache Ver- und Gebote, um richtig von falsch unterscheiden zu können. Dem mit Vernunft ausgestatteten Erwachsenen dient die Vernunft, zu erkennen, was richtig und falsch ist. Die merkwürdig kruden religiösen Gebote, die zunehmend die heutigen Lebenswelten bevölkern, verhindern Vernunft und setzen die Dunkelheit anstelle des Lichts.

Lessing hat recht: »Dieser Teil des Menschengeschlechts war in der Ausübung seiner Vernunft so weit gekommen, dass er zu seinen moralischen Handlungen edlere, würdigere Bewegungsgründe bedurfte und brauchen konnte, als zeitliche Belohnung und Strafen waren, die ihn bisher geleitet hatten.«

Das kann man in einer Einerseits- und einer Andererseits-These zusammenfassen:

Einerseits: Die Wissenschaften und die Fähigkeiten zum Denken und Erkennen – Vernunft – sind so weit entwickelt, dass man einer vereinfachenden Religion gar nicht mehr bedarf. Eine Religion, die nur Strafe oder Belohnung kennt, ist anachronistisch. Eine klügere Religion, die ihren Teil zur Wertediskussion beiträgt und zur persönlichen und privaten Erbauung von Menschen dient, Trost in Trauer oder Kraft in kritischen Lebenslagen spendet, hat auch weiterhin einen Sinn. Das aber muss jeder einzelne Mensch für sich selbst beurteilen und auswählen – das kann keine Aufgabe des Staates sein.

Andererseits: In den vergangenen Jahren erleben wir eine Renaissance von Religion. Zwar steigen weiterhin die Kirchenaustritte, und nur noch wenige Prozent der Kirchenmitglieder sehen außerhalb von Weihnachten eine Kirche von innen. Trotzdem verbuchen religiöse Themen einen großen Teil der öffentlichen Aufmerksamkeit für sich. Ganz besonders sieht man beim Islam die Tendenz, weite Bereiche des privaten und an sich areligiösen Alltagslebens zu annektieren.

»Islamic Banking« und »Halal«-Lebensmittel – das sind nur zwei Beispiele für die Hegemonie einer bestimmten Islam-Weltsicht.

Weitere Beispiele sind die religiösen Verbände, die mehr und mehr an politischem Einfluss gewinnen, etwa ihr Ringen um religiösen Bekenntnisunterricht an öffentlichen Schulen. Das Auftauchen des Kopftuchs bei Frauen auf deutschen Straßen, die Diskussionen um Gebetsräume für Schülerinnen und Schüler oder eigene Badetage für muslimische Frauen.

Die Bundesrepublik Deutschland kann mit Stolz darauf verweisen, dass ihre verfassungsmäßig verankerte Distanz zur Religion – auch zur christlichen – eine Erfolgsgeschichte ist. Stattdessen erleben wir, wie die Gegner der Evolutionstheorie auch hierzulande so manchen Etappensieg für sich reklamieren können, und reiben uns verwundert die Augen, dass sich hierbei die Evangelikalen und die fundamentalistischen Muslime die Hand reichen. Wie sich bei der Einführung oder dem Festhalten eines Bekenntnisunterrichts an öffentlichen Schulen auch die katholische und evangelische Kirche mit den muslimischen Verbänden verbünden, weil sie einen gemeinsamen Gegner gefunden haben: die laizistischen Staatsbürger, die gerne die staatliche Sphäre komplett von Religion reinigen möchten.

Wer glaubt wirklich, dass Religionen die drängenden Probleme im Umweltschutz oder dem Finanzsystem lösen können? Wer glaubt wirklich, jahrhunderte- und jahrtausendealte Regeln (nicht Werte) seien in der Lage, zeitgemäße Antworten im Detail zu geben? Nein, Religionen können allgemeine Werte von Menschlichkeit, Humanität und Solidarität lehren. Sie geben den Menschen etwas, wonach sich viele, beileibe nicht alle, sehnen: Verlässlichkeit und einen letzten Seinsgrund, Gott, der einer Existenz Sinn verleiht.

Muss man deshalb die Religionen fragen, was man essen darf?

Nein. Da fragen wir besser die Lebensmittelwissenschaftler.

Müssen wir deshalb Religionen fragen, wie unser Wirtschaftsleben funktionieren soll?

Nein. Da fragen wir besser unsere Wirtschaftswissenschaftler. Und damit es nicht ganz so einseitig wird, am besten auch noch unsere Wirtschaftsethiker und Gewerkschaftler.

Müssen wir deshalb Religionen fragen, wie sich der Mensch entwickelt hat?

Nein. Da fragen wir besser unsere Biologen, Evolutionstheoretiker und Archäologen.

Und wenn ein naher Angehöriger stirbt, und wir können das gar nicht fassen?

Ja, dann können wir auch unsere Religionen fragen.

Religion ist zur persönlichen Erbauung gedacht, ein Wertelieferant, eine Denkschmiede, wenn es um Dinge geht, die von unseren Wissenschaften nicht ganz begriffen werden. Was passiert nach dem Tod? Das ist die zentrale Frage, die noch keine Wissenschaft der Welt beantwortet hat. Das Ausbleiben einer Antwort ist allerdings für den Menschen schwer zu ertragen, und noch dazu ist der Mensch dazu verdammt, immer irren zu können – Philosophen und Theologen sprechen von Kreatürlichkeit. Hier hat die Religion also jede Menge zu tun.

Der Islam hat viel zu aktuellen Themen zu sagen, keine Frage. Zum Beispiel zum Umweltschutz und zur Nachhaltigkeit, zwei große Themen, deren ethische Grundlagen schon im Koran zu finden sind.

»Und (sowohl) die Juden wie die Christen sagen: Nein, ihr seid nur menschliche Wesen von Seinem Erschaffen. Er vergibt, wem Er will, und Er lässt leiden, wen Er will: denn Gottes ist die Herrschaft über die Himmel und die Erde und alles, was zwischen ihnen ist, und bei Ihm ist aller Reisen Ende.« (Sure 5 »Der Tisch«, Vers 18)

Diese Worte zielen im Kern auf die Verantwortung gegenüber Gott, indem der Mensch Verantwortung gegenüber der von ihm geschaffenen Umwelt und der Gesellschaft verspürt.

Sure 6 »Das Vieh«, Vers 38: »Obwohl es kein Tier gibt, das auf der Erde wandelt, und keinen Vogel, der mit seinen zwei Flügeln fliegt, die nicht (Gottes) Geschöpf sind wie ihr selbst: keine einzige Sache haben Wir in Unserer Bestimmung ausgelassen.«

Eine Aussage, die sich in mehreren Suren wiederholt; der Sinn dieser Wiederholungen liegt darin, die Menschen zum Nachdenken zu animieren, wenn sie sich fragen, ob die Schöpfung wirklich einem »sinnvollen« Plan folgt.

Der Schöpfer, Gott oder Allah, ist demnach die Klammer, die die Menschen verbindet. Der Mensch ist wie alle Lebewesen auf der Erde ein Teil dieser Schöpfung, gemacht aus dem gleichen Stoff, mit Geist ausgestattet, der die Menschen ein Stück weit an Gott heranrückt.

Die anderen Geschöpfe der Erde, Tiere und Pflanzen, sind diesem Plan zufolge dem Menschen anvertraut; auch der Mensch ist dem Menschen anvertraut.

Im Koran wird deshalb deutlich, dass diejenigen Menschen ins Paradies kommen, die Verantwortung übernehmen, nicht nur den Menschen gegenüber, sondern auch gegenüber Flora und Fauna. Alles, was die Menschen umgibt – Luft, Wasser, belebte und unbelebte Materie –, ist daher Teil des Ganzen, für das der Mensch auf Erden zuständig ist. Vergessen wir nicht, dass das Wort für Paradies, »cennat«, übersetzt auch Garten bedeutet; ein Begriff, der die Natur offensichtlich mit einschließt.

Dem Propheten wird folgender Spruch nachgesagt: »Wer am Tag der Apokalypse einen Dattelbaum in der Hand hält und die Kraft hat, diesen Baum einzupflanzen, der soll das unbedingt tun und nicht unterlassen.« Der Mensch als Gärtner, der selbst am Tag des Untergangs noch pflanzt, hegt und pflegt.

Der Schutz der Schöpfung wie auch Maßhalten und Bescheidenheit sind grundlegende ethische Werte, die der Koran näher behandelt. Schwierig wird es allerdings, wenn aus diesen allgemeinen Werten konkrete Regeln gebildet werden. Dann heißt es auf der Hut sein, ob die vordergründigen moralischen Regeln auch in echtem Zusammenhang mit der dahinterstehenden Ethik stehen. Um das herauszufinden, muss deshalb jede religiöse Regel auf den Prüfstand.

Am Anfang aller Überlegung stehen im Islam die fünf Säulen. Sozusagen ein »tragendes Teil« des Islam, das ganz genau analysiert werden muss. Alles andere könnte sonst auf der Straße – das heißt im Alltag – böse Folgen zeitigen.

Diese fünf Säulen sind: Schahada, das muslimische Glaubensbekenntnis; Salat, das fünfmalige Gebet; Zakat, die Almosenabgabe; Saum, Fasten im Monat Ramadan; und die Haddsch, die Pilgerfahrt zum heiligsten Ort der Muslime, nach Mekka. Diese fünf Säulen sind das rituelle Fundament des Islam, ganz wörtlich genommen: die Grundmauern, auf dem alles Weitere aufbaut.

Schahada – das Glaubensbekenntnis

Als Erstes steht das Glaubensbekenntnis Schahada:

»Ich bezeuge, dass es keine Gottheit außer Gott gibt, und dass Mohammed sein Gesandter ist.«

Diese Formel besteht aus zwei Teilen und ist der Anfangspunkt eines jeden Muslims. Wer sich mittels dieses Bekenntnisses zum Monotheismus, zum Ein-Gott-Glauben und zum Gesandten Mohammed aus tiefstem Herzen und Überzeugung bekennt, gilt als Muslim. Es gibt noch Varianten und Ergänzungen: Zum Beispiel nennen die Schiiten und Aleviten in ihrem Glaubensbekenntnis Ali als Freund Gottes – Ali ist der Schwiegersohn und Cousin des Propheten Mohammed, das aber nur am Rande.

Das Glaubensbekenntnis ist in seiner Einfachheit und Klarheit sicherlich das Zentrum des islamischen Glaubens – Ausdruck einer tiefen Intimität zwischen dem Gläubigen und Gott. Im Koran selbst finden sich unzählige Textstellen, die sich zur Einzigartigkeit Gottes äußern. Die erste »al-Fatiha«-Sure macht das besonders deutlich. Die Einzigartigkeit Gottes und die Nähe des Menschen zu ihm sind ein Leitmotiv des Korans und des Islam. Gott ist dem Menschen näher als die eigene Schlagader, wie Sure 50 (»Qaf«), Vers 16 deutlich macht: »Nun wahrlich, Wir sind es, die den Menschen erschaffen haben, und Wir wissen, was sein innerstes Selbst in ihm flüstert: denn Wir sind ihm näher als seine Halsschlagader.«

Braucht es noch weitere Erklärungen?

Wenn man sich die Klarheit und Nähe zwischen Gläubigem und Gott vor Augen führt, ist es eigentlich verwunderlich, dass so viele Schwierigkeiten und Komplikationen mit den islamischen Institutionen und Gelehrten erwachsen können. »Der Islam ist ein einfacher Glaube, ohne Komplikationen«, schreibt der berühmte islamische Denker Nasr Hamid Abu Zaid in seinem Buch *Ein Leben mit dem Islam.* In den 200 Seiten zuvor und den noch gut fünf folgenden Seiten erzählt er eindrucksvoll von den Reibungen und »Komplikationen«, die er selbst mit den Gralshütern der islamischen Orthodoxie hatte – nur weil er den Koran als Text begreift, der für Interpretationen offen ist.

Abu Zaid lebte bis kurz vor seinem Tod im Jahr 2010 in Holland im Exil und konnte sich nur noch unter großen Schwierigkeiten in der arabischen Welt, auch in seinem Heimatland Ägypten, aufhalten. Sein Versuch, den Islam wieder auf das Wesentliche, die Nähe zwischen Mensch und Gott zu »reduzieren«, wurde ihm von den Orthodoxen übel genommen.

Schade eigentlich, wenn man das Glaubensbekenntnis bedenkt, das so recht keinen Spielraum für die tausendfachen Zwischeninstanzen einräumt, die von Menschen in den Islam eingezogen wurden. All die Zwischeninstanzen, die sich aufschwingen, den Menschen zu erzählen, was gut und richtig ist.

Oder wie Abu Zaid schreibt: »Ich kann einen Arzt, der den Menschen dient und sein Leben ihrem Leben unterordnet, nur als Muslim betrachten, gleich ob er Abdullah oder Georg heißt. Ich kann ihn nicht auf eine Stufe mit dem Muslim stellen, der die Schahada (das Glaubensbekenntnis, Anm. d. Verf.) sagt, aber mit dem Blut der Menschen Handel treibt.«

Wer also meint, alleine mit dem Aufsagen des Glaubensbekenntnisses ein Muslim zu sein, irrt. Wer nur die formalen Regeln kennt und nachspricht, wird noch lange kein guter Muslim sein. Erst wenn die Botschaften von Nächstenliebe und Maßhalten beherzigt werden – in welcher Art, bleibt den Gläubigen überlassen –, ist man ein Muslim.

Das Glaubensbekenntnis ist ansonsten nicht weiter strittig, da die Bedeutung klar ist und es für den Islam alternativlos ist. Es gibt auch keinerlei Gründe, nach einer Alternative zu suchen.

Salat – das fünfmalige Gebet

Das sieht allerdings bei der nächsten Säule schon ganz anders aus: dem täglichen Gebet. Das arabische Wort dafür ist Salat, die Perser sagen Namaz.

Gläubige Christen beten in der Regel, vom Gottesdienst in der Kirche einmal abgesehen, ein persönliches Gebet im stillen Kämmerlein; auch fromme Juden beten in der Regel alleine oder im Familienkreis, mit Ausnahme des Sabbats oder anderer großer Feste.

Gläubige Muslime sollen – so heißt es heutzutage – fünf Mal täglich das öffentlich angekündigte Ritualgebet vollziehen. In Deutschland ruft der Muezzin nicht zu den Gebetszeiten, dennoch sind Muslime aufgerufen, ihre fünf Gebete zu vollziehen. Ganz egal wo, übrigens, die Gebete können zu Hause, unterwegs oder in der Moschee ausgeführt werden. Das Gebet ist nach dem Glaubensbekenntnis die zweite Hauptpflicht des Muslims und sicherlich die wichtigste Ritualhandlung.

Allerdings: Wenn einem ein Imam oder ein anderer Gelehrter weismachen möchte, die Gebete müssten ausnahmslos und in Stein gemeißelt fünf an der Zahl sein, dann spricht er allenfalls die halbe Wahrheit.

Zunächst einmal muss man festhalten, dass das Pflichtgebet in den ältesten Teilen des Korans noch gar nicht erwähnt wird und erst in späteren Suren, den mittelmekkanischen, vorkommt. Der Prophet Mohammed selbst hat dem Koran zufolge (Sure 11, Vers 114) zunächst nur drei Mal am Tag gebetet – zwei Mal tagsüber und ein Mal nachts. Offensichtlich ist die Zahl fünf in diesem Zusammenhang einer späteren Entwicklung geschuldet, wie viele Traditionen, die deshalb keineswegs sakrosankt sein dürfen.

Was ist der Sinn der Wiederholung?

Das Gebet, der gesprochene Koran, ist ein ordnendes Element im Leben des einzelnen Muslims, auch wenn ihm das nicht bewusst sein sollte. In vielen Hadithen wird nämlich unterstrichen, dass Gott dem Gläubigen sinnlich erfahrbar wird, wenn dieser den Koran zitiert. Die göttliche Gnade senke sich dann auf den Vortragenden herab, übrigens auch, wenn er sich verspricht. Denn letztlich kommt es auf die innere Haltung an. Die Rezitation des Korans ist also eine Art Ruf nach göttlichem Segen.

In der Wiederholung, dem »Runterbeten« liegt der rituelle Reiz, zugleich aber auch die Gefahr des Abstumpfens, wie der Autor Nasr Hamid Abu Zaid richtigerweise erwähnt: »Eben diese rituelle und über das mentale Begreifen hinausgehende Bedeutung der Rezitation scheint mir einer der Gründe dafür zu sein, dass sich die Muslime strikt an den Wortlaut des Korans halten und vor einem textkritischen Studium Angst haben.« Sie fürchteten sich instinktiv vor dem Verlust der sinnlichen Erfahrung, die sich nur in der Rezitation und dem Ritual einstelle.

Den Koran Wort für Wort als direkte Rede Gottes zu verstehen: Vertreter dieser Meinung müssen sich dann aber auch fragen lassen, ob ein stumpfes, unhinterfragtes Rezitieren nicht der viel größere Verlust an Glaubensinhalten ist; schließlich hat Gott allen ein Verständigungsorgan, das Gehirn, mitgegeben, mittels dessen die Menschen über die rein vegetativen Funktionen hinaus analysieren können.

Wie Abu Zaid sagt: »Ich liebe es, den Koran laut zu lesen, und ich spüre, dass mir der Reichtum seiner Bedeutung nur in der Rezitation zugänglich ist …, aber gleichzeitig vermag ich den Koran als Literaturwissenschaftler zu studieren und seine sprachliche Struktur ein wenig aufzuschlüsseln.« Die Inhalte des Korans müssen entschlüsselt, gleichsam dekodiert werden – dazu bedarf es mehr als einer monotonen Wiederholung.

Das ist wie Musikhören: sie einfach laufen zu lassen, sich in sie fallen zu lassen, ihrem Klang zu lauschen, ihre Rhythmen wirken zu lassen, ist die eine Sache. Unbenommen davon kann Musik auch intellektuell begriffen werden: ihre Kadenzen, ihre Theorie. Beide Herangehensweisen sind auf ihre Art sinnvoll.

Es kommt auf die innere Zwiesprache zwischen dem Gläubigen und Gott an. Gott schreibt den Gläubigen vor zu beten, aber nicht wie und wie oft. Nichts ist dagegen zu sagen, wenn Menschen in Moscheen fünf Mal am Tag beten – wenn sie Zeit haben. Aber es wäre eine absolute Fehlinterpretation, die Menschen von der Arbeit abzuhalten, um eine willkürlich festgelegte Zahl – fünf Mal am Tag beten – auf Gedeih und Verderb durchzusetzen. Wäre das im Sinne Gottes, wenn man seine Pflichten vernachlässigen würde, nur um einem Ritus blindlings zu folgen?

Die Diskussion um Gebetsräume in Schulen

Die Diskussion entfacht sich in Deutschland vor allem bei Schülern: Der 16-jährige Yunus M. aus Berlin-Wedding, Sohn eines Konvertiten, erstritt vor Gericht, in seiner Schule, dem

Diesterweg-Gymnasium, beten zu dürfen. Die Schulleiterin hatte dem Jungen das Beten verboten, weil sie die Neutralitätspflicht ihrer Schule gefährdet sah. Sie wies auf die Vielzahl der verschiedenen Religionen hin, die sich an ihrer Schule wiederfänden – und unter einen Hut gebracht werden müssten.

Nun kann der Gebetsraum erst einmal geschlossen werden, weil das Oberverwaltungsgericht das frühere Urteil, das ihm recht gab, Mitte 2010 wieder aufgehoben hat.

Hier zeigt sich übrigens, ähnlich wie bei der Burka, ein Missverhältnis zwischen medialer Aufmerksamkeit und wahrer Bedeutung des Themas. Nur an vier weiteren Schulen in Berlin hat es nach dem Urteil verschiedenen Medienberichten zufolge weitere Anfragen wegen eines eigenen Gebetsraumes gegeben, eine verschwindend geringe Zahl. Offensichtlich haben die meisten muslimischen Schülerinnen und Schüler anderes zu tun, als sich um Gebetsräume zu streiten.

Selbstverständlich tobten die islamischen Verbände nach dem Aufhebungs-Urteil und nutzten ihre Chance, ein Thema aufzublasen, das ihnen Aufmerksamkeit beschert: Der Koordinierungsrat der Muslime und sein damaliger Vorsitzender Ali Kizilkaya sahen einmal mehr »die Religionsfreiheit eingeschränkt«, wenn ein Schüler in der Schule nicht öffentlich beten dürfe. Das ist seitens der Ultras eine beliebte Argumentation, sich als Hüter der Religionsfreiheit aufzuspielen.

Die Wahrheit aber ist: Keiner verbietet Schülern ein stilles Gebet, das für die enge Bindung an Gott steht. Keiner verbietet das stille Zwiegespräch. Aber eine Machtdemonstration im neutralen öffentlichen Raum einer Schule ist nicht Teil der islamischen Botschaft. Es reicht völlig, so die Theologin Beyza Bilgin, wenn der junge Mann zwei Mal am Tag betet, und zwar morgens und abends. Wenn er dazwischen ein leises Gebet spricht, ist das auch in Ordnung – solange die Schule als ohnehin konfliktträchtiger Ort in ihrem Betrieb nicht gestört wird. Und es reicht übrigens, dies im stillen Kämmerlein zu tun; natürlich auch im Sitzen oder Liegen. Das Gebet dient der Meditation und dem Gemeinschaftsgefühl.

Der deutsche Orientalist Reinhart Dozy hat bereits im 19. Jahrhundert sehr treffend über die oberflächliche, weil rein formale Art des Betens geschrieben: »Die Türken sind ein Volk, das sehr vollkommen rituelle Gebete ausführt. Aber bei ihren Gebeten darf man nicht zu viel Glauben suchen. Und wie könnte es anders sein? Wenn man gezwungen ist, fünf Mal am Tag zu bestimmten Uhrzeiten freudlos in einer Moscheesprache, also Arabisch, Gebete herunterzubeten, die man nicht so richtig versteht, kann das Gebet von Herzen kommen? Wie kann es dann ein Gebet sein, das vom Innersten kommt?«

Dozy macht auf die inhaltsleere Form des Gebets aufmerksam, das »runtergeleiert« wird: »Für die Türken ist das tägliche rituelle Gebet eine von den täglichen Aufgaben. Da versteht es sich von selbst, dass es vollzogen wird wie die anderen täglichen Aufgaben, wie sich anziehen, essen, schlafen. Es wird einer Gewohnheit gefolgt, die schon immer da war. Ganz gleich, in welchem Zustand sie sind und wie ungünstig dieser Zustand sein mag, das rituelle Gebet wird vollzogen.«

Dann erzählt er ein paar typische kleine Beispielgeschichten, eine davon ist hoch aktuell: »Ein Kaufmann lügt und betrügt, dann leistet er das rituelle Gebet ab, und dann lügt und betrügt er weiter.« Und: »Ein Pascha ist vielleicht gerade dabei, Befehle zu erteilen für eine brutale und grausame Tat, ja vielleicht für einen Mord. Wenn er den Muezzin rufen hört, bereitet er in aller Ruhe seinen Gebetsteppich aus, streichelt über seinen Bart und fängt mit einem ruhigen wie großartigen Gesichtsausdruck zu beten an. Denn sein Gebet und sein Gewissen haben nichts miteinander zu tun, und niemand wundert sich darüber, niemand stört sich daran, jeder leistet zu den Gebetszeiten sein rituelles Gebet ab, und damit hat es sich.«

An der inhaltsleeren Form aus Dozys Schilderung hat sich nichts geändert. Manche Menschen können diese Form nicht überwinden, vielleicht weil sie sich damit davor drücken, sich mit ihrem Glauben inhaltlich zu beschäftigen. Manche haben diesbezüglich zu wenig Sinn für die Qualität der koranischen Botschaft – und dann muss Quantität her: sie hören Radio, während sie beten, lassen den Fernseher laufen, während sie das Gebet herunterspulen und mit dem Herzen eher bei der Spielshow im TV sind. Die Pflicht mag dann äußerlich erfüllt sein, am seelischen Gewinn allerdings mangelt es.

Und der kruden Logik eines rein formalen Betens entspricht die Weigerung, »Kaza« zu praktizieren, das Nachholen des Gebets. Doch wenn man partout nicht beten kann, weil man beispielsweise gerade in der Schule sitzt und etwas fürs Leben lernt, dann kann das Gebet nachgeholt werden.

Beyza Bilgin rät: »Beten Sie so viel, wie Sie sich in der Lage sehen zu beten.« Wichtig ist der Inhalt, nicht die Form. Und deswegen sollte das Gebet auch nicht als »Schuld« angesehen werden, die man in Raten abstottern muss, so als sei Gott der Gläubiger. Das hat nichts, rein gar nichts mit einem innigen Gebet zu tun.

Muezzin und Moschee

Viel Aufregung speziell in Deutschland gibt es um den Ruf zum Gebet, den Muezzinruf. In islamischen Ländern ruft ein Vorbeter – allerdings meist vom Band – die Gemeinde zum Gebet; zum ersten Mal frühmorgens. Zum Sonnenaufgang, aber manchmal auch zu anderer Zeit, wie in dem 1955 erschienenen Roman von Orhan Kemal »Der Gutshof der Herrin«, erzählt wird.

Der Roman spielt in den reichen Baumwollanbaugebieten der Südtürkei. In der entsprechenden Passage versucht die ehemalige Geliebte des Gutsherrn, den Dorfimam zu überzeugen, mit ihr durchzubrennen und in einem anderen Dorf neu anzufangen. Sie hat es satt, sich zu verstecken.

»›Geduld, Geduld‹, sagte der Imam. Ob sie es satt hatte oder nicht, es musste noch eine Zeit lang so weitergehen mit ihnen beiden. Er konnte die Zeit des Anbaus und der Ernte einfach nicht verpassen. Er würde auch dieses Jahr den Muezzinruf nach den Wünschen der Großgrundbesitzer richten, und indem er ihn viel früher rief dafür sorgen, dass die Tagelöhner viel früher aufstanden und dementsprechend länger arbeiteten. Das würde ihm wieder einmal gutes Geld einbringen.«

Ursprünglich diente der Muezzinruf dazu, die Menschen zum Gebet zu wecken. Da heute allerdings jeder Mensch einen Wecker oder ein Handy mit Weckfunktion hat, was die Tagelöhner auf den Baumwollplantagen der Fünfzigerjahre in der Türkei nicht hatten, braucht es den Ruf nicht mehr, es sei denn als Tradition, ähnlich wie das Kirchengeläut. Letzteres verschwand in den vergangenen Jahrzehnten immer mehr, beziehungsweise halten sich die Kirchengemeinden heute damit zurück, ihre Nachbarn allzu früh mit dem lauten Läuten aus den Betten zu werfen.

Für den Muezzinruf sollte Ähnliches gelten: Die Moscheegemeinden sind gut beraten, sich mit ihren Forderungen zurückzuhalten, um Konflikte mit der säkularen, weder übermäßig muslimischen noch christlichen Nachbarschaft zu befeuern. Wie gesagt: In Zeiten des Weckers bedarf es weder des Muezzinrufs noch der Minarette, die dem Muezzinruf dienen.

Minarette zum Menschenrecht (Religionsfreiheit!) aufzublasen, ist völlig überzogen. Minarette waren zweckmäßig, um die Gemeinde in die Moschee zu rufen. Diese Art der Kommunikation ist überholt, wie auch Rauchzeichen, Leuchtfeuer oder Brieftauben in Zeiten von Mail und SMS überholt sind.

Den deutschen und ausländischen Muslimen ist zudem viel zu selten bekannt, dass es aus religiöser Sicht auch keiner Moschee bedarf; das unterscheidet Muslime von den Christen, die eine Kirche benötigen, um Gott nahe zu sein (auch hierüber gibt es natürlich andere Meinungen, je nach Konfession).

Es ist angeklungen, der Islam sei vielleicht die intimste Religion, die intimste Verbindung zwischen Gott und den Gläubigen. Im Islam können die Muslime deshalb überall beten. Eine Moschee hilft lediglich bei der Organisation einer Gemeinde und von deren Zusammenkünften. Alle diese Begriffe entstammen dem arabischen Wort »Cem«, was so viel wie »zusammenbringen« heißt.

Wenn islamische Verbände also so tun, als sei religiöses

Leben ohne Moschee schlichtweg nicht möglich, so ist das platte Propaganda, die nichts mit der Wirklichkeit gemein hat. Dann wird der Moscheeneubau zur bloßen Machtdemonstration, und Politiker, die darauf hereinfallen, machen sich zu Erfüllungsgehilfen der politischen Islamverbände.

Aus religiöser Sicht brauchen wir also keine Moscheen.

Moscheen erfüllen soziale Funktionen, die heute von Kulturzentren übernommen werden. Als Gemeindezentrum haben Moscheen eine Berechtigung. Darum ist eine Grundbedingung die Forderung nach Atmosphäre. Ein Gemeindezentrum dient den Menschen zur Zusammenkunft, sie sollen sich dort wohlfühlen können. Also gibt es ein paar grundsätzliche Anforderungen an Moscheeneubauten:

Eine Moschee muss ihre Stadt architektonisch bereichern und sich in das Stadtbild einfügen. Die Besonderheiten der Gegend, die Größe der umliegenden Gebäude und die Stimmung der Bevölkerung sollten auf jeden Fall berücksichtigt werden. Eine Moschee, die gegen den Willen der Nachbarschaft durchgedrückt wird, eignet sich nicht als friedlicher Ort der Zusammenkunft, der ja durchaus einladenden und interreligiösen Charakter haben sollte.

Als die Vorbereitungen für die große Kölner Moschee von DITIB liefen, gab es eine Jury, in der ein Architekt, ein Moscheebauer aus der Türkei saß. Wie kein anderer in der Jury setzte sich der Mann für eine moderne, ausgefallene Moschee ein – auch weil er sich davon Impulse für die Türkei erhoffte. »Der Moscheebau«, klagte er damals, »ist in der Türkei qualitativ auf einen Tiefstand gefallen. Es gibt einen Prototyp von Diyanet, der in allen Städten und Dörfern gebaut wird. Die Zeit der großen Moscheebauten ist definitiv vorbei. Aber vielleicht könnte sie mit einem bahnbrechenden Bau in Köln wiederbelebt werden.«

Sein Credo »bauen Sie eine Moschee für Ihre Kinder, nicht für Sie selbst« verhallte im Raum. Dabei ging es ihm nicht nur um die Architektur. Er wollte damit sagen: Sorgen Sie dafür, dass Ihre Kinder, deren Heimat Deutschland ist, hier ankommen! Eine moderne Moschee wäre ein großartiges Sinnbild gewesen.

Minarette sind nicht nötig, da keiner mehr den Muezzinruf braucht. Viel sinnvoller sind offene Türen und große Bibliotheken, die – mit neuesten Medien – zum Studium und zu Bildung einladen. Die alevitische Lebensart, Bildung als den besten Gottesdienst anzusehen, ist vorbildhaft.

Selbst für eine Beerdigung ist keine Moschee vonnöten. Vorgeschrieben sind richtiges Waschen und Einkleiden des Verstorbenen in weißes Leinentuch und das gemeinsame Gebet der Gemeinde, die sich so von dem Toten verabschiedet. Das Totengebet ist der zentrale Ritus bei einer muslimischen Beerdigung, und wo keine Moschee vorhanden ist, kann das Gebet sogar in einer Kirche verrichtet werden, wie Beyza Bilgin betont.

Zentral im Gemeindeleben, nicht nur bei Beerdigungen, sozusagen als Seelsorger und »Pfarrer« in einem, fungiert der Imam, der Vorbeter.

Das große Problem: In aller Regel holen die islamischen Verbände ihre Imame aus dem Ausland; diese kennen meist die hiesigen Lebensumstände nur theoretisch oder oberflächlich, sprechen kaum deutsch und sind den Muslimen hierzulande kaum eine Hilfe. Es gibt rühmliche Ausnahmen, natürlich, Imame, die sich um ihre Gemeinde liebevoll kümmern und auch Sozialarbeiter sind. Aber nur die wenigsten sind in der Lage, Antworten auf die Fragen zu geben, die sich gerade für die Jugendlichen in Deutschland stellen.

Interessant ist die Rolle, die die Imame als Träger und Konservatoren einer männlich geprägten Moscheewelt spielen: ihr Weltbild und ihre Kultur der Ehre, der Dominanzanspruch der Männer – alles gelernt in Koranschulen und in Imam-Ausbildungsstätten in der Türkei oder anderen islamisch geprägten Ländern. Allein der Ableger der türkischen Religionsbehörde, DITIB, beschäftigt über 800 Imame in Deutschland. Der Religionssoziologe Rauf Ceylan benennt in seinem Buch *Die Prediger des Islam. Imame – wer sie sind und was sie wirklich wollen* die Urheber jugendlichen Machogehabes: die Imame. Sie sind Schlüsselfiguren im nicht gelingenden Integrationsprozess, so die Schlussfolgerung, und Ceylan hat mit seiner Feststellung recht.

Mittlerweile ist die deutsche Politik auf die Imame aufmerksam geworden; wie immer reagiert sie mit Integrations- und Deutschkursen.

Beides ist ja nicht grundsätzlich falsch – wer Deutsch kann, ist in Deutschland im Vorteil, klar.

Aber es ist eine Lachnummer, tief im patriarchalischen Denken verhaftete Männer mit einem Sprachkurs auf die Höhe der Zeit bringen zu wollen. Welche Wunderkräfte sollen hier wirken? Soll dem Imam, wenn er die deutschen Begriffe »Licht« und »Lampe« kennt, auch ein Licht aufgehen, was Demokratie, Menschen- und Frauenrechte angeht?

Das funktioniert nicht, weil es zu kurz gedacht ist.

Aber auch die wohlfeile Forderung fast aller Journalisten und Politiker, Imame und Islamlehrer sollten an deutschen Universitäten ausgebildet werden (das an sich sei schon ein Beitrag zur Integration), hinterlässt einige Fragezeichen.

Der Versuch, einen Lehrstuhl zu etablieren, an dem Islamlehrer ausgebildet werden, ist mit dem Münsteraner Islamwissenschaftler Sven Kalisch schließlich gescheitert. Kalisch, der mit kontroversen Thesen über die Existenz des Propheten Mohammed bei den Mitgliedsverbänden des Koordinierungsrates der Muslime in Ungnade gefallen war, hat sich mittlerweile entnervt vom Islam abgewendet. Der Kleinkrieg mit den Islamverbänden hatte ihn weichgeklopft.

Jetzt hat der Wissenschaftsrat Empfehlungen abgegeben, die in der Einführung des Fachs »Islamische Studien« münden. Dieses Fach soll bekenntnisorientiert sein, also wie die katholische und evangelische Theologie, verbietet sich aber den Titel »Theologie«, um die Unterschiede zur christlichen Lehre trennscharf zu betonen.

Man sollte den neuen Studiengang jedoch besser »Theologie« nennen, um deutlich zu machen: Es handelt sich hierbei um genuine Fragen des Glaubens, sprich der Theologie: Was ist richtig und was ist falsch hinsichtlich des islamischen Glaubens? Das islamische Recht hingegen, das bis heute in den islamischen Ländern innerhalb der Ausbildung von Religionslehrern eine Rolle spielt, würde damit ganz klar untergeordnet; so sollte es sein in Deutschland, wo das islamische Recht keine Bedeutung haben kann.

Die schon lange an deutschen Unis gelehrte »Islamwissenschaft« beschäftigt sich dagegen mit den analytischen Einsichten, mit Zuständen und Mechanismen des Islam und der islamischen Welt im Orient, aber auch – stiefmütterlich – in Teilen Fernosts. Islamwissenschaften und Islamische Studien könnten sich im besten Fall gegenseitig auf die Sprünge helfen, etwa indem Dogmen der Theologie mit analytischen Instrumenten der Islamwissenschaften hinterfragt werden. Allerdings, Theologie ist in ihrem Wesen, wie schon Immanuel Kant treffend feststellte, inhaltlich an Ansichten gebunden, die von außen vorgegeben und wissenschaftsfremd sind.

Doch jetzt kommt der Knackpunkt: Nach den Vorschlägen des Wissenschaftsrates sollen »kompetente« Beiräte an den Universitäten eingerichtet werden, die das Fach, wie auch immer, inhaltlich begleiten. An diesen Beiräten sollen Repräsentanten der islamischen Verbände teilnehmen und auch nicht organisierte »muslimische Persönlichkeiten des öffentlichen Lebens«.

Wer soll also inhaltlich an den Lehrplänen mitwirken? Wie schaffen wir es, offene Wissenschaftler auszubilden? Wissenschaftler, die sich auch offen gegenüber extremeren Positionen, wie denen Kalischs, zeigen und den wissenschaftlichen Diskurs annehmen?

Ein Lehrstuhl-Mitarbeiter in Deutschland (er möchte seinen Namen nicht in einem Buch sehen) beklagt sich beispielsweise über die Ignoranz vieler seiner Studierenden, die in Seminaren sitzen und von der europäischen Geistesgeschichte so gar nichts wissen wollten. Dass Orient und Okzident, Islam, Christen- und Judentum in früheren Zeiten einen regen Austausch pflegten, interessiere sie nicht; dass zu einer wissenschaftlichen Perspektive auch der berühmte Blick über den Tellerrand gehöre – auch das interessiere sie nicht. Der Lehrstuhlmitarbeiter, selbst Islamwissenschaftler, zeigte sich im Gespräch zunehmend genervt über die ignorante Perspektive seiner Studierenden.

Wenn schon Studenten der Islamwissenschaften – die eigentlich einen objektiveren Blick auf den Glauben haben sollten – die nötige Weitsicht vermissen lassen, wie wird das bei den Theologie-Studenten sein, die für den Religionslehrer- und Imamberuf ausgebildet werden sollen?

Die Frage steht und fällt mit dem Einfluss der islamischen Verbände auf die Curricula; der Kalisch-Nachfolger Mouhanad Khorchide, der den glücklosen Konvertiten am Lehrstuhl für Religionspädagogik an der Universität Münster beerbt hat, sitzt hier auf einem Pulverfass, das jederzeit in die Luft fliegen kann, wenn der Islamrat oder der Zentralrat der Muslime die Zündschnur anzündet. Denn seine liberaleren Ansichten und seine Absichtserklärung, den Koran hermeneutisch, also textkritisch interpretieren zu wollen, sind den Islamverbänden ein Dorn im Auge. Und die islamischen Verbände drohen regelmäßig, keine Imame in ihren Moscheevereinen anzustellen, die ihrer Meinung nach an zu liberalen Fakultäten ausgebildet worden sind.

Wo soll das hinführen?

Der Staat muss hier klare Unterstützung leisten und den Einfluss der konservativen Verbände überwachen. Er sollte zudem Freiräume schaffen für die Fortschrittlichen, damit aus deren Reihen die nächste Generation der Religionslehrer und Imame erwachsen kann. Dies ist allerdings nur möglich, wenn sich die Fortschrittlichen schon jetzt frei äußern und genügend Anhänger um sich scharen dürfen, die ebenfalls keine Angst mehr haben, sich öffentlich zu äußern. Ist es nicht ein übles Zeichen, wenn sich Universitätsmitarbeiter nicht trauen, öffentlich über Missstände zu berichten, aus Angst vor Bedrohungen?

Wenn es eines Tages einen jungen Imam geben sollte, der sich offen zu seiner Homosexualität bekennt und dennoch Kinder den Koran lernen lässt, ohne sie mit einem Stock in der Hand zum Auswendiglernen der Verse »zu animieren«, und der mit ihnen über die erste Liebe und den Stress mit den Eltern spricht, dann haben wir es geschafft.

Wie sagte der Münsteraner Islampädagoge Khorchide? »In den Moscheen wird zwar ausgiebiger Religionsunterricht erteilt. Aber diese Angebote sind meistens nicht jugendorientiert. Sie sind meistens dogmatisch und predigen einen Islam, mit dem viele Jugendliche nicht viel anfangen können. Sie wollen keine Religion, die ihnen Restriktionen auferlegt. Stattdessen wünschen sie sich eine Religion, die für sie da ist, die Verständnis für ihre Anliegen hat.«

Um für diese Aufgabe kompetent zu sein, bedarf es mehr als Deutschunterricht und Integrationskurse.

Überhaupt fragt man sich, was die Aufgaben eines Imams sind: Zuerst ist der Imam für die klassischen seelsorgerischen Aufgaben zuständig – und er führt die wichtigen traditionellen Rituale durch, wie Heirat und Beerdigung. Je mehr sich die Gemeindemitglieder jedoch ihrer eigenen Selbstständigkeit und Vernunft bewusst werden, desto weniger werden sie den Einfluss des Imams darüber hinaus akzeptieren. Der Anspruch mancher Imame, ihren »Schäflein« bis ins private Schlafzimmer hinein Vorschriften zu machen, wird sich dann von selbst erledigen.

Eine andere Frage bleibt ebenfalls ungelöst: Warum dürfen Frauen keine Imame sein? (Hier reichen sich Muslime und Katholiken in beiderseitigem Einverständnis die Hand.)

Eine schlüssige Antwort gibt es nicht, denn sogar zu Zeiten des Propheten Mohammed fungierten Frauen als Vorbeterinnen, wenn auch nur zu Hause. Diese Sitte wurde leider nach dem Tod des Propheten nicht mehr weitergeführt, als begonnen wurde, das Patriarchat weiter auszubauen.

Es kommt bei der Berufung eines Imams auf das Wissen an – und nicht auf das Geschlecht. Beyza Bilgin, die in einer

Moschee in Ankara selbst schon als Vorbeterin predigte (wenn auch leider »nur« vor Frauen), sagte im Juni 2010 im Nachrichtensender »ntv«: Es ist aus theologischer Sicht absolut selbstverständlich, dass auch Frauen Vorbeterin sein können.«

Was heißt das für Deutschland, wo wir ja derzeit so tun, als sei die Frage der Imame der Knackpunkt bei allen Integrationsfragen?

Frauen dürfen Theologie studieren. Sie dürfen ihr Wissen als Lehrerinnen weitergeben, oder sie dürfen als »Frauenvorbeterin« predigen, aber nicht als volle Imamkraft. Wenn aus theologischer Sicht keine Bedenken existieren, dann sollten weibliche Imame möglich sein. Solange sich noch keine Moscheegemeinde findet, die den Mut aufbringt, sollte der Staat vorangehen: Warum nicht Frauen als Militärseelsorgerinnen, Krankenhaus-Imaminnen, in Gefängnissen und Jugendeinrichtungen staatlicherseits beschäftigen?

Im Lauf der Zeit, wenn sich die Menschen mehr und mehr an weibliche Imame gewöhnt haben, wird sich auch eine Gemeinde finden, die mutig den ersten Schritt wagt.

Hier kommen die liberalen Muslime ins Spiel: Wenn es ihnen gelingt, eine Gemeinde zu gründen, die ihren fortschrittlichen Grundsätzen folgt, dann könnten sie auch eine weibliche Imamin beschäftigen. Als Vorbild, als die personifizierte Neuerung im europäischen Islam.

Zakat – die Almosensteuer

Die Almosensteuer ist die dritte Säule des Islam: sie ist die Verpflichtung für jeden gläubigen, gesunden und finanziell ausreichend ausgestatteten Muslim, Arme zu unterstützen.

Alle drei abrahamitischen Religionen lehren Solidarität zum Menschen und vor allem zum Mitmenschen. Einzig der Islam predigt nicht nur freiwillige Almosen, sondern wünscht sogar eine obligatorische Steuer.

Diese Almosensteuer soll vor allem den Armen und Bedürftigen zugute kommen, den Schuldnern, die ohne eigene Schuld in Schwierigkeiten sind, den Sklaven, die sich loskaufen wollen, den freiwilligen Glaubenskriegern sowie den mittellosen Reisenden (Sure 9, »Die Reue«, Vers 60). Damit passt der Begriff Armensteuer, wie manchmal gesagt wird, nicht so recht, denn eigentlich handelt es sich um eine waschechte Sozialabgabe. Über die Höhe der Steuer gibt es keine genauen Angaben, je nach Einkunftsart und Besteuerungsgrundlage (Feldfrüchte oder Edelmetall) liegt die Steuerquote im Mittel bei 2,5 Prozent.

Natürlich stand hinter dem Sozialprogramm der frühen Muslime auch ein Erziehungsprogramm, das den Gläubigen Dankbarkeit für die Güte, die der Schöpfer ihnen entgegenbringt, verordnete und zudem die Gemeinschaft durch Solidarität stärkte. Vor allem jedoch war die Zakat eine großartige und sehr notwendige Neuerung in einem Wirtschaftssystem, das zu Zeiten des Propheten keinerlei Mechanismen zur Bekämpfung der Armut und materiellen Unfreiheit bereithielt. Die freiwillige, aber dennoch obligatorische Sozialabgabe sollte die Armut der Armen reduzieren und den Reichtum der Reichen beschränken. Zusammen mit dem Zinsverbot und dem islamischen Stiftungswesen war die Zakat somit ein wichtiger Teil einer islamischen Wirtschaftsreform.

Aber alles zu seiner Zeit: Die Sozialabgabe ist zwar heute noch in Teilen der Welt nötig, wie auch der Theologe und Islamkenner Hans Küng in seinem Buch *Der Islam* schreibt: »Sie wäre auch heutzutage dringend nötig in Ländern, in denen soziale Sicherungssysteme fehlen.« Deutschland hat jedoch eines der höchstentwickelten Sozialsysteme mit Steuer- und Abgabenfinanzierung, sodass die Zakat in diesem Sinne nicht mehr notwendig ist.

Dennoch: Das dahinterstehende Menschenbild von Solidarität mit den Schwächeren ist ein zeitloser ethischer Wert, den man getrost als die Zeiten überdauernden Kern des Islam wie auch der meisten anderen Religionen beschreiben kann. Ihn in die modernen Zeiten zu übertragen, ist die wahre Herausforderung der Gläubigen und der islamischen Experten.

Neue Wege für Solidarität zu finden in einer geänderten Umgebung, die nicht mehr den Stammestraditionen der Arabischen Halbinsel vor 1400 Jahren folgt, ist die große Transferleistung. In Deutschland ist diese Debatte ein Dauerbrenner, gleichwohl es keine abschließenden Antworten geben kann. Ein modernes Sozialethos geht sicherlich über das Zahlen eines Beitrags hinaus, sei es in Form eines Solidaritätszuschlags, von Renten- und Arbeitslosenversicherungen oder Steuern. Im Sinne des Solidargedankens der Almosensteuer müsste man vom heutigen Standpunkt aus auf jeden Fall das Ehrenamt und bürgerschaftliches Engagement dazuzählen. Das würde jetzt aber den Rahmen sprengen.

Eines ist allerdings bedenklich: Es gibt die Unsitte, dass Muslime in Deutschland Steuern hinterziehen, um islamischen Organisationen Geld zu spenden. Das sagen Muslime offen; sie verbinden damit die Hoffnung, über die Verwendung ihrer Gelder mitbestimmen zu können, in Zweckgebundenheit sozusagen. Die Organisationen unterstützen diese Haltung hinter vorgehaltener Hand mit der Bemerkung: »Du bekommst das Geld zur Hälfte sowieso wieder nach der nächsten Steuererklärung zurück.« Das zumindest berichten Muslime im vertraulichen Gespräch.

Ist das vielleicht sittlich? Ist das »halal«, also im islamischen Sinne erlaubt? Steuern gehören zum Bürgersein dazu, schließlich profitieren die Menschen von den Kindergärten, Schulen und Straßen, die durch die Steuergelder finanziert werden. Darüber hinaus sorgt der Staat in vielen Fällen für Transfer- und Sozialleistungen, wie Sozialhilfe und Kindergeld, die auch teilweise steuerfinanziert sind. Wer hier also Leistungen des Staates, in welcher Form auch immer, in Anspruch nimmt, zugleich jedoch Steuern hinterzieht, handelt »haram« und niemals rechtens.

Das Problem ist die Doppelmoral, die hinter diesen kleinen Betrügereien steht. Eine kleine wahre Geschichte dazu aus der Türkei: Ein Mann ließ sich einen richtigen Wasseranschluss legen, um sich »legal« mit bezahltem Wasser rituell waschen zu können. Mit der Begründung, beim religiösen Ritus solle alles mit rechten Dingen zugehen. Andererseits versorgte er sich bei allen anderen Verrichtungen mit Wasser, das er aus einer angezapften Leitung stahl, um Geld zu sparen. Was ist daran wohl islamisch?

Saum – das Fasten

Die vierte Säule ist das Fasten, Saum, eine Art Bußwerk, vergleichbar mit den Fastentagen der katholischen Kirche.

Fasten ist bei Christen, Juden und Muslimen Ausdruck von Buße und Tilgung der Sünden, zur Bekämpfung oder zumindest zeitweiligen Ruhigstellung der Triebe und zur Förderung der Frömmigkeit.

In der Geschichte der christlichen Kirchen gibt es ein Auf und Ab der Fastenintensitäten. Für Karfreitag und Karsamstag führte die Kirche schon früh ein volles Fasten ein, später wurde es auf eine ganze Fastenwoche ausgedehnt. Seit dem Zweiten Vatikanischen Konzil muss der Katholik nur noch Aschermittwoch und Karfreitag fasten – wobei einer Umfrage des Meinungsforschungsinstituts Emnid zufolge ohnehin nur noch 13 Prozent der Deutschen überhaupt fasten.

Die Protestanten haben das Fasten ganz eingestellt. Allerdings gibt es hier in letzter Zeit die Tendenz, die vorösterliche Passionszeit zum freiwilligen Konsumverzicht zu nutzen, um ein Zeichen gegen die übermächtige Konsumgesellschaft zu setzen.

Aus ähnlichen Gründen fasten auch Muslime, allerdings ein wenig länger, ein wenig härter, ein wenig konsequenter.

Es geht nicht nur wie beim Christentum um ein Weniger-Essen oder einen Verzicht auf bestimmte Speisen. Keine Speisen und Getränke, kein Rauchen und Geschlechtsverkehr von Sonnenaufgang bis Sonnenuntergang. Nicht einmal das Ausspülen des Mundes nach dem Zähneputzen soll erlaubt sein.

Der Monat heißt Ramadan und dauert 29 bis 30 Tage. Das ist

der neunte Monat im islamischen Mondkalender, und deshalb wandert der Ramadan auch durch den ganzen Jahreskreis. Der Mondkalender fällt wegen des kürzeren Mondjahres mit jedem Sonnenjahr um elf Tage zurück, sodass der Ramadan jedes Jahr um etwa elf Tage früher beginnt und als Fastenmonat in jede Jahreszeit fallen kann. Inklusive Hochsommer natürlich.

Der Ramadan ist übrigens keine puritanische Zeit der Buße, in der die Muslime mit sauertöpfischem Blick durch die Straßen wandeln und nach Wasser dürsten. Er ist eine Zeit des Feierns, denn nachts nach Sonnenuntergang sind die Fastenden frei von Zwang und können essen und trinken, rauchen und tun, was am Tage verboten ist. Es wird viel gegessen, meist mehr als sonst, die Abendessen sind gemeinschaftliche Events, und am nächsten Tag kann ausgeschlafen werden, was das Fasten natürlich erheblich erleichtert.

Der Ramadan ist eine Zeit des Feierns und ein Symbol der Einheit für alle Muslime auf der Welt, die sich sonst gar nicht so grün sind.

In Deutschland – und überhaupt in den westlichen Industrie- und Dienstleistungsländern – tickt die Uhr nicht mit dem Mondkalender, was die Fastenden natürlich vor große Probleme stellt. Den ganzen Tag über nichts zu essen und vor allem nichts zu trinken, schwächt den Körper, sorgt für Konzentrationsschwierigkeiten und drückt die Stimmung. Wenn die Arbeit morgens beginnt, mag noch alles in Ordnung sein. Schwierig wird es, wenn die Kolleginnen und Kollegen mittags zur Kantine wandern, um zu essen und trinken. Schwieriger wird es, wenn der Nachmittag eingeläutet wird und man noch immer nichts zu sich nehmen darf, auch wenn der Mund mittlerweile schon ausgetrocknet ist. Das größere Wagnis, noch dazu im heißen Hochsommer, der auch in Deutschland lang und trocken sein kann, ist der Verzicht auf Wasser. Ein besonders ungesundes Unterfangen.

Das strikte Fasten in unseren Breitengraden ist ein Tanz auf Messers Schneide. Kreislaufprobleme und Unkonzentriertheit sind noch die kleineren Widrigkeiten.

Leider unterschlagen manche Imame ihren Gläubigen, für wen das Fasten keine Pflicht ist: für Kinder zum Beispiel, Kranke, Frauen, die ihre Menstruation haben, Schwangere und Reisende. Viele von denen, die nicht fasten müssen, wissen nicht um ihre Sonderstellung.

Gefährlich wird es bei Schwangeren: Schwangere Frauen, die während des Ramadan fasten, haben sogar ein erhöhtes Risiko, Frühchen mit geistigen Behinderungen zur Welt zu bringen. Zwar gestattet der Islam Ausnahmen, wenn die Gesundheit des Kindes oder der Mutter gefährdet ist. Umfragen, über die das Nachrichtenmagazin *Der Spiegel* berichtete, deuten jedoch darauf hin, dass die Mehrheit der muslimischen Schwangeren sich an die Fastenzeit hält. US-Forscher von der Columbia University haben dazu statistische Daten aus den USA, Irak und Uganda ausgewertet und stellten fest, dass der Schaden für die Kinder dann am größten ist, wenn die Fastenzeit in eine frühe Phase der Schwangerschaft fällt. Insgesamt hätten die Kinder von fastenden Müttern ein um 20 Prozent erhöhtes Risiko, in späteren Jahren an Lernschwäche und geistigen Behinderungen zu leiden.

Gefährlich wird das Fasten auch, wenn Leistungssportler daran festhalten: Der Cheftrainer eines deutschen Profifußballvereins berichtete von einem seiner Spieler, der als Muslim streng fastete. Tagsüber stand er weiter auf dem Platz, nahm an den Trainingseinheiten teil und fand sich auch am Wochenende pünktlich zu Spielbeginn ein. Die Mediziner rieten dem Trainerstab, dem Spieler für die Zeit des Ramadans zumindest einige Trainingseinheiten zu ersparen, um keine weitere Gefährdung seiner Gesundheit zu riskieren.

Der Fußballtrainer wollte zeigen, wie viel interkulturelles Verständnis er aufbringen konnte, was er für absolut notwendig hielt – also folgte er den Ratschlägen der Mediziner und gab dem Fußballer frei. Seine Absicht dabei war sicherlich richtig und gut: er wollte dem Spieler eine Brücke bauen und Streit vermeiden.

Was ihm gründlich misslang. Die anderen nichtmuslimischen Spieler waren sauer, weil sie auch im Regen auf den Platz mussten und der muslimische Spieler nicht. Und der Angesprochene war sauer, weil es ihm überhaupt nicht in den Kram passte, wegen einer Vorzugsbehandlung plötzlich dort zu stehen, wo sich keiner gerne sieht: am Rande, als Buhmann der Mannschaft.

Als Leistungssportler ist es absolut notwendig, dem Körper alle benötigten Nährstoffe regelmäßig zukommen zu lassen, auch in der Fastenzeit. Statt sich also halb tot zu fasten (was hätte Gott davon?), sollte der Spieler darüber nachdenken, ob er den ethischen Kern des Fastens – Muße, innere Einkehr durch Konsumverzicht – nicht auch durch eine weniger strikte Auslegung erleben könnte.

Übrigens hat der Zentralrat der Muslime aufgrund einer Fatwa, einem Rechtsgutachten, im Juli 2010 zum Glück der Profifußballer ein Stück weit Vernunft walten lassen, indem er Bundesliga-Fußballern erlaubte, das Fasten zu unterbrechen. Die Kairoer Al-Azhar-Universität hatte das Gutachten im Auftrag des Zentralrats erstellt, nachdem dieser Gespräche mit der Deutschen Fußball-Liga und dem Deutschen Fußball-Bund geführt hatte. Zur Begründung: Wenn Fußball seine einzige Einkommensquelle ist und wenn er im Monat Ramadan die Fußballspiele bestreiten muss und das Fasten Einfluss auf seine Leistung hat, dann darf er das Fasten brechen.

Aber warum soll es nur Ausnahmen für Fußballstars geben? Was ist mit den Bauarbeitern, die bei sengender Sonne auf den Autobahnen arbeiten? Oder den Stahlarbeitern, deren Wasserbedarf bei neun Litern am Tag liegt?

Ein Journalist berichtete, dass diese Meldungen des Zentralrats so oder so ähnlich fast ein Mal im Jahr über die Nachrichtenagenturen geschickt werden. Offensichtlich steckt dahinter also ein mehr oder minder geschickter PR-Schachzug, um in die Medien zu kommen.

Es ist nicht gut, zu viele falsche Zugeständnisse an angeblich kulturelle oder religiöse Normen zu machen. Vielleicht zeigt man seinen guten Willen und hat ein besseres Gewissen, andererseits beschwört man nur Good-will-Konflikte herauf, die nicht sein müssten. Strukturen, die nicht zueinander passen, wie Leistungssport und Vollfasten, werden auf diese Art und Weise nur künstlich befestigt und in Beton gegossen.

Muslime leben auf der ganzen Welt, auch in Ländern, in denen im Sommer die Tage sehr lang sind, wie in Schweden zum Beispiel. Deshalb sollte man umdenken: Das Fasten könnte etwa zeitlich in einen Wintermonat gelegt werden, wenn die Tage kürzer sind, wie die Theologin Beyza Bilgin vorschlägt. Wer hätte etwas davon, wenn sich die Fastenden krankschreiben lassen müssten, weil sie das Fasten in der Sommerhitze körperlich überfordert?

Da es auf den Verstand ankommt und die inhaltliche Zielrichtung des Fastens Spiritualität, Maßhalten und Nachvollzug von Armut und Leiden ist, wäre es stattdessen auch möglich, vielleicht nur ein paar Tage zu fasten, wie dies manche Muslime ohnehin schon tun. Oder nur am Wochenende. Es geht beim Fasten doch darum, den Hunger zu spüren und an die Hungernden der Welt zu denken. Und darum, sich selbst unter Kontrolle zu halten, den Willen über den Körper siegen lassen. Schließlich unterscheidet diese Fähigkeit den Menschen vom Tier.

Wer sich nicht in der Lage sieht zu fasten, hat immer noch die Möglichkeit zum Ausgleich: eine Armenabgabe an eine wohltätige Organisation. Credo dieser Armenabgabe: Für jeden nicht gefasteten Tag soll ein Armer satt werden.

Hadsch – die Pilgerreise nach Mekka

Die letzte der fünf Säulen ist die Hadsch, die große Pilgerreise in das religiöse Zentrum des Islam, nach Mekka in Saudi-Arabien. Mekka, die Stadt, die nur von Muslimen betreten werden darf, ist dabei das Symbol für die Einheit der islamischen Gemeinschaft, der Umma. Jede Moschee der Welt sollte eine Gebetsnische haben, die in Richtung Mekka zeigt. Mekka wurde so zur Mutter aller Städte (umm al-qura), ein heiliger und unverletzlicher Ort. Die Hadsch ist so etwas wie das verbindende Element aller Muslime weltweit.

Jeder erwachsene Muslim sollte diese Wallfahrt ein Mal in seinem Leben unternehmen, auch wenn de facto nur ein kleiner, vermögender Teil dazu in der Lage ist. Die Reise ist dabei alles andere als eine bequeme Pauschaltour mit Luxusambiente. Sie bringt einige Erfordernisse mit sich:

Zunächst muss sich der Muslim der reinen Lehre nach in einen besonderen Weihezustand bringen; das tut er, indem er sich in ein weißes, ungesäumtes Gewand kleidet, das Rasieren und Kämmen einstellt, kein Parfüm mehr verwendet, den Geschlechtsverkehr einstellt und allenfalls Sandalen trägt. Des Weiteren muss eine Vielzahl an Ritualen exakt vollführt werden, zum Beispiel der Besuch der Kaaba in der Zentralmoschee von Mekka mit ihrem siebenmaligen Umschreiten. Darüber hinaus gibt es noch verschiedene Varianten der Hadsch.

Wie auch im Christentum gibt es im Islam eine Art Katechismus, das sind die Ilmihal-Bücher. Darin wird deutlich, dass nur diejenigen auf Hadsch gehen sollten, die sich gesundheitlich und finanziell dazu in der Lage sehen (sowie schuldenfrei sind). Die Reiseroute sollte zudem auf sicherem Wege liegen, das heißt keiner sollte Leib und Leben aufgrund von Kriegen gefährden.

Im westlichen Fernsehen ist die Kaaba meist nur zu sehen, wenn durch eine Massenpanik wieder Menschen sterben. Unter diesem Gesichtspunkt erscheint die Wallfahrt natürlich skurril (wie auch, wenn über Schiiten im Iran berichtet wird, meist nur die merkwürdig anmutenden Szenen der Selbstgeißelung den Weg ins Fernsehen finden). Für gläubige Muslime ist die Hadsch allerdings Lebensziel und die wichtigste Gelegenheit zu innerer Einkehr und religiös-spiritueller Grundhaltung, bis hin zu einer völligen Abwendung von der Welt.

Die Organisation der Pilgerfahrt ist mit zunehmenden Teilnehmerzahlen eine besondere Herausforderung des saudi-arabischen Königshauses als Schutzherren der heiligen Stätten.

An den wesentlichen Bestimmungen hat sich jahrhundertelang nichts geändert, und das ist auch nicht unbedingt notwendig. Für religiöse Menschen kann die Hadsch ein Erlebnis sein – aber auch hier gilt: Wichtiger als die Form ist der Inhalt.

Deswegen sollten manche Riten und Formen überdacht werden.

Wesentlicher Bestandteil der Pilgerreise ist nämlich das Tieropfer von Schafen, Ziegen oder Kamelen. Den Tieren wird dabei in Richtung Kaaba die Kehle durchschnitten, was bei einer Million Pilger innerhalb einer Stunde Hunderttausende Tiere das Leben kostet. Beim nachfolgenden Opferfest wird das Fleisch der Tiere verteilt und gegessen. Danach kann man sich rasieren, die Haare schneiden und neue Kleider anziehen. Das Opfertier wird übrigens in drei Teile aufgeteilt: ein Teil für die Armen, ein Teil für die Besucher, ein Teil für die Familie. Früher diente die Opferschlachtung der Ernährung der Pilger, was sich natürlich im heutigen Mekka nicht mehr bewerkstelligen lässt; also wird Fleisch vergeudet.

Anders verhält es sich, wenn das Fleisch gegessen wird. Beyza Bilgin erzählte von einer Putzfrau, die bei ihr gearbeitet hatte: Fadime kaufte sich in der Türkei regelmäßig ein Lamm, das sie bis zum Opferfest großzog. Dann schlachtete sie das Tier, zündete an drei Stellen ein Feuer an und fütterte symbolisch mit je einem Löffel des Fleisches drei Leute; der Rest des Fleisches war für sie und ihre Familie, mit dem sie mehr oder minder das ganze Jahr auskommen mussten.

Es geht also vornehmlich um die Symbolik der Handlung. Die Frau, die das Tier füttert und großzieht, zeigt mit ihrer Fürsorge symbolisch, dass sie an Gott denkt. Keineswegs geht es darum, auf Biegen und Brechen Geld, das nicht jeder hat, für ein Opfertier auszugeben.

Die Welt der Geschlechter

Am Anfang war die Moral

Nach der Erläuterung der fünf Säulen, des Zentrums der rituellen Glaubensausübung, ist es sinnvoll, nach dem Zweck und der Aufgabe des Islam zu fragen. Was steht inhaltlich im Mittelpunkt dieser großen Weltreligion?

Dazu ein kurzer Blick auf Religion allgemein, denn seit jeher sind sich die Gelehrten über die Aufgabe von Religion uneinig.

Wahrscheinlich gibt es nur wenige Themen, über die im Laufe der Jahrhunderte so viel gestritten und Kontroverses geschrieben wurde. Ganze Wissenschaftszweige haben sich an dieser Frage abgearbeitet, darunter Religionssoziologie, Religionsgeschichte, Religionsethnologie, Religionspsychologie, Religionsphilosophie.

Sie alle haben nur eines gemeinsam: sie wollen ergründen, warum der Mensch glaubt. Und warum sich Religionsthemen trotz aller Fortschritte und Meilensteine in den Naturwissenschaften und Geisteswissenschaften noch immer so gut halten – oder um es in der wirtschaftsdurchtränkten Sprache der heutigen Zeit zu sagen: warum sich Religionsthemen so gut verkaufen.

Die Bandbreite der Erklärungsansätze reicht von psychologischen, die, wie Sigmund Freud, Religion als neurotisches Verhalten zu erklären suchten, bis hin zu ontologischen Erklärungen, wonach zum Wesen des Menschen eine gewisse Spiritualität gehöre. Neue Erklärungen versuchen sich über neurologische und medizinische Ansätze des Gehirnaufbaus und der Genetik dem Phänomen zu nähern. Warum Menschen glauben – eine letztgültige Antwort wurde noch nicht gefunden.

Dass Religion aber soziale Strukturen und Gemeinschaften festigen kann, ist eine plausible Feststellung, die auf den Urvater der Religionssoziologie, Émile Durkheim, zurückgeht. Ein anderer großer Soziologe, Clifford Geertz, hat in den Siebzigerjahren darauf hingewiesen, dass Menschen die Welt, in der sie leben, in einer Religion abbilden, um den schnöden Alltag mit einer kosmischen und göttlichen Ordnung zu verbinden. Das gibt dem Alltag Kontinuität und etwas Sinnstiftendes. Es erleichtert den Menschen, an das zu glauben, was er tut. Die wichtigste aller Aufgaben von Religion war und ist daher, bestimmte Gesellschaftsregeln symbolisch aufzuladen, damit die Menschen sie eher befolgen.

Im Zentrum dieser religiösen Funktion steht die Moral. Moral ist nach Philipp Wiesehöfer (in seinem Buch *Werte und Normen*) der Inbegriff aller anerkannten geschriebenen und ungeschriebenen Normen und Werte, der Sitten und Gewohnheiten einer Gesellschaft oder Gruppe, nach denen die Menschen sowohl ihr individuelles Leben ausrichten als auch das soziale Miteinander gestalten. Moral ist etwas, das verändert werden kann und laufend wird. Was heute moralisch einwandfrei ist, kann morgen unmoralisch, gar verwerflich sein, und andersherum funktioniert es natürlich genauso.

Die meisten Staaten der Welt, vor allem die westlichen Demokratien, regeln das Gros der moralischen Fragen heutzutage in ihren Zivil- und Strafgesetzbüchern.

Du darfst nicht stehlen – sonst blüht dir eine Anzeige.

Du darfst nicht betrügen – sonst blüht dir möglicherweise eine Strafverfolgung.

Und töten darfst du schon gar nicht – es droht Gefängnis, und Mord verjährt nicht.

Gerade weil diese im Kern amoralischen Delikte von den weltlichen Behörden verfolgt und bestraft werden, hat die Religion hier kaum noch etwas zu sagen. Diese Felder sind sozusagen beackert und bedürfen keines Gottes.

Bleibt also noch das große moralische Themengebiet, für das sich Staat, Behörden und Gesetze viel seltener interessieren, sodass die Religionen sich auf diesem Feld besonders tummeln: die Moral der Geschlechter.

Zugespitzt: Die meisten Religionen der Welt kümmern sich den lieben langen Tag darum, Fragen der Geschlechter-Moral zu regeln.

Dazu gehören sämtliche Fragen rund um Frauenbild und Männerrollen:

- Ehre, Sex und Zuneigung.
- Ehe, Verlobung und Scheidung.
- Kinderkriegen, Abtreibung und Erziehung.
- Hetero-, Homo- und sonstige Sexualitätsneigungen.
- Prostitution, Perversion und die Frage, was eigentlich alles erlaubt sein soll.
- Künstliche Befruchtung, Samenbank und Leihmutterschaft.
- Kopftuch, Karriereknick und Koedukation.
- Beschneidung, Initiation und andere Riten.

Es ist eine Sisyphusarbeit, in Religionen alleine danach zu forschen, welche Regeln auf Versuche zurückgehen, das Geschlechterverhältnis zu ordnen. Verbote alleine reichen dazu nicht aus, das wissen auch die Experten der verschiedenen Religionen, die seit Jahrhunderten an ethischen und moralischen Verhaltenscodes feilen.

Zu einfachen Regeln gehört vor allem eine ethisch-moralische Grundhaltung, die Kindern von der Wiege auf anerzogen wird und die sie ein Leben lang begleitet.

Zu wissen, was gut und richtig ist in Sachen Sexualität und Partnerschaft – das ist seit Jahrtausenden die Grundaufgabe von Religion. Mit durchaus pragmatischen Gründen: Geburtenkontrolle, Verhinderung von Krankheiten oder deren Weiterverbreitung (darum ist die Haltung der katholischen Kirche zu Verhütungsmitteln überhaupt nicht zu verstehen), Weiterbestand der Population durch Kopulation! Im Zentrum: die Geburtenkontrolle. Auch für den Weiterbestand der eigenen

Sippschaft und Religionsgemeinschaft ist die Geburtenkontrolle eine ganz wichtige Aufgabe von Religion.

Doch die Moral als Regelkatalog ändert sich mit dem Wandel der historischen Rahmenbedingungen.

Das Almosen an Arme gehört heute nicht mehr zum moralischen Tugendkatalog, weil Deutschland ein differenziertes Sozialsystem hat, das die Funktion der Almosen auf andere Art regelt. Die Ethik dahinter – und jetzt kommt der Unterschied zwischen Moral und Ethik – bleibt hingegen unverändert: Solidarität mit den Schwächeren. Wenn man so will, kann man Ethik als Reflexionsstufe der Moral bezeichnen; als Wissenschaft von den Normen und Werten fragt diese nach deren Ursprüngen und Begründungen. Ihr geht es um die Prinzipien moralischen Verhaltens und darum, einen letztgültigen Maßstab für die Beurteilung des Handelns zu finden, wie Philipp Wiesehöfer in seinem Buch befindet.

Hierin liegt der Knackpunkt: Die islamische Ethik ist sehr hintergründig. Wenn der Koran etwa deutlich vor Gelagen und Besäufnissen warnt, so steht die Ethik des Maßhaltens dahinter.

Wenn aber erfundene Moralregeln, wie zum Beispiel das Verbot des Händeschüttelns zwischen einem Mann und einer Frau, nicht mehr erkennbar in einem ethischen Zusammenhang stehen … wozu dient dann die vordergründige Moral? Was steckt dahinter? Wem dient diese Regel wirklich?

Ähnlich verhält es sich mit der gebetsmühlenhaften Wiederholung der islamischen Verbände, etwa des Zentralrats der Muslime, die Umma, die weltweite Gemeinschaft der Muslime, sei die Zukunft für die Muslime. Eine muslimische Identität sei die Zukunft.

In der heutigen Zeit marschieren die Gesellschaften – übrigens alle, wenn auch in unterschiedlichen Geschwindigkeiten – in Richtung stärkerer Individualisierung und Ausdifferenzierung.

Und was machen die Konservativen? Sie versuchen den jungen Leuten einzureden, sie seien Teil der Umma, und als solche müssten sie sich entsprechend verhalten – nach kollektiven Verhaltensmustern, die dem »islamischen Chorgeist« entsprechen. Was ist ein muslimischer Mann? Wie benimmt sich ein muslimischer Mann? Was darf er, was darf er nicht?

Dazu werden Hadithe, also die angeblichen Äußerungen des Propheten, die sich teilweise widersprechen, herangezogen. Statt alle Energie fürs Nachdenken freizumachen, wird dem Propheten (so wie dieser nach dem Gusto der Konservativen gewesen sein soll!) nachgeeifert.

Es scheint für junge Leute mitunter attraktiv zu sein, den Angeboten der Ultras nachzugeben, weil man sich durch sie besser fühlt, irgendwie wertvoller. Irgendwie moralischer, sodass man gefühlt über den »liederlichen Werten« der modernen und postmodernen Gesellschaft steht, was natürlich absurd ist.

Auch eine »unislamische« moderne Gesellschaft kann ethisch sein; kann sogar die ethischere Gesellschaft sein, weil sie Mechanismen entwickelt hat, soziale Gerechtigkeit zu schaffen. Ethischer als die saudi-arabische Gesellschaft, in der Frauen die Teilnahme am öffentlichen Leben zumindest teilweise verwehrt wird, das Kapital sich in den Händen weniger Scheichs befindet und die Drecksarbeit von Migranten verrichtet wird. Wo sich Islamgelehrte mit dem Vorschlag hervortun, Frauen sollten doch ihren Chauffeuren die Brust geben, damit sie als dessen »Amme« auch das Recht hätten, mit einem Mann alleine im Auto zu sitzen.

Wie weit darf die Bigotterie gehen? Wie ethisch ist eine solche Gesellschaft, die sich doch islamisch nennt?

Aber wir müssen gar nicht bis nach Saudi-Arabien gehen: Bei der Abiturfeier an einer Kölner Gesamtschule erschien ein Schüler, wie immer, in seiner islamischen Kleidung. Als die Vertrauenslehrerin ihm das Abiturzeugnis überreichen und ihm per Handschlag gratulieren wollte, verweigerte er ihr den Handschlag, und die Hand der Lehrerin blieb in der Luft hängen. Ein Raunen ging durch den Saal. Der junge Mann, ob dieser Einlage und ihrer Wirkung beim Publikum und der versammelten Lehrerschaft nicht unglücklich, grinste frech und stolzierte erhobenen Hauptes von dannen. Für ihn war das angeblich moralische Verbot, einer Frau die Hand zu schütteln, zum willkommenen Instrument geworden, einen ganz besonders aufmerksamkeitsheischenden Auftritt hinzulegen.

Wir wissen nicht, woher dieser Junge die Flause hat, seiner Lehrerin den Handschlag zu verweigern. Eines aber ist gewiss: Das Händeschütteln – wie im Übrigen auch Umarmen oder Wangenkuss – als menschlichen sozialen Akt der gegenseitigen Anerkennung hat er in seiner Bedeutung überhaupt nicht begriffen.

Die Theologin Beyza Bilgin macht darauf aufmerksam, dass die Intention beim Berühren des anderen Geschlechts die ausschlaggebende Rolle spielt: Warum gibt die Lehrerin die Hand?

Natürlich hat diese Geste überhaupt keinen sexuellen oder libidinösen Hintergrund, sie dient einzig und allein der Anerkennung einer Leistung, in diesem Fall des Abiturs. »Erst muss die Intention der Handlung beurteilt werden«, so Bilgin, »und dann die Traditionen sowie die üblichen Rituale einer Gesellschaft, in der man lebt.«

Nehmen wir also an, der Junge begründet sein Verweigern des Handschlags damit, die »Würde der Frau« schützen zu wollen. Hätte er ihr dann nicht erst recht die Hand geben müssen, um ihre Würde zu schützen? Denn so, wie er sich verhalten hat, lässt er die Lehrerin in einer peinlichen Situation alleine auf der Bühne der Schulaula stehen. Er hat also die Gepflogenheiten und die Intention des Händeschüttelns blindlings ignoriert.

Wenn ein Verhalten aus religiösen Gründen angeblich sündig oder falsch sein soll, dann lohnt es sich, dem nachzugehen: Weder im Koran noch in der Sunna gibt es Hinweise auf ein Verbot des Händeschüttelns. Richtig ist, der Prophet schüttelte Frauen nicht die Hand; aber doch nicht, weil er dies für Sünde hielt, sondern weil es die Sitte des Händeschüttelns auf der Arabischen Halbinsel zu Zeiten des Propheten nicht gab.

Eher scheint es so, dass alles zur Sünde erklärt wird, was zu einer noch größeren Sünde führen könnte. Wenn die Sünde des Ehebruchs verboten ist, soll das Händeschütteln als erster Schritt in Richtung Ehebruch uminterpretiert werden. Es ist jedoch absurd, diesen Schluss heutzutage noch aufrechtzuerhalten. Das Händeschütteln ist in unserem Kulturkreis ein anerkanntes Mittel, um sich des Respekts des jeweiligen anderen zu vergewissern. In unserer Gesellschaft bahnt man mit einem einfachen Händedruck sicherlich keinen Geschlechtsverkehr an.

Summa summarum: Sogar Paare, die Händchen halten, tun dies aus einem gegenseitigen Gefühl der Zusammengehörigkeit heraus. In Ländern wie Indien ist es daher völlig normal, dass sich befreundete Männer an den Händen halten, in aller Öffentlichkeit. Keiner spricht dort von sexuellen Avancen, keiner macht den Männern einen »Vorwurf«, schwul zu sein.

Damit tun wir uns zwar nach wie vor schwer; der einfache »Handshake« ist aber im »westlichen Kulturkreis« das Nonplusultra jeglicher Begrüßungs- und Anerkennungshöflichkeit, auch zwischen Mann und Frau.

Wer sich dem Händeschütteln verweigert, ist demnach besonders sozialfeindlich eingestellt; oder er lädt jede banale Alltagssituation mit Sex auf – was der junge Mann auf der Bühne doch eigentlich verhindern wollte, oder?

24 Stunden am Tag Sex, Sex, Sex?

Im Übrigen gilt das Gleiche für den von Islamisten gern zitierten Spruch: »Wenn zwei alleine in einem Raum sind, dann ist der Dritte im Bunde der Teufel.«

Nach Beyza Bilgin wird damit vor einer intimen Zusammenkunft von Mann und Frau gewarnt, auch »halvet« genannt; nicht aber vor einem bloßen Beisammensein aus sonstigen privaten, beruflichen oder freundschaftlichen Gründen. Die meisten Begegnungen von Mann und Frau finden ohne sexuelle Konnotationen statt, und natürlich besteht deshalb überhaupt keine Veranlassung, diese Zusammenkünfte moralisch-ethisch zu regeln.

Wenn Islamisten also jegliches Zusammensein von Frau und Mann zum »teuflischen Bund« stilisieren, zeigt dies in Wahrheit, dass sich in ihren Köpfen alles um Sex dreht: 24 Stunden am Tag.

Was hat es mit Sex zu tun, wenn Menschen Musik hören und tanzen?

Sogar schon in der Grundschule weigern sich die Kinder orthodoxer Muslime, wie berichtet wird, einander an der Hand zu fassen, um im Kreis zu tanzen. »Es ist ärgerlich«, sagt Beyza Bilgin, »dass irgendwelche Fatwas (islamische Rechtsgutachten) aus Urzeiten, die nichts mehr mit dem Heute gemein haben, immer noch gültig sein sollen. Es geht dann eben nicht um die Erziehung des Menschen, um ihm Kraft zu geben, die eigenen Grenzen kennenzulernen oder einzuhalten; nicht die innere Kontrolle wird dadurch gestärkt, sondern die äußere Kontrolle.«

Wobei die selbst ernannten Kontrolleure natürlich die Zügel in der Hand halten, indem sie vor allem den Männern unterstellen, permanent nur an das eine zu denken, was selbst 15-jährige Jungs nicht 24 Stunden am Tag tun.

Dieses krude Weltbild trieft aus jeder Zeile des Buches *Erlaubtes und Verwehrtes* von Professor Dr. Hayrettin Karaman, das keineswegs von einer kleinen Sekte herausgegeben wird, sondern von der »Diyanet Vakfi«, der türkischen Religionsbehörde. Das Buch ist auf Deutsch vergriffen, auf Türkisch wird es nach wie vor vertrieben.

Das Weltbild des Autors ist ein von Männern dominiertes, eines, das Frauen zu Menschen zweiter oder gar dritter Klasse degradiert. Auch hier gilt der zentrale islamistische Spruch: »Wenn zwei alleine in einem Raum sind, dann ist der Dritte im Bunde der Teufel.« Die männliche Macht dreht sich vornehmlich um das Sexualwesen Frau, das dem Mann gehört. Die Frau ist ein Spielball, ein Objekt, »ausführendes Organ« zum Kinderkriegen, mehr aber nicht. Wir erinnern uns an das bereits angesprochene Gewohnheitsrecht in Albanien, das ein ähnliches Frauenbild propagiert. Das Ganze wird dann als islamische Ethik verbrämt; quasi gottgewollt, auf jeden Fall »richtig« im Sinne der kosmischen Ordnung.

Wie ethisch können islamische Verbände sein, die ihre konservativen moralischen Maßstäbe als die einzig richtigen darstellen? Wie ethisch können Funktionäre sein, die Jugendliche in eine Umma treiben wollen, die kaum die Antwort sein dürfte in einem Land, das sich über Staatsbürgerschaft definiert – und wo Angehörige vieler verschiedener Religionen auf der Grundlage geteilter Verfassungswerte miteinander leben?

Würden diese Konservativen wahrhaft ethisch handeln, so wären sie den jungen Menschen dabei behilflich, einen Platz in der pluralen deutschen Gesellschaft einzunehmen – statt wieder nur zu spalten.

Das aber wiederum ist nicht ihr Ziel. Ihr Ziel ist die Macht über die Menschen, ihr Werkzeug das »Teile und Herrsche«. Die Moral ist ihnen dabei ein nützlicher Erfüllungsgehilfe. Und hier vor allem die Moral der Frau. Frauen und Mädchen sind ganz besonders den Machtspielen rund um die Moral ausgesetzt. Wer die Macht über die Frauen hat, so das Kalkül, hat auch die Macht über die Gesellschaft.

Alles, was »Zwietracht sät«, alles, was sexuelle Erregung anheizt, alles, was auch nur entfernt an Dinge, Worte und Gedanken der Lust erinnert, ist eine Form der »Fitna«. Und es trifft meist die Frauen, wie im Folgenden ausgeführt wird.

Fürs Erste soll eine kleine Typologie der Gegensätze aufgeführt werden, der Dreischritt eines pathologischen Geschlechterverhältnisses, das sich dieser Vorurteile bedient:

Jäger und Gejagte

Die Frau muss sich, dem scheuen Reh im Walde ähnlich, unsichtbar machen, wenn sie vom Mann auf der Pirsch nicht erlegt werden möchte. Sie muss sich tarnen, den Blick gesenkt halten, den Kopf züchtig nach unten halten und beim Sitzen darauf achten, dass sie »anständig« sitzt. Nicht obszön verhalten! Nicht laut sprechen! Nicht ungefragt reden! Nicht in Gegenwart von Männern den Mund aufmachen – und schon gar nicht von Älteren! Oder wie schreibt Hayrettin Karaman in seinem Buch *Erlaubtes und Verwehrtes*: »Da, wo es nur ein beheiztes Zimmer gibt, dürfen sich Frauen auch dazusetzen, vor allem wenn kluge Männer zu Besuch kommen, damit sie von den Reden der klugen Männer profitieren können.«

Täter und Opfer

Schon den Frauen, die vergewaltigt wurden und einen Minirock trugen, hat man die Schuld für die Tat ihres Peinigers in die Schuhe geschoben. Es ist ein beliebtes Mittel, die Täter zu Opfern zu machen und die Opfer zu Tätern. Wenn eine Frau dumm angemacht wird, habe sie sich eben zu aufreizend angezogen. Wie sagt der türkische Volksmund? »Wenn die Hündin nicht mit dem Schwanz wackelt, dann kommt der Hund auch nicht angelaufen.«

Subjekt und Objekt

Eines der erfolgreichsten Bücher der türkischen feministischen Szene ist das 1987 erschienene Buch »Die Frau hat keinen Namen« von Duygu Asena. Der Titel des Buches wurde in der Türkei schnell zum Synonym für die Unterdrückung der Frau.

Warum?

Weil der Name eines Menschen Individualität und Würde transportiert. In früheren Zeiten hatten auch die deutschen Frauen keinen Namen, wenn sie als »Frau Professor« nur mühsam am Titel ihres Mannes partizipierten. Nur wenige Jahre ist es her, dass Familien auf den Adressplaketten mit dem Namen des Familienoberhaupts, des Mannes, identifiziert wurden. All das stirbt in Deutschland zum Glück größtenteils aus. Aber in ultraorthodoxen muslimischen Familien lebt dieses Bild fort: das der Frau, welche nichts anderes macht, als den Haushalt zu führen (für den Mann, nicht für sich selbst) und den Ehemann sexuell zu befriedigen.

Einmal kam in meine Therapiestunde ein Ehepaar, das für den Sohn eine Schönheitsoperation erwog, weil dessen Nase zu groß sei: »Wenn es ein Mädchen wäre, wäre das egal«, sagten sie, aber ein Junge müsse schön sein. Das war beeindruckend, schließlich meint man meist, der Schönheitswahn bei Mädchen und Frauen sei die eigentliche »Objektivierung« der Frau.

Aber allen Feministinnen, die das glauben, sei gesagt: Es gibt weit frauenfeindlichere Vorstellungen als schöne Frauen! Nämlich unsichtbare Frauen, bei denen es egal ist, wie sie aussehen, weil sie ohnehin nur als Haushälterin, Putzfrau und Gebärmaschine fungieren. Wie Aschenputtel, das dieses Mal leider niemals von einem Prinzen entdeckt wird.

Moderne Apartheid

Die Hauptpersonen in diesem Stück, das mitunter zum Drama wird, sind Mädchen und Frauen. Alle Augen, alle Scheinwerfer sind auf sie gerichtet: von ihrem Agieren hängt fast alles ab. Die Ehre. Die Zahl der Geburten. Wer der Vater ist. Wer über die Frau gebietet, hält die Macht über die Sippschaft in der Hand. An diesem prähistorischen Verhaltenscodex hat sich bis heute nicht allzu viel geändert.

Natürlich: Die Emanzipationsbewegungen haben in den westlichen Staaten sehr viel bewegt, und auch der Feminismus muslimischer Frauen und Männer wird stärker und stärker – manchmal leider vom Westen unbemerkt. Die Friedrich-Ebert-Stiftung versucht beispielsweise immer wieder, den islamischen Feminismus einer breiteren Öffentlichkeit bekannt zu machen, indem sie Konferenzen organisiert, zu der sie bekannte islamische Feministinnen, wie beispielsweise Amina Wadud, einlädt. Wadud war die erste weibliche Vorbeterin in den USA.

Die Autorin Isabel Coleman, Senior Fellow der US-Denkfabrik »Council on Foreign Relations«, nennt die Emanzipationsbewegung innerhalb der islamischen Welt »Gender Jihad«, ein Geschlechterkampf, der die Islamisten mit den eigenen Waffen schlagen soll: mit dem Koran und den inhaltlichen

Aussagen der Religion, die oftmals so wenig zu tun haben mit dem, was konservative patriarchale Vorbeter behaupten.

Wie sehr die Spaltungen quer durch die islamische Welt gehen, zeigt ein Vorstoß ausgerechnet des Chefs der Religionspolizei von Mekka, Scheich Ahmed al-Ghamdi, in der saudischen Zeitung *Okaz* im Dezember 2009: Schon zu Zeiten des Propheten Mohammed sei es üblich gewesen, dass nicht miteinander verwandte Männer und Frauen in der Öffentlichkeit miteinander Umgang gehabt hätten, so der Scheich. Also sei dies auch heutzutage akzeptabel. Läden, Restaurants, Shopping-Malls und Büros, in denen beide Geschlechter verkehrten, Schulen, an denen Jungen und Mädchen gleichermaßen lernten – das sei doch alles bloß natürlich.

Ausgerechnet der Chef des »Komitees für die Propagierung von Tugend und Verhinderung von Sünde« spricht also für saudische Verhältnisse Ungeheuerliches aus und zieht erwartungsgemäß viel Kritik auf sich, auch vonseiten des übermächtigen Königshauses. Allerdings: König Abdullah selbst steht gemischtgeschlechtlichen Unternehmungen durchaus offen gegenüber, was er durch seine Unterstützung einer Technischen Universität, an der Männer und Frauen auf demselben Campus studieren dürfen, offen dokumentiert.

Wie dem auch sei, die Äußerungen des Polizeichefs von Mekka sind ein hoffnungsfrohes Zeichen, gerade weil Persönlichkeiten wie er tausendfach mehr Einfluss haben als die meisten Publizisten, die im Westen lautstark trommeln, in Arabien aber nicht einmal verlegt werden.

Dennoch: Speziell den muslimischen Frauen dieser Welt wird nach wie vor ein moralisches Ganzkörperkondom übergestülpt, das religiös aufgeladen ist … und kaum Löcher hat.

Die in Pakistan geborene Feministin Riffat Hassan meint, im Koran herrsche Gleichheit vor Gott und Ungleichheit in der Gesellschaft. Oder anders gesagt, die »Ibadat«-Verse des Korans, die Glaubens- und Ritenverse, kennen keinen Unterschied zwischen den Geschlechtern, die »Muamalat«-Verse, die sich mit den sozialen und zwischenmenschlichen Beziehungen befassen, hingegen schon; was man Letzteren gar nicht vorwerfen kann, weil sie sich auf die Zeit- und Ortsumstände der Arabischen Halbinsel vor 1400 Jahren beziehen.

Fast all ihre Taten, weibliche Mobilität und Körperlichkeit werden versteckt, kleingeredet oder nur an der Leine Gassi geführt. Wenn man sich das Leben der muslimischen Frauen in islamischen Ländern näher anschaut, wird man sehen, dass es sich fast ausschließlich um die Ehe dreht: um die Ehefähigkeit des Mädchens bis hin zur Erziehungsrolle Mutter. Die Sexualität von Frauen wird dabei ausschließlich unter funktionalen Gesichtspunkten betrachtet. Die Frage ihrer Fruchtbarkeit wird mit Argusaugen beobachtet – in islamistischen Augen dient Sexualität nur der Fortpflanzung, und Frauen sind ihre Gebärmaschinen. Nichts deutet dagegen auf die persönliche Bedeutung von Sexualität für die Frau hin.

Die Frau – das bestgehütete Geheimnis in islamischen Ländern. So klänge die positive Umschreibung.

Aber wie formuliert es die muslimische Autorin Nahed Selim? »Für die meisten Frauen stellt das Leben in einer muslimischen Kultur eine Aneinanderreihung von Entbehrungen dar, in dem es nur wenige Glücksmomente gibt. Alles steht im Zeichen der anderen, und jede noch so geringe Entgleisung wird bestialisch bestraft.«

Der Westen wird dagegen als moralisch verkommen angesehen, der im Vergleich zum Islam untugendhaft und amoralisch sei. Dieses Klischee wird heutzutage verstärkt, weil westliche Unterhaltungsprodukte per Fernsehen und Internet in islamischen Ländern zu empfangen sind. Natürlich sind weder »Arte« noch »Phoenix« damit gemeint, aber die Bunny-Häschen-Doku-Soaps der privaten Fernsehsender sind auch in Arabien und anderswo zu empfangen. Sie verzerren das Bild des Westens, sodass ein Klischee von materieller Überlegenheit bei gleichzeitig moralischer Verkommenheit die schwere Sauce ist, mit der man den Westen in islamischen Ländern überzieht: auf den ersten Biss lecker, aber hinterher fühlt man sich voll und angewidert.

Diese Negativbilder pflegen die Islamisten in Deutschland und Europa, um sich abzugrenzen.

Und sie setzen die Frauen damit unter ungeheuren Druck: Mittlerweile häufen sich die Berichte von Selbstmorden junger muslimischer Frauen. Gerade Frauen aus türkischstämmigen Familien begehen etwa doppelt so oft einen Suizidversuch wie Gleichaltrige ohne Migrationsgeschichte. Zu den Ursachen gibt es plausible und gut begründete Vermutungen, aber nur wenige wissenschaftliche Fakten. Darum bemüht sich eine vom Bundesforschungsministerium finanzierte Forschergruppe der Psychiatrie der Charité Berlin um Dr. Meryam Schouler-Ocak (sie stammt selbst aus der Türkei) derzeit darum, die genaueren Zusammenhänge wissenschaftlich zu erkunden.

In der Psychologie unbestritten ist der Zusammenhang zwischen Suiziden und seelischen sowie sozialen Faktoren. Die Tatsache, dass die Zahl der Selbstmordversuche bei den 18- bis 35-jährigen Migranten steigt, zeigt: Es handelt sich nicht um endogene Depressionen, sondern um Verzweiflungstaten, die aus äußeren Umständen resultieren.

Ausweglosigkeit, verschiedene Rollenerwartungen, hoher innerfamiliärer Druck und Zwang innerhalb der Moscheegemeinden sind möglicherweise Faktoren für Suizide. Besonders junge Frauen, denen viele Restriktionen auferlegt werden, leiden unter den Rahmenbedingungen einer oppressiven Religionskultur. Darauf deuten auch die geschilderten Erlebnisse eines türkischen Mädchens hin, die in der *Welt* veröffentlicht wurden:

»Nermin ist verzweifelt. Seit mehr als vier Jahren ist sie mit ihrem deutschen Freund zusammen, doch ihre Eltern arrangieren gerade die Hochzeit mit einem anderen Mann. ›Meine Eltern haben auch schon gemeint, es wäre ihnen lieber, ich würde nie mehr nach Hause kommen, als dass sie wüssten, dass ich mit einem Deutschen verheiratet bin. Und dann wiederum, dass sie mich ja überall ausfindig machen werden, und dann würden sie mich umbringen.‹«

Die Todesdrohung ist ein absoluter Extremfall. Aber ungeheuren Druck seitens der Familien verspüren viele Mädchen; dazu muss man sich nur die Seiten einschlägiger Foren durchlesen, wie beispielsweise turkish-talk.com. Oder mit Psychologen und Sozialarbeitern sprechen.

Die Berliner Forscher überlegen zugleich, wie dieser ungeheuren Tendenz beizukommen ist: Krisenhotlines, Medienkampagnen, niedrigschwellige Hilfsangebote sind ein guter Weg, um Besserung zu erzielen. Allerdings bedarf es eines grundlegenderen Umsteuerns im Denken: Moscheevereine und Koranschulen unterstützen bislang viel zu häufig die traditionellen patriarchalischen Zustände innerhalb der (meist bildungsfernen) Familienverbände.

Alle Krisenhotlines der Welt sind also nur ein Tropfen auf den heißen Stein, wenn Frauen und Mädchen in diesen Communities nicht endlich gleichberechtigt sind und gleich behandelt werden.

Und nicht weiterhin in ein bigottes Ganzkörperkondom gesteckt werden.

Dadurch entstehen die klischeehaften Extrempole Unreinheit und Reinheit, in deren Gleichung der Westen und der Islam als Gegenpole stehen. Die Reinheit ist das Unbefleckte, das jeden Moment beschmutzt werden kann. Äußere Einflüsse, sei es durch Heirat mit einem Nichtmuslim, sei es durch einfache Kontakte, sind auf jeden Fall zu meiden, um die Reinheit zu erhalten. Als Trägerin der Reinheit fungiert in diesen Vorstellungen natürlich die Frau – denn sie gilt als passiver Adressat aller Einflüsse von außen.

Die Revolutionswächter im Iran nennen diese Einflüsse »Invasion des Westens«. Und Frauen, die ihr Kopftuch nur locker umbinden, werden als »Söldnerinnen der Vereinigten Staaten« beschimpft, wie etwa jüngst von Ayatollah Ahmad Alam-al-Huda in der Pilgermetropole Mashad: »Unsere Feinde wollen den Teppich der Religion unter den Füßen unserer Jugend wegreißen, indem sie schief sitzende Schleier verbreiten.«

Allein innerhalb von drei Monaten des Sommers 2010 fotografierten die gestrengen Sittenwächter über 80 000 Frauen, von denen etliche verwarnt wurden. Alles, um den »Einfluss des Westens« zurückzudrängen.

Was für Einflüsse sind gemeint? Grundsätzlich beschreibt der Begriff Einfluss alles, was Veränderung mit sich bringen kann. Kulturelle Einflüsse betreffen natürlich auch Geschmack und Kochkunst, Musik und Literatur. Aber in diesem Kontext geht es um den sexuellen Einfluss. Und hierbei speziell um die Empfängnis der Frau beim Geschlechtsverkehr mit dem Mann. Für strenggläubige Muslime darf es Sex nur unter dem Mantel der Ehe geben. Die Ehe ist Garant Nummer eins für die Reinheit des Mädchens und der Frau. Nichts ist schlimmer als nachgewiesener Sex ohne Trauschein. Also dienen die religiösen Regeln vor allem der Anbahnung und Regelung der ehelichen Dinge.

Um es mit den Worten des Zentralrats der Muslime zu sagen: »Außerhalb der Ehe ist es nicht erlaubt, mit einer Person, die man heiraten kann, Zärtlichkeit auszutauschen oder gar Beischlaf zu haben. Dies gehört zur Moral und Ethik des Islam, der in der Ehe die gesunde Institution für ein Zusammenleben zwischen Mann und Frau sieht, in der die kommende Generation erzogen wird. Darüber hinaus müssen Situationen vermieden werden, die dazu führen können, dass es zu einer nicht erlaubten sexuellen Beziehung kommen kann.«

Das ist so etwas wie der Kern der Regeln für muslimische Frauen weltweit und in Deutschland.

Auf der einen Seite soll Sex streng reglementiert werden. Andererseits wollen die orthodoxen Islaminterpreten verhindern, dass den Frauen die Entscheidung überlassen wird, wie und wann sie Sex ablehnen. Noch einmal der Zentralrat der Muslime:

»Der Islam erlaubt es der Frau nicht, sich ihrem Mann ohne berechtigten Grund (also willkürlich) sexuell zu verweigern. Dies wird aus den beiden folgenden Hadithen deutlich: Abu Huraira berichtet, dass der Gesandte Allahs (Allahs Segen und Heil auf ihm) gesagt hat: ›Wenn eine Frau die Nacht mit der Absicht verbringt, das Bett ihres Mannes zu meiden, so werden die Engel sie so lange verfluchen, bis sie von ihrem Plan absieht‹ (überliefert u. a. von Buchari und Muslim, also authentische Überlieferung). Und zweitens: Abu Huraira berichtet, dass der Gesandte Allahs (Allahs Segen und Heil auf ihm) gesagt hat: ›Wenn ein Mann seine Frau in sein Bett bittet und sie es ablehnt, zu ihm zu gehen, so wird sie von den Engeln so lange verflucht, bis sie am nächsten Morgen aufsteht‹ (überliefert u. a. von Buchari und Muslim, also gesicherte Überlieferung).«

Damit ist klar: Sex ist nur in der Ehe erlaubt. Dann aber hat die Frau kein Recht, sich dem Mann zu verweigern, es sei denn, sie ist krank.

Zwar wird dem Mann auch verboten, in der Ehe den Sex zu verweigern, aber das klingt beim Zentralrat der Muslime schon ganz anders. Denn hierzu sagt der islamische Rechtsgelehrte Yusuf al-Qaradawi:

»Einer der Aspekte der Sorge für die Rechte der Frauen seitens des Islam besteht darin, dem Mann zu verbieten, so verärgert über seine Frau zu sein, dass er die geschlechtliche Beziehung mit ihr für einen Zeitraum einstellt, den sie nicht ertragen kann. Wenn diese Einstellung der geschlechtlichen Beziehung seinerseits von einem Schwur begleitet wurde, sind ihm vier Monate gegeben, sich zu beruhigen und zu seiner Frau zurückzukehren … Allerdings muss er trotzdem Buße für seinen Schwur leisten. Wenn die Zeit aber verstreicht, gilt seine Frau sofort als geschieden, als Folge für die Vernachlässigung der Rechte der Frau.«

Hier wird deutlich, dass dem Mann die strafende, dominante Position zugebilligt wird. Die Frau ist Spielball und rechtlich in einer unsicheren Lage.

Aber wie kam es zu einer derart rechtlosen Situation der Frau, die noch heute von Islamisten propagiert wird? Als der Koran offenbart wurde, war es noch üblich, eine Frau unter die Vormundschaft eines männlichen Verwandten zu stellen. Die arabische Gesellschaft war damals – und ist heute – eine Gesellschaft der Männer, die dominierten und »ihren Islam« immer mehr in Richtung Patriarchat umschrieben.

Bis heute ist es Frauen in fundamentalistischen Kreisen deshalb nicht erlaubt, alleine zu reisen, also etwa die Hadsch nach Mekka alleine zu bewältigen – oder sie müssen sich einer Frauenreisegruppe anschließen, welche die entsprechende soziale Kontrolle sicherstellt. Der Koran kennt eine solche Entmündigung nicht, wie Beyza Bilgin feststellt. Im Koran werden die Frauen genauso wie die Männer, welche die Reise ins Auge fassen, gelobt.

Kuckuckskinder in einer patriarchalen Welt

Hintergrund für die Ungleichbehandlung ist die patriarchale Vorstellung, dass die Frau weniger wert sei, was meist diffus mit »Schutz der Frau« verbrämt wird. Oder was biologistisch zu erklären versucht wird, wie dies beispielsweise beim Deutschen Muslimkreis nachzulesen ist: »Gott hat Mann und Frau bestimmte Rechte und Pflichten zugewiesen, die ihrer jeweiligen Natur gerecht werden.« Um welche »Rechte und Pflichten« es sich im Einzelnen dann handelt, wird natürlich von den Predigern und Vorbetern bestimmt.

Für die Verfechter eines Patriarchats ist die eindeutige, patrilineare Abstammung von größter Wichtigkeit: Ein Mann muss sich demnach sicher sein können, dass seine Kinder wirklich seine Nachkommen sind und nicht die eines anderen Mannes. Deshalb muss dieser Logik nach die Frau von klein auf beobachtet und kontrolliert werden.

Jeder andere Mann ist ein potenzieller Konkurrent, der den eigenen Samen in die Familie einschleusen könnte – durch das »Einfallstor Frau«.

Die Männer versuchen aus diesem Grund, den Koran in ihrem Sinne auszulegen und umzudeuten.

In der »Enzyklopädie des Schariarechts«, die in Kuwait erschienen ist, steht, es sei die religiöse Pflicht der Männer, die sexuelle Integrität der Ehefrau und der anderen weiblichen Familienmitglieder zu verteidigen. Ergo überlegen sie sich Mittel und Wege, um ihre Frauen zu kontrollieren:

Jungfräulichkeit: Obwohl Jungfräulichkeit nun im Koran

überhaupt keine Rolle spielt, ist es in dieser Weltanschauung extrem wichtig, dass die Frau eine Jungfrau ist; als Beweis, dass sie eben nicht von einem anderen Mann schwanger ist oder war.

Die drastischen Strafen für Fremdgängerinnen, allen Abscheulichkeiten voran die Steinigung, sollen anderen Frauen als Abschreckung »dienen« und somit die patrilineare Abstammung der Kinder garantieren. Die Steinigung ist die einzige angeblich koranische Strafe, die im Koran überhaupt nicht vorkommt. Allerlei Islamgelehrte haben zwar immer wieder versucht zu behaupten, die entsprechende Sure sei verloren gegangen, aber prinzipiell vorhanden gewesen; letztlich aber können sich die Befürworter von Steinigungen nur auf die Hadithen berufen. Der wichtigste Text, aus dem die sunnitische Scharia-Wissenschaft die Steinigung ableitet, wird auf den zweiten Kalifen Omar zurückgeführt. Allah sandte seinem Propheten den Koran herab, in dem sich auch der Steinigungsvers befunden haben soll: »Wir (nämlich die Prophetengenossen) rezitierten ihn, begriffen ihn, bewahrten ihn im Gedächtnis, und wir steinigten (nach der Herabsendung des Verses); ich fürchtete, nach längerer Zeit könnte jemand sagen: ›Bei Allah, wir finden den Steinigungsvers nicht im Buch Allahs!‹ Und dann könnte man vom wahren Glauben abirren, indem man eine von Allah offenbarte Pflicht unterlässt.«

Und dann weiter: »Die Steinigung ist gemäß dem Koran über Männer und Frauen zu verhängen, die Unzucht verübten, obwohl sie in festen Eheverhältnissen lebten, und zwar sofern die Tat nachgewiesen wurde oder eine Schwangerschaft oder ein Geständnis vorliegt.«

So weit also Omar.

Interessant ist, dass ausdrücklich auch schwangere Frauen gesteinigt werden sollen, damit das werdende Kind, sozusagen das Produkt der Unzucht, gleich mit beseitigt wird.

Der Grund für die Drastik liegt vielmehr darin, dass Kuckuckskinder für patriarchale Systeme das zentrale Problem sind, da das Erbe ausschließlich an die eigene Nachkommenschaft weitergegeben werden soll. Sozialwissenschaftler schätzen, dass heute rund fünf Prozent aller Kinder Kuckuckskinder sind. Diese Schätzungen belegen auch, dass diese Zahl in islamischen Ländern mit hoher sozialer Kontrolle kaum geringer ausfällt. Die verordnete Monogamie nutzt also nicht wirklich.

Das Patriarchat verschließt sich solcher Logik aber, daher sind die Versuche von islamischen Feministinnen nicht unbedingt von Erfolg gekrönt, wenn sie theologisch argumentieren und aufzeigen, dass Mann und Frau vor Gott gleich sind.

Und was nutzen diese Erkenntnisse, wenn das Patriarchat aus Furcht vor Kuckuckskindern und Machtverlust an den eigenen Auslegungen des Korans festhält?

Und was nutzen diese Erkenntnisse, wenn die Stammestraditionen der Arabischen Halbinsel zu Zeiten der Koran-Entstehung eine andere Sprache sprachen – aber einige noch immer daran festhalten?

Wegen der Stammesfehden gab es einen Überschuss an Frauen, sodass es zur Schande wurde, wenn eine Tochter das Licht der Welt erblickte. Man war der Meinung, nur Söhne seien für den Fortbestand des Stammes wichtig, und Mädchen wurden sogar getötet. Im Koran wird dieses Verhalten aufgegriffen und als »Furcht vor Verarmung« beschrieben. Weiter heißt es: »Darum tötet nicht eure Kinder aus Furcht vor Armut: Wir sind es, die ihnen wie auch euch Versorgung bereiten werden. Wahrlich, sie zu töten ist eine große Sünde.« (Sure 17 »Die Nachtfahrt«, Vers 31)

Hier wird deutlich, dass der Koran nur zu verstehen ist, wenn der historische Hintergrund seines Entstehungsortes und seiner Entstehungszeit berücksichtigt wird. Zu Zeiten des Propheten Mohammed stellte er sogar eine starke Verbesserung den vorislamischen Traditionen gegenüber dar.

Die damaligen Bedingungen waren durchweg vorteilhaft für den Mann: Er war das unangefochtene Familienoberhaupt. Er hatte die Vollmacht über das Geld. Das Erbe wurde an die Söhne verteilt. Bei der Scheidung hatte die Frau nichts zu sagen, und es kam häufig genug vor, dass der Mann seine Frau sitzen ließ (das soll auch noch heute gelegentlich vorkommen), ohne sich von ihr scheiden zu lassen. Ehefrauen konnte man gleich mehrere haben, und Männer durften nach dem Tod ihrer Schwiegerväter die Schwiegermütter heiraten.

Insofern, das ist die Botschaft, waren die Offenbarungen zur damaligen Zeit eine klare Verbesserung für die Lage der Frauen!

Wenn man sich heute längst vergessene historische Umstände zu eigen macht und nicht in Rechnung stellt, dass die Verbesserung von damals eine Verschlechterung von heute ist, dann ist das ein riesengroßes Missverständnis. Weder die materielle noch die demoskopische Situation moderner Länder erfordert, dass ein Geschlecht dem anderen vorzuziehen ist. Jungen und Mädchen sind nicht mehr zu trennen oder ungleich zu behandeln.

Umso bedauerlicher, dass diese Traditionen nicht ad acta gelegt werden. Professor Bilgin: »Selbst in den türkischen Familien, wo im einstigen Brauchtum eine derartige Unterscheidung unbekannt war, tritt mit der Bevorzugung der Jungen diese Unsitte zutage.«

Diesen Familien muss immer wieder gesagt werden, dass sie auf dem Holzweg sind – doch für eine Abkehr ist es nie zu spät. Fest steht, unter theologischen und ethischen Gesichtspunkten existieren keine Unterschiede zwischen Mann und Frau. Dafür gibt es eine Vielzahl von Koranstellen, die die Islamisten absichtlich unterschlagen: »Und was die Gläubigen, sowohl Männer wie Frauen angeht – sie sind einander nahe: sie (alle) gebieten das Tun dessen, was recht ist, und verbieten das Tun dessen, was unrecht ist, und verrichten beständig das Gebet und entrichten die reinigenden Abgaben und geben acht auf Gott und seinen Gesandten. Es sind sie, denen Gott Seine Gnade erteilen wird: wahrlich, Gott ist allmächtig, weise!« (Sure 9 »Reue«, Vers 71)

Oder: »Wohingegen ein jeder – sei es Mann oder Frau –, der (was immer er kann) an guten Taten tut und überdies einer der Gläubigen ist, ins Paradies eingehen wird, und ihm wird nicht

Unrecht geschehen um so viel, wie die Rille eines Dattelkerns (füllen würde)« (Sure 4 »Die Frauen«, Vers 124). Und: »Wahrlich, für alle Männer und Frauen, die sich Gott ergeben haben, und alle gläubigen Männer und gläubigen Frauen …: für (alle von ihnen) hat Gott Vergebung der Sünden und eine mächtige Belohnung bereitet.« (Sure 33 »Die Verbündeten«, Vers 35)

Es ist immens wichtig, den Ultras diese Koranstellen immer und immer wieder vorzuhalten, um ihnen die Wahrheit von der Gleichheit und Gleichberechtigung von Mann und Frau zu zeigen.

Doch sogar hier versuchen die Ultras, die Koransuren zu instrumentalisieren: Während der Koran sagt, Männer und Frauen kommen in den Himmel, sofern sie gottgefällig leben, behauptet so manche Überlieferung, der Weg der Frau in den Himmel gehe nur über das Wohlgefallen des Mannes. Der Eintritt ins Paradies ist also nur über den Mann zu erreichen. Das Paradies ist somit von den Männern gepachtet.

In der Sure 78 (»Die Kunde«), Vers 31 heißt es: »(Doch) wahrlich, den Gottesbewussten steht höchste Erfüllung bevor: üppige Gärten und Weingärten und prächtige Gefährten, wohlpassend, und ein Becher (von Glückseligkeit) überströmend.«

Immer noch heißt es in vielen Koranübersetzungen, so unter anderem in der Diyanet-Übersetzung, statt »prächtige Gefährten« »Jungfrauen mit schwellenden Brüsten«. Letzteres ist wohl eher eine patriarchale Männerphantasie.

Zu seiner Übersetzung »prächtige Gefährten« kommentiert Muhammad Asad deshalb völlig zu Recht: Dieser Begriff diene dazu, »ein Mädchen zu bezeichnen, ›dessen Brüste beginnen hervorzuragen‹ oder zu ›sprießen‹: daher sehen viele Kommentatoren … eine Anspielung auf gewisse jugendliche ›Gefährtinnen‹, welche die (vermutlich männlichen) Insassen des Paradieses unterhalten würden.« Dem erteilt Asad eine Absage, indem er auf die allegorische Bedeutung dieser Begriffe hinweist: Die »Allegorien der Freuden des Paradieses« würden »unterschiedslos für Männer und Frauen« gelten.

Im Mittelpunkt der anderen, nicht mehr zeitgemäßen Übersetzungen steht dagegen der Gehorsam der Frauen gegenüber ihren Männern. Warum soll das Streben einer Frau, in den Himmel zu kommen, vom Wohlgefallen ihres Mannes abhängen? Warum soll eine Frau nur in den Himmel dürfen, wenn ihr Mann mit ihr zufrieden ist? Welche Logik steckt dahinter?

Welche Eigenschaften prädestinieren Frauen, um in der Lesart der Ultras in die Hölle zu kommen? Zum Beispiel, wenn eine Frau undankbar ist, die Geheimnisse ihres Mannes ausplaudert, gegenüber ihrem Mann geizig ist, ihn mit ihrer Eifersucht belästigt. Nichts davon hat mit der Frau selbst zu tun oder mit ihrem Glauben, die Verdammnis für die Frau ergibt sich demnach immer über das Verhältnis zu ihrem Mann.

Dabei heißt die Botschaft des Korans, dass nur das Verhältnis zwischen dem Gläubigen und Gott eine Rolle spielt – vom Verhältnis zwischen Mann und Frau ist nicht die Rede! Über Letzteres lassen sich nur Überlieferungen aus zweiter Hand aus, und diese sind menschengemacht. Gehorchen wird damit zum zentralen Begriff, und die Individualität der Frau, Liebe und Solidarität der ehelichen Beziehung werden ausschließlich in die Hände des Mannes übergeben.

Teil dieser Bigotterie des paternalistischen Denkens, die im Islam ihren Niederschlag gefunden hat, ist Eifersucht. Es bleibt nicht aus, dass in einem System, das Männern die Vielehe erlaubt, Eifersucht zwischen den Ehefrauen entsteht. Die weibliche Eifersucht wird jedoch viel zu häufig negativ betrachtet, derweil die männliche Eifersucht als etwas Erhabenes angesehen wird, weil sie einen Besitzanspruch verdeutlicht.

Eine kleine überlieferte Anekdote: Mutarrif b. Abdillah hatte zwei Frauen. Als er eines Tages von der einen kam, fragte ihn die andere: »Kommst du von der anderen Frau?« Er antwortete barsch: »Ich komme von Imran b. Husayn. Er hat uns die Hadith des Propheten überliefert, dass im Paradies nur wenige Frauen anzutreffen seien!«

Seine Worte klangen wie eine Drohung. Er gab seiner Frau

den unmissverständlichen Wink zu schweigen. Ihre Eifersucht sei fehl am Platz, sie würde in die Hölle kommen, wenn sie weiterhin eifersüchtig wäre.

Diese Anekdoten sind ganz typisch für das Geschlechterverständnis: Hidayet Tuksal, eine Islamgelehrte, die über chauvinistische Islaminterpretationen geschrieben hat, weist zu Recht darauf hin, dass die Ultras ständig für angebliches weibliches Fehlverhalten mit der Hölle drohen. Undankbarkeit, Verschwendung (seines Geldes!), Erzählen innerfamiliärer Geheimnisse und und und – die Hölle für die Frau hat fast immer mit ihrem Verhalten gegenüber dem Ehemann zu tun.

Die Hölle ist sozusagen für die Frau 24 Stunden am Tag geöffnet. Ein Schelm, wer dahinter eine Taktik der Männer vermutet, sich die Frauen gefügig zu machen.

Wer sich den Koran näher anschaut, wird sehen: Dem Menschen wird nur mit der Hölle in der Beziehung Mensch/Gott gedroht; wenn man also die Suren des Korans, die sich zur Hölle äußern, mit den erzählten Hadithen vergleicht, dann wird klar, dass diese Hadithen ein Produkt patriarchaler Denker sind, die ihre eigenen Gedanken durch den Verweis auf den Propheten Mohammed zu legitimieren suchen. Ein durchsichtiges Manöver.

Die Kehrseite der Diskriminierung von Frauen ist die Überpositionierung von Männern. Männer sind dieser Auffassung nach nicht die Träger der Ehre einer Familie, sie sind die Hüter der Ehre. Und da die Ehre bei den Frauen liegt, hüten die Männer daher die Frauen, man kann auch sagen: sie kontrollieren sie. Frauen in Saudi-Arabien dürfen das Haus nur in Begleitung eines verwandten männlichen Familienangehörigen verlassen. Was wiederum zu der Absurdität führt, dass sogar die minderjährigen Söhne mehr dürfen als ihre Mütter.

Oftmals wird die Sure 33 (»Die Verbündeten«, Vers 33) zitiert, um die Frauen in ihre »häusliche Wirkungsstätte« einzusperren: »Und verbleibt ruhig in euren Heimen und stellt nicht eure Reize zur Schau, wie sie sie in der alten Zeit der heidnischen Unwissenheit zur Schau zu stellen pflegten ...«

Interessant ist, dass diese Sure zumindest in den westlichen Ländern, wo Muslime leben, stark an Bedeutung verloren hat. Der Grund liegt in der wirtschaftlichen Entwicklung, die schlichtweg dazu führte, dass Frauen arbeiten gehen müssen. Die wirtschaftliche Not hat bewirkt, dass auch konservative muslimische Frauen heute morgens um fünf Uhr oder abends nach 22 Uhr alleine auf der Straße sind oder in der Bahn fahren. Man könnte auch sagen: Das Sein bestimmt das Bewusstsein; gäbe es eine Kopftuchsteuer, würde das Kopftuch wahrscheinlich ganz verschwinden.

Machogehabe

Natürlich sind auch die Söhne und Männer von der sexuellen Prüderie betroffen. Aber sie haben Möglichkeiten, ihr wenigstens virtuell zu entkommen. Eine Stichprobe bei »Google Trends« zeigt, wie wenig sich die sexuellen Gedanken und Sehnsüchte unterdrücken lassen. Gibt man dabei den Suchbegriff »Sex« ein, erhält man eine Rangliste der Städte und Länder, in welchen der Begriff am häufigsten eingetippt wurde. Nach »Sex« suchen nach den Vietnamesen und Indern schon auf Platz 3 die Ägypter, gefolgt von Indonesiern, Marokkanern, Türken und Malaien. Am dritthäufigsten wird übrigens in arabischer Sprache gesucht.

Nach »woman sex« suchen am liebsten die Pakistaner, vor den Ägyptern. Bei dem Begriff »boy sex« führt Pakistan vor Vietnam und Indien, auf Platz vier kommt Saudi-Arabien, wo Homosexualität streng geahndet wird. Danach Ägypten, Indonesien und die Vereinigten Arabischen Emirate (alle Stand 30. April 2010).

Dass die islamischen Länder in den Internet-Sexhitlisten ganz weit oben stehen, verwundert keineswegs: Auch den muslimischen Männern wird durch religiöse Vorgaben das Intime und Persönliche am Sex letztlich madig gemacht. Der Mann, so eine gängige Darstellung, sei der aktive Part in der Sexualität, einer, der potent sei und seine Triebe kaum kontrollieren könne.

Aber auch die Libido des Mannes wird kontrolliert: »Ein Mann befindet sich nie alleine mit einer Frau, ohne dass nicht der Teufel sich als Dritter zu ihnen gesellt«, lautet eine weitere Variante des viel zitierten Ausspruchs, den sich beispielsweise auch die DITIB zu eigen machte, als sie vor Parfüm und Schminke für die Frau warnte, damit »der Teufel« ja nicht geweckt würde. Mit dem Teufel ist natürlich »Fitna«, die angeblich allgegenwärtige Zwietracht, gemeint.

Der Mann wird durch seine Libido unter großen Erfolgsdruck gesetzt, zudem hat er weit größere Freiheiten als die Frau. Ersteres gibt dem Mann eine Rechtfertigung für ein von religiösen Regeln abweichendes Verhalten. Fremdgehen und Seitensprünge sind vor diesem Hintergrund verzeihbar, eben in der Natur des Mannes. Für die Frau sind sie ein Kapitalverbrechen.

Diese Männlichkeitsrolle wird einstudiert, und die männlichen Jugendlichen bekommen Macho-Schützenhilfe von Teilen der konservativen Moscheegemeinden mit ihren importierten Imamen, die in patriarchalen Gesellschaften aufgewachsen sind: »Je stärker sich islamische Migranten an ihren Glauben gebunden fühlen, umso mehr stimmen sie den Männlichkeitsnormen zu und umso häufiger spielen sie Gewaltspiele. Sowohl die Männlichkeitsnormen als auch der Gewaltmedienkonsum stehen aber mit einer erhöhten Gewaltbereitschaft in Beziehung«, schreibt dazu passend der Kriminologe Christian Pfeiffer in seiner viel beachteten 2010er-Studie zum Zusammenhang von Religion und Gewalt sowie Männlichkeitsphantasien.

Die befragten Schüler sollten sich in eine Erwachsenenrolle hineindenken und sich vorstellen, sie hätten eine 13-jährige Tochter. Diese kommt nicht wie vereinbart um 20 Uhr nach Hause, sondern erst nach Mitternacht. Als mögliche Reaktionen auf dieses Zuspätkommen wurden fünf Erziehungsmaßnahmen zur Auswahl gestellt: Die schärfste Reaktion, Prügel für die Tochter, hießen immerhin 13,1 Prozent der muslimischen Jungen gut. Demgegenüber würden nur 0,9 Prozent der deutschen Christen und 2,4 Prozent der christlichen Migranten zu solch harten Maßnahmen greifen.

Ein weiteres Ergebnis war, dass sich die Wahrscheinlichkeit der Prügelstrafe mit steigender muslimischer Religiosität deutlich erhöht, während sich bei den christlichen Deutschen oder christlichen Zuwanderern kein signifikanter Zusammenhang ergab.

Die Schlussfolgerung lautet allerdings zu Recht nicht, dass der Islam an allem schuld sei.

Ein mittelbarer Zusammenhang besteht jedoch insofern, als dass eine stärkere Verankerung in muslimischer Religion zugleich eine stärkere Verankerung in »prekären« Familiensituationen mit sich bringt, sprich: beim Erziehungsstil der Eltern. Nach eigenen Angaben erlebten junge Muslime in ihrer Kindheit zu 29,1 Prozent und im Jahr vor der Befragung zu 14,4 Prozent schwere Formen elterlicher Gewalt. Bei den christlichen Jugendlichen »nur« zu 11 und 3,8 Prozent.

Warum ist das so? Die Forscher erläutern plausibel: »So entsteht innerfamiliäre Gewalt häufig – gestützt auf ein traditionelles Grundmuster von Ehe und Familie – aus dem Dominanzanspruch des Mannes, der von den Familienmitgliedern Gehorsam einfordert und im Konfliktfall bereit ist, seinen Willen mit Gewalt durchzusetzen.« Interessant zur Nutzung von gewaltverherrlichenden Computerspielen ist folgende Aussage: »In den brutalen Computerspielen und Actionfilmen wird Gewalt in einer Weise dargestellt, die vor allem den männlichen Jugendlichen eine Fülle von Identifikationsmustern anbietet.«

Besonders bei muslimischen Jugendlichen fällt ein hoher Unterschied bezüglich der Bewertung der Geschlechter auf, der sich bei evangelischen oder katholischen Jugendlichen nicht findet. Das Forscherteam um Pfeiffer stellte 45 000 Jugendlichen zwischen 14 und 16 Jahren, darunter 10 000 Migranten, unter anderem Fragen wie: »Wenn die Frau ihren Mann betrügt, darf der Mann sie dann schlagen?« Derartigen Macho-Aussagen (wobei der Begriff verniedlichend ist) stimmten muslimische Jugendliche mehr als doppelt so häufig zu wie christliche Zuwanderer.

Interessant ist die Interpretation der Ergebnisse: Pfeiffer glaubt nicht, die Religion sei schuld; er glaubt, in der Vermittlung der Religion läge das Grundproblem. Für diese Vermittlung sind auch in Deutschland viel zu häufig konservative Imame zuständig, die nur für kurze Zeit und ohne Kenntnisse der deutschen Sprache und Lebensgewohnheiten für die Kinder und Jugendlichen als Lehrer fungieren. Viele von ihnen – natürlich nicht alle – entstammen selbst einem patriarchalen Umfeld, in dem das Schlagen oder zumindest verbale Gewalt keine Unbekannten sind.

Das heißt, die meisten Imame predigen selbst zwar keine Gewalt. Sie bereiten aber den Nährboden, auf dem Gewalt und Zwietracht gedeihen können, indem sie autoritäre und patriarchale Werte vermitteln.

Vor allem die Koranschulen der Moscheevereine, in denen Imame lehren, werden dabei von deutschen Behörden so gut wie nicht kontrolliert; für Journalisten ist es schwer, Einblick zu bekommen, nicht zuletzt, weil Imame meist in Türkisch oder Arabisch unterrichten.

Während wir hier über den Feminismus diskutieren, akzeptiert so mancher Imam in seinem eingeschränkten Weltbild noch nicht einmal eine simple Gleichstellung von Mann und Frau. Im Gegenteil, Gleichstellung wird oftmals als »Versuch der Gleichmacherei« abgetan.

Männer, die in solchen Communities groß werden, wissen sich dann häufig nicht anders zu helfen, wenn sie mit modernen Frauen zu tun bekommen, als in archaische Stammesverhaltensweisen zurückzufallen.

Natürlich denkt man hier auch an die sogenannten Ehrenmorde, über die seit Jahren mit großer Regelmäßigkeit berichtet wird.

Vielleicht der bekannteste Fall ist jener der jungen Berlinerin Hatun Sürücü, die 2005 von ihrem Bruder ermordet wurde. Zu lesen waren Schlagzeilen wie: »Weil sie leben wollte wie eine

Deutsche, musste sie sterben.« Die Schlagzeile ist insofern falsch, als sie die Selbstwahrnehmung der Mörder oder des Mörders übernimmt. Offensichtlich glaubte der Bruder tatsächlich, seine Schwester habe die »Ehre« der Familie »beschmutzt«, weil sie ein selbstbestimmtes Leben führen wollte. Das eigentliche Motiv dahinter war allerdings ein anderes: Eifersucht auf eine erfolgreiche, an Autonomie gewinnende Schwester, die selbstständig und selbstbestimmt, auch in sexueller Hinsicht, lebte.

Die türkische Nationalversammlung kam in einem »Untersuchungsausschuss zu Ehrenmorden« zu dem Ergebnis, dass »Ehrenmorde« vorislamische Traditionen sind; im Namen der »Ehre« werden beispielsweise Frauen auch in nichtislamischen Ländern, wie Indien oder früher Albanien, getötet. Einen monokausalen Zusammenhang zwischen diesen Morden und dem Islam gibt es daher nicht, wohl aber eine Verknüpfung zwischen Patriarchat und »Ehrenmorden«. Und das Patriarchat wird wiederum religiös-islamisch verbrämt, sodass es »göttlich legitimiert« scheint.

»Ehrenmorde« sind das ultimative Mittel, um die männlichen Machtansprüche zu zementieren. Sie kommen vor allem dort vor, wo Männer Angst vor Machtverlust haben: etwa in der »Diaspora-Situation«; beispielsweise in Städten, wo die dörflichen Regeln des Patriarchats nicht mehr eins zu eins gelten.

Die türkische Untersuchungskommission hat das belegt und gezeigt, dass die meisten »Ehrenmorde« in der Türkei in den armen Vororten von Istanbul, Ankara und Izmir verübt werden, dort, wo sich die Arbeitsmigranten aus den ländlichen Regionen niedergelassen haben. Analog gilt dies auch für die deutschen Großstädte, wo Migranten leben: Das alte patriarchale System trifft hier fast unvorbereitet auf die moderne Leistungsgesellschaft und weiß sich nicht anders zu helfen, als Stammestraditionen wiederaufleben zu lassen und das mit dem Islam zu legitimieren.

Auf der Basis von Interviews mit Imamen, die in deutschen Moscheen predigen, gelangt der türkischstämmige Wissenschaftler Rauf Ceylan zu interessanten Ergebnissen: Imame sind Schlüsselfiguren für die Integration, ob sie gelingt oder nicht. Die meisten Imame kommen nur für eine begrenzte Zeit nach Deutschland, sie kennen die Lebenswelt der jungen Muslime kaum; die große Mehrheit ist von einem traditionellen und konservativen Islamverständnis geprägt, das von Autoritätsgläubigkeit, Gehorsam, türkischem Patriotismus und Gottesfurcht erzählt.

Im islamischen Koranunterricht in den Moscheen würden diese Imame überwiegend autoritär auftreten – mit einem Erziehungsstil, den sie aus den türkischen Institutionen mit nach Deutschland bringen.

Nur jeder fünfte bis sechste Imam, so Ceylan, gehört zur Gruppe der »intellektuell-offensiven« Imame, die das städtische multireligiöse und multikulturelle Umfeld als »stimulierend« empfinden und ihre Schützlinge auch ein entsprechendes Weltbild lehren, das durch Offenheit und Weltzugewandtheit besticht. Die anderen Imame predigen das Gegenteil.

Der Kriminologe Christian Pfeiffer bringt seine und Ceylans Untersuchungen zusammen und konkludiert: »Je größer der Einfluss solcher (traditioneller, Anm. d. A.) Imame auf das Leben der türkischen Jugendlichen und ihrer Familien ist, umso weniger deutsche Freunde haben sie, umso weniger sehen sie Deutschland als ihre Heimat an, umso stärker ziehen sie sich auf ihre religiöse Gemeinschaft zurück und umso schwächer fällt auch ihre schulische Integration aus.«

Und weiter: »Danach ist es nicht der Islam, der den jungen Muslimen das Hineinwachsen in unsere Gesellschaft erschwert, sondern die Art und Weise, wie die Mehrheit der Imame den Jugendlichen ihre Religion vermitteln.«

Die Erklärung ist deshalb plausibel, weil sie sich mit Beobachtungen und Berichten von Muslimen deckt, die in Koranschulen unterrichtet wurden. Die große Mehrheit der Imame sieht die Dominanz der Männer in Familie und Gesellschaft als ganz selbstverständlich an; klar ist, dass sie deshalb in ihren Predigten und Korankursen ihr Weltbild vertreten.

Jeder Moscheebesuch führt den jungen Männern und Jungs die Vormachtstellung ihrer Männerwelt vor: In den Gebetsräumen tummeln sich nur die Männer. Frauen drücken sich durch den Nebeneingang in einen gesonderten Gebetsraum, sofern einer vorhanden ist. Diese Nebenräume sind weitaus weniger schön eingerichtet. Im Grunde wird den Frauen und Mädchen signalisiert: »Ihr seid weniger wert«, und den Jungs und Männern wird die Tür zur Vormachtstellung sperrangelweit aufgerissen.

Kein Wunder, legt doch Herr Karaman, der Autor des Diyanet-Buches *Erlaubtes und Verwehrtes*, die geistigen Grundlagen für ein überholtes Geschlechterverhältnis:

»Die Theorie, das von klein an praktizierte Beisammensein der Geschlechter und ein Heranwachsen in freier gegenseitiger Beziehung verringere die Gefahr von Übergriffen und verhüte die Heranbildung bestimmter Komplexe, ist für die islamische Gesellschaft nicht akzeptabel … Aus diesem Grunde lässt der Islam ein freies Beisammensein der Geschlechter nicht zu, sondern hat dieses Beisammensein bestimmten Regeln unterworfen.«

Da sich diese Männer an den Schalthebeln der islamischen Organisationen, Moscheevereine, Verlage und Internetseiten befinden, schalten und walten sie gerade so, wie es ihnen in den Kram passt. Selbstredend reglementieren sie, wenn es ihrem Machterhalt dient. Sie sprechen ausschließlich über solche Themen, die ihnen in den Kram passen.

Warum jedoch werden sie so wortkarg, wenn es um Fragen geht, die in unsere Zeit passen – und bei denen der Islam durchaus etwas Gutes zu sagen hätte?

Es ist zum Beispiel im Islam eine Sünde, einem Arbeitnehmer seinen Lohn nicht rechtzeitig auszuzahlen, sich an Anvertrautem zu bereichern oder Allgemeingut zu stehlen. Es ist eine Sünde, sein Wissen nicht weiterzugeben; wer sein Wissen mit ins Grab nimmt, ohne es an andere weiterzugeben, wird als Verräter am Leben und an den Lebenden bezeichnet. Es ist eine Sünde, mit den eigenen Verwandten und den Nachbarn im Clinch zu liegen oder Stiftungsgelder durchzubringen oder einem Höherstehenden Honig um den Bart zu schmieren (ein Veto gegen Autoritätshörigkeit).

Fein drücken sich die Herren der Schöpfung um diese wichtigen, weil aktuellen Fragen.

Hinter Tuch und Stoff

Stattdessen streiten sie darum, Mädchen und jungen Frauen die Haare unter einem Stück Stoff zu verstecken. Sicherlich keine drängende Frage des 21. Jahrhunderts … Und manche Frauen sprechen den Männern viel zu häufig deren machterhaltende Parolen nach, indem sie tradierte Rollenmuster verinnerlichen und für bare Münze nehmen.

Mit dem Gegensatz von »aktiv« und »passiv« hatten schon westliche Feministinnen ihre liebe Mühe. Denn kein Geschlechtervorurteil lässt sich derart schwer ausmerzen wie jenes, dass die Frau das eher passive Geschöpf sei, während der Mann von Natur aus aktiv nach außen drängt.

Es ist trotzdem sinnvoll, sich hier über das Für und Wider zu unterhalten. Denn Fakt ist, dass dieses Vorurteil Karriere gemacht hat und viele Religionen mit ihm schwanger gegangen sind.

Gerade einige islamistische Strömungen beziehen sich dabei auf die Koranstelle Sure 2 (»Die Kuh«), Vers 223, die in der Übersetzung Max Hennings so lautet: »Eure Weiber sind euch ein Acker: Gehet zu eurem Acker, von wannen ihr wollt.«

Die Autorin Nahed Selim beschreibt sehr zutreffend, wie sie sich beim Lesen dieser Stelle fühlt: »Dieser Text beschwört in mir das Bild einer Frau herauf, die ihr ganzes Leben nur passiv auf dem Rücken liegen darf, während ihr Mann sie pflügt, besät und bewässert. Wie ein Saatfeld trägt sie jedes Jahr Frucht in Gestalt eines Kindes, das im selben Moment, in dem es ihre Gebärmutter und ihre Brüste verlässt, seinerseits wie die Frau zum Besitz des Mannes und dessen Stamm wird.«

Dahinter steckt ein zutiefst archaisches Frauenbild, das einige folgenschwere Konsequenzen nach sich zieht:

- Betrachtet man die Frau als passiv, so wird sie schützenswert. Schließlich kann sie sich aktiv nicht selbst schützen. »Schützenswert« bedeutet aber auch: Sie ist hilflos und ausgeliefert.
- Betrachtet man die Frau als passiv, so wird sie vielleicht in der Lage sein, Gut von Böse zu unterscheiden. Aber sie wird niemals in der Lage sein, sich aktiv für das Gute einzusetzen und gegen das Schlechte zu wenden. Also muss man ihr die Entscheidungen ab- – und vor allem das Heft des Handelns aus der Hand nehmen.
- Die Frau wird somit zum passiven Objekt, das Adressat der Bemühungen anderer ist.

Die Konsequenzen sind klar: Die Frau verfügt nicht mehr über sich selbst. Sie wird zum Objekt fremden Gestaltungswillens.

Bemerkenswert ist das insofern, als die Ultras behaupten, die Frau eben gerade vor dem Objektsein zu schützen. Indem man den Frauen erzählt, sie müssten sich verschleiern, um nicht mehr das Objekt »oberflächlicher« sexueller Begierde zu sein, erniedrigt man sie in Wahrheit zu genau dem, was sie nicht sein sollen: zu einem Objekt – das man im eigenen Tresor wegschließt, um es vor den Zugriffen anderer zu schützen. Zugriffe, die in der Lesart dieser Leute natürlich negativ, feindlich und schädlich sind.

Muhammad Asad übersetzt die Sure 2, Vers 223 zeitgemäßer: »Eure Ehefrauen sind euer Ackerland; geht denn zu eurem Ackerland, wie ihr wünschen mögt, aber sorgt zuerst mit etwas für eure Seelen vor …« Mit anderen Worten, so erklärt Asad, Männer und Frauen sollten zuerst für eine spirituelle Beziehung sorgen, bevor sie an Sex denken.

Das widerstrebt natürlich den Ultras. Wer das studieren möchte, sollte mal in die arabischen Länder reisen. Saudi-Arabien ist hierfür berühmt-berüchtigt – und die Absurditäten nehmen kein Ende. So dürfen die Frauen in Saudi-Arabien kein Auto fahren, aber Flugzeuge fliegen. Was dazu führt, dass die Pilotin eines Verkehrsflugzeugs zu ihrem Arbeitsplatz gefahren werden muss.

Aber auch in den anderen arabischen Staaten wird die Apartheid der Frauen vorgeführt, zu erleben beispielsweise in der Wartehalle des Flughafens Tripolis in Libyen:

Die kleine Wartehalle ist schmucklos. Enge Sitzreihen, auf denen Touristen auf der Durchreise von Europa und Afrika lümmeln, eine Café-Bar, ein paar Geschäfte, in denen man billig Zigaretten oder Gaddafis grünes Buch seiner »revolutionären« Ideen kaufen kann. Daneben große Bilder des arg verjüngten Diktators.

In den Sitzreihen tummeln sich europäische Geschäftsleute oder Touristen neben afrikanischen Geschäftsleuten. Sie sitzen durcheinander, spielen Karten, unterhalten sich. Nur zwischen den arabischen Reisenden aus Libyen und anderswo, die hier in der Wartehalle auf ihren Anschlussflug nach Jeddah oder sonst wohin warten, existiert eine unsichtbare Demarkationslinie – vor allem, wenn Frauen dabei sind. Einige von ihnen sind voll verschleiert, tragen einen Niqab, der nur die Augen freigibt.

Wer es als europäischer Fluggast wagt, sich in der Wartehalle auf einen benachbarten Sitz zu setzen, gar »Rücken an Rücken« auf einen hinteren Sitzplatz, erfährt sofort die »schützende« Hand, den distanzierenden Arm des Ehemanns.

Gerade als Mann wird man nicht näher als wenige Meter an Frauen herangelassen. Auch im Wartebereich kurz vorm Flug ein ähnliches Bild: Muslimische Familien werden von ihren Familienvätern und Ehemännern auf Abstand gehalten. Die kleinen Mädchen dürfen (noch) herumspringen, die pubertierenden Teenager sitzen verschüchtert im Hintergrund, ebenso die Mütter.

Oder in Ägypten: Das freundliche Urlauberland mit jahrtausendealter Geschichte zeigt sich zunehmend zugeknöpft. Die Zahl der Vollverschleierten steigt stetig, die Zugwaggons sind nach Männern und Frauen getrennt, wobei – bittere Ironie der Geschichte – die Zahl der Grapschereien steigt. Im Sudan werden Frauen ausgepeitscht, weil sie Hosen tragen und dadurch die Umrisse der Beine erkennen lassen.

Oder der Fall von Kartika Sari Dewi Shukarno: Die junge Malaysierin arbeitete in einem Krankenhaus in Singapur und wollte in Malaysia ihre Eltern besuchen. Vor der Fahrt in ihr Heimatdorf trank sie in einer Hotelbar mit nichtmuslimischen Freunden ein Bier. Als sie das Glas zum Mund führte, stürmten Beamte der lokalen Religionspolizei herbei und verhafteten die verdutzte Frau. Als bekannt wurde, dass sie zudem als Model arbeitete, verurteilten sie die Schariarichter des malaysischen Bundesstaats Pahang zu Peitschenhieben.

Zwar wurde das Urteil später aufgehoben, für die junge Frau jedoch war die Katastrophe perfekt: Monatelang konnte sie nicht nach Hause zurückkehren, sie verlor ihren Job und ihren Ehemann noch dazu.

Die marokkanische Autorin Fatima Mernissi schrieb schon 1975 in ihrem Buch *Geschlecht, Ideologie, Islam*, dass die Sexualität in der islamischen Welt territorial sei. Damit meinte sie die Regulierung der Sexualität, indem man Frauen und Männer räumlich voneinander trennt und jedem dieser Teil-Räume eine geschlechtsspezifische Bedeutung beimisst. Zugleich wird die räumliche Trennung auf der Straße fortgeführt, indem den Frauen eine Verschleierung aufgezwungen wird, sobald sie den äußeren, männlich definierten Kreis betreten: die Straße. Oder besser: Alle Orte außerhalb des eigenen Heims, wo die Frau sich unverschleiert bewegen darf, sofern kein fremder, nicht verwandter Mann anwesend ist.

Bitter, dass ihre Worte bis heute noch so aktuell sind.

Wie es sich anfühlt, seinen Körper in einen Niqab oder eine Burka zu verbannen, beschreibt in einem Interview die pakistanische Frau Sabatina James, die in Pakistan zwangsverheiratet werden sollte:

»In Pakistan habe ich einen Niqab getragen, eine Verschleierung, die nur die Augen freilässt. Muslimische Frauen, die sich verschleiern, fühlen sich, als ob sie nicht existieren. Sie haben keine Persönlichkeit, dürfen nicht gesehen werden, sie sind unsichtbar, sie sind nichts. Verhüllte Frauen nehmen am öffentlichen Leben nicht teil, werden nie angesprochen. Nur im eigenen Haus können sie kommunizieren, meist mit dem eigenen Mann und ihrer Familie. Hinzu kommen die Gründe für eine Verhüllung: Eine Frau muss nach lokalem islamischem Recht eine Burka tragen, damit der Mann durch ihre Schönheit nicht in Versuchung gerät. Das bedeutet: Frauen werden in der muslimischen Welt einzig als sexuelle Objekte behandelt, ihnen wird die Persönlichkeit und ihr Verstand abgesprochen. Und nicht wenige Musliminnen verhüllen sich, um zu zeigen, dass sie sich ihrem Mann unterwerfen. Ich meine daher, dass ein Burka-Verbot ein richtiger Schritt ist.«

Die Frau wird ausschließlich als geschlechtliches Wesen betrachtet! Sure 33 (»Die Verbündeten«), Vers 53 beispielsweise handelt davon, dass die Gläubigen die Frauen des Propheten hinter einem Vorhang um etwas bitten sollen. »O ihr, die ihr Glauben erlangt habt. Betretet nicht die Wohnstätten des Propheten, außer euch wird Erlaubnis gegeben; (und wenn alle eingeladen) zu einem Mahl, kommt nicht so (so früh, um) zu warten, bis es zubereitet ist: sondern wann immer ihr eingeladen seid, kommt (zur rechten Zeit) herein … wann immer ihr sie nach etwas fragt, das ihr braucht, fragt sie hinter einer Abschirmung: dies wird nur die Reinheit eurer und ihrer Herzen vertiefen.«

Der Koranforscher Salih Akdemir konnte bei seinen Recherchen nachweisen, dass diese augenscheinlich für die damaligen Zustände aktuelle Sure dazu benutzt worden ist, den Harem religiös zu verbrämen und zu legitimieren – ganz so, als sei es stattlich und besonders fromm, möglichst viele Frauen im Hinterzimmer zu haben.

Koraninterpreten, die die Frau nur als Geschlechtswesen definieren, haben die Ziele des Korans nicht verstanden. Permanent sollen die Frauen hinter einem Vorhang verschwinden, um ja nicht der »Fitna« Bahn zu brechen, also »Zwietracht« zu säen. Ergebnis dieser künstlichen Bemühungen ist, dass das Zusammenleben und die Zusammenarbeit auf gleicher Augenhöhe zwischen Mann und Frau nicht funktionieren.

Nun wird keine Gesellschaft der Welt »einfach so« sich der Mühsal einer Geschlechtertrennung hingeben, wenn dahinter kein »Sinn« gesehen wird. Nein, in den getrennten Räumlichkeiten manifestieren sich die ungleichen Machtverhältnisse und die Hierarchien, die eine Gruppe abhängig von der anderen machen. Jedes Überschreiten, ja, jedes vorsichtige Hinwegtasten über die Grenzen wird zur symbolischen Gefahr, weil die Machtverhältnisse unterlaufen werden.

Die marokkanische Feministin Fatima Mernissi macht zu Recht auf einen großen Strukturunterschied in der islamischen Welt aufmerksam: sie unterscheidet zwischen der Umma und der Familie.

Die Umma bezeichnet die Gemeinschaft der gläubigen Muslime über alle ethnischen und staatsbürgerlichen Differenzen hinweg. Ihr Charakteristikum ist die Gleichheit aller Gläubigen vor Allah, die Gegenseitigkeit und Brüderlichkeit unter Liebe und Vertrauen. Demgegenüber, so Mernissi, steht die Familie als Kern der Umma, sozusagen als kleinere Einheit. In ihr herrscht Ungleichheit zwischen den Ehepartnern, deren asymmetrisches Machtverhältnis vor allem durch Autorität und Geschlechtertrennung gekennzeichnet ist.

Während die Umma frei von Sexualität ist, ist die Familie sexuell aufgeladen. Die Mitglieder der häuslichen Lebenswelt sind per Definition Geschlechtswesen, ihre Identität beruht nicht auf ihrer Religionszugehörigkeit (wie bei der Umma), sondern auf ihrer Geschlechtszugehörigkeit. Und wird deshalb streng geregelt durch einen Schnitt quer durch die Gesellschaft, die Geschlechtertrennung. Frauen sind in dieser Lebenswelt zwar »Bürgerinnen«, aber nur mit einem Mindestmaß an Rechten innerhalb des Hauses.

Daher müssen sie den Männern untergeordnet werden, die auch in der Außenwelt Bürger sind. Alle Dinge, die ins Private hineinreichen – von den Finanzen bis zur Bildung der Kinder –, können also nicht von den Frauen gemanagt werden, weil sie im Außen über keinerlei Mandat verfügen. Über das Außen herrscht der Mann auch im Inneren des Hauses.

Wenn manchmal behauptet wird, die Frauen hätten zu Hause das Sagen, ist das sicherlich eher eine Art Beschwichtigungsrhetorik, die wenig mit der Realität gemein hat. So wird Hausarbeit zum Privileg erklärt. Und die Machtlosigkeit der Frauen zementiert.

Zwischen Frau und Mann steht ein eiserner Vorhang. Jegliche Kommunikation ist damit zum Scheitern verurteilt oder steht zumindest unter keinem guten Stern. Nur wenige Aufgaben erfordern in dieser Welt der tristen Trennung Kooperation, mit Ausnahme der Kinderzeugung. Dabei ist Kooperation zwecks Kopulation als eine strenge Zweckorientierung angesagt, mehr aber auch nicht. Der Geschlechtsverkehr dient der Kindererzeugung und ist ansonsten eine ziemlich peinliche Angelegenheit, zu der man am besten das Licht ausschaltet und die Bettdecke überwirft.

Die Sexualität der Frau wird dabei völlig ignoriert, wie auch die deutschen Islamverbände kaum verschweigen: Der Zentralrat der Muslime befasst sich in seinem Frage- und Antwortkatalog ausführlich mit dem Thema Selbstbefriedigung von Männern; kaum verwunderlich, dass Frauen »so etwas« nicht machen, ja dass es gar nicht erwähnt wird. Die Sexualität der Frau beschränkt sich aufs Kinderkriegen unter der Aufsicht der Familie, beinhaltet jedoch weder Lust noch Spaß.

Der Schnitt geht quer durch die Gesellschaft, quer durch die beschriebene Wartehalle des Flughafens in Tripolis. Wer eine solche Wartehalle kennt, die nervenaufreibenden Wartezeiten bis zum Boarding, die wenig ansprechende Umgebung, die kalten Sitze aus Metall, den stumpfen Geruch von Automatenkaffee in der Luft, das bloße Gefühl, endlich weiterkommen zu wollen, kann sich nur über die Sexualisierung einer banalen Situation, eines banalen, zutiefst unerotischen Ortes wundern.

Für religiöse Frauen liegt das Beispiel einer Moschee vielleicht näher. Warum müssen Frauen von Männern getrennt beten? Für muslimische Frauen, die sich einmal durch den

Nebeneingang in den Frauentrakt einer Moschee haben drücken müssen, ist die Rede von Gleichberechtigung in religiösen Fragen nur blanker Hohn. Die männlichen Imame, die Vorbeter, sprechen nur zu den Männern, und die Frauen sind kaum mehr als Staffage, die geduldet wird.

Ziel aller ernsthaften muslimischen Gleichstellungsbemühungen muss daher das gemeinsame Gebet von Männern und Frauen sein – im gleichen Raum. Ohne Wenn und Aber!

Was genau befürchten die Ehemänner, die eine Bannmeile um ihre Ehefrauen errichten? Fürchten sie, dass die europäischen und afrikanischen Männer, die mit ihnen auf den Flieger warten, ihre Frauen überwältigen, um sie sich sexuell gefügig zu machen? Welches Bild von Weiblichkeit und Männlichkeit steht dahinter?

Im Grunde steht dahinter wieder einmal das Bild eines Gegensatzes: hier die passive Frau, dort der aktive Mann. Ein zutiefst überholtes Überbleibsel des Patriarchats, das natürlich auch in Europa noch nicht gänzlich ausgestorben ist.

Solche Gedanken werden von den Ultras noch immer vertreten. Sie haben aber nicht begriffen: Die Botschaft des Korans betont im Kern die Gleichheit von Mann und Frau. Und moderne Muslime interpretieren den Koran anders. Wenn der Mann sich sexuell ausleben kann, dann kann die Frau das auch. Sexualität muss sich frei entfalten können; und der Islam erlaubt Freude an der Sexualität für beide Geschlechter!

Das schlimmste Überbleibsel des religiös verbrämten Patriarchats ist die Erlaubnis, Frauen schlagen zu dürfen.

Ja, da gibt es nichts zu beschönigen: Die berühmt-berüchtigte Sure 4 (»Die Frauen«), Vers 34 gestattet das Schlagen der Frau; und damit ist diese Sure seit Jahrhunderten ein besonders schwerwiegendes Problem, das heiße Diskussionen gerade unter den muslimischen Gelehrten der Ulema provoziert.

Aber wie man die Sure auch dreht und wendet, sie erlaubt Gewalt gegen Frauen: »Und was jene Frauen angeht, deren Übelwollen ihr Grund zu fürchten habt, ermahnt sie (zuerst); dann lasst sie allein im Bett; dann schlagt sie; und wenn sie daraufhin auf euch acht geben, sucht nicht ihnen zu schaden.«

Wie bereits beschrieben, versuchen die islamischen Feministinnen des Zentrums für islamische Frauenforschung (ZIF), das Verb »schlagen« in einen neuen Zusammenhang zu stellen. Das ist, wie bereits erwähnt, ein verdienstvoller Versuch. Aber der Versuch einer feministischen Neuinterpretation ist letztlich wirkungslos, weil er eine Krücke ist und bleibt. An der Substanz der Aussage ändert sich nichts.

Es ist am Ende des Tages lächerlich, Schlagen abschwächen zu wollen, indem man vorschlägt, mit dem Taschentuch oder dem Zahnstocher zu schlagen. Es gibt auch islamische Gelehrte, die eine Version des »Schlagen light« präferieren, indem sie empfehlen, nicht die Organe zu schädigen und keine Abdrücke zu hinterlassen. Als wenn das am menschenverachtenden Prinzip etwas ändern würde. Mehr als Kosmetik kann dabei niemals herauskommen. Ein blaues Auge kann man auch mit Make-up nur sehr schwer verdecken.

Im Grunde zeigt ein berühmtes Urteil einer Frankfurter Richterin, in welche Sackgassen diese Art von Krücken führen. Die Richterin wollte eine misshandelte Frau nicht von ihrem marokkanischen Mann scheiden, weil sie bei einer Heirat mit einem Muslim hätte wissen müssen, dass er sie schlagen würde, so ihre Begründung. Eine Argumentation, die natürlich völlig absurd ist und zu Recht mit Empörung kommentiert wurde.

An dieser Stelle muss noch einmal darauf hingewiesen werden, dass manche Koranstellen zeitgebunden sind.

Die Sure 4, Vers 34 ist, wie man sie auch dreht und wendet, nicht mehr zeitgemäß. Wir wissen heute nicht, ob sie im siebten Jahrhundert der Offenbarung einen Sinn gehabt hat, ob sie gar eine »Verbesserung« gegenüber vorislamischen Zuständen auf der Arabischen Halbinsel gewesen ist. Fakt ist, dass sie den heutigen Normen und Werten im Kern ihrer Aussagen widerspricht, da beißt die Maus keinen Faden ab. Körperverletzung ist nicht hinnehmbar, und Religionsfreiheit schränkt nicht das Recht auf körperliche Unversehrtheit ein. Damit erübrigt sich jede weitere Diskussion über das angebliche Recht, Frauen zu schlagen; für den Rest ist das Strafgesetzbuch zuständig.

Im Übrigen: Alle Aussagen im Koran sind doppeldeutig, wie die Theologin Beyza Bilgin betont.

Juristisch gesehen sind demnach alle Aussagen, die für Männer gelten, auch für Frauen gültig und umgekehrt. Wenn Frauen unter bestimmten Umständen geschlagen werden dürften, dann auch die Männer.

Nur: Aufklärung und Moderne haben uns weitergebracht, wir wollen keine Gender-Keilereien. Der Geschlechterkampf ist sinnlos. Wir empfinden heute Gewalt nicht mehr als Lösung unserer Probleme, auch wenn es noch immer viel zu viel Gewalt gibt.

Letztlich stellt die Sure 4, Vers 34 die Grundfrage, wie wir allgemein zu Gewalt stehen. Diese Frage ist zumindest in Deutschland beantwortet: Gewalt ist keine Lösung. Gewalt ist das Problem.

Zusammensein statt Auseinandergehen

Die feministische Frage harrt auch in Teilen der nichtmuslimischen Welt einer Antwort. Letztlich kann sich der Feminismus nicht damit begnügen, die Gleichstellung von Mann und Frau nach den Regeln der Männer zuzulassen. Die Geschlechterklischees – der aktive Mann und die passive Frau – sind Regeln einer patriarchalen Männerwelt. Einer Welt, die die heutigen Kopftuchmädchen morgen schon infrage stellen werden. Dreh- und Angelpunkt für eine Besserung ist die Bildung von Mädchen und Jungen.

Daher sind Schulprogramme sehr sinnvoll: Mädchen sollen selbstverständlich Sport machen, selbstverständlich Schwimmen lernen. Klassenfahrten normalisieren die Geschlechterverhältnisse. Schule ist dabei der Ort, an dem der Staat am besten nach seinen Werten und Normen eingreifen kann.

Im Übrigen wäre das auch im Sinne der Jungs und Männer: Als Gegenpart zum »Objekt« der passiven, »hingebungsvollen« Frau steht der Mann. Dabei wird eine Männlichkeit konstruiert, die nicht zum Ruhm der Männer geeignet ist. Denn dadurch, dass man sogar die Wartehalle in einem profanen Flughafen zu einem Ort der Distanz und Geschlechtertrennung macht, wird sogar der banale Akt des Wartens auf ein Flugzeug sexualisiert.

Wieso, fragt man sich, sollte sich ein Mann an einem völlig unerotischen Ort nicht im Zaum halten können, wenn eine Frau dabei ist?

Gleiches gilt erst recht für Orte, wo die Geschlechtertrennung schon von vorneherein formal festgelegt ist, wie in Moscheen.

Wieso sollte ein Mann nicht auch oder gerade in einer Moschee seine erotischen Phantasien kontrollieren können, wenn eine Frau im Raum ist?

Letztlich ist es doch eine Beleidigung für Männer, wenn man ihnen unterstellt, ihre Triebe nicht ansatzweise im Griff zu haben.

Keine Frage, dass man den Männern damit Unrecht tut. Und moderne Männer werden sich mit diesen Neandertaler-Bildern nur schwerlich identifizieren können.

Das Prinzip der sexuellen Aufladung einer Situation funktioniert überall, und auch die katholische Kirche weiß ein Lied davon zu singen, wie beispielsweise der Kirchenkritiker und Theologe Gotthold Hasenhüttl in einem Interview unterstreicht.

Er macht die Sexualmoral und Vertuschungsmentalität der Kirche für die Missbrauchsfälle verantwortlich, die 2010 zu der wahrscheinlich größten Vertrauenskrise der Kirche seit Jahrzehnten kulminierten.

Andere Beispiele einer unnötigen Sexualisierung werden auch in der Bildungsforschung strittig diskutiert. Geschlechtertrennung in Schulklassen, so viel kann man heute sagen, führt eher zu einer situativen Aufladung mit Sexualität.

Wer dagegen als männlicher Schüler jahrelang mit Mädchen in einer Klasse sitzt und mit ihnen nah und ohne künstliche Distanz Umgang hat, lernt eine Normalität, in der Sexualität *auch* eine Rolle spielt. Aber eben nur *auch*. Sexualität ist einer unter vielen Aspekten im Umgang von Mann und Frau, Junge und Mädchen.

Schlimm wird es, wenn die Unterdrückung von Sexualität hinzukommt. Wenn Mädchen nichts, aber auch rein gar nichts über ihre Sexualität lernen, dann aber in der Hochzeitsnacht plötzlich wie aus mehr oder minder heiterem Himmel mit einem Mann schlafen müssen, ist das böse Erwachen im wahrsten Sinne des Wortes am nächsten Morgen vorprogrammiert. Auch die Regeln der verschiedenen islamischen Konfessionen, wie in früheren Zeiten vor allem innerhalb der eigenen Sippschaft zu heiraten – also Aleviten die Aleviten, Sunniten die Sunniten –, führen zu einer Sexualität, die nicht unbedingt etwas mit Liebe, Respekt und Zuneigung zu tun hat.

Sexualität kann sich unter diesen Umständen keinesfalls wie ein zartes Pflänzchen entfalten. Erkrankungen der Psyche, zumindest ein gestörtes Verhältnis zum eigenen Körper und zu Liebe, Sex und Zärtlichkeit mit dem anderen Geschlecht sind die Folgen, denen die Frauen ein Leben lang nicht entkommen können.

Wie sich diese sexuelle Verdruckstheit anfühlt, beschreibt die 18-jährige Deutsche mit türkischen Wurzeln Melda Akbas in ihrem 2010 erschienenen Buch *So wie ich will. Mein Leben zwischen Minirock und Moschee*:

»Für mich war es ja schon so etwas wie ein Akt der Weltveränderung, Anne davon zu überzeugen, mit mir zu einem Frauenarzt zu gehen, nachdem ich meine Regel bekommen hatte … Anne bestand darauf, dass es eine türkische Ärztin sein musste. Sie kam tatsächlich mit, bis hinein ins Behandlungszimmer. Während die Ärztin mich untersuchte, wich sie nicht von deren Seite und wiederholte ständig, ich sei noch Jungfrau. Ich lag mit gespreizten Beinen auf dem Stuhl und wünschte mir nichts mehr, als dass dieser peinliche Auftritt bald vorbei sein würde.«

Unterdrückte Sexualität bricht sich Bahn. Das gilt nicht nur für katholische Priester, die der hehren Zölibatslehre nichts mehr entgegenzusetzen haben und sich deshalb an Messdienern vergreifen. Es gilt auch für Muslime, die genauso Menschen mit Bedürfnissen sind wie alle anderen.

Sexualität lässt sich nicht einfach wegdrücken. Ganz im Gegenteil, Sexualität lässt sich vielleicht bewältigen, wie auch immer, jedoch niemals ignorieren.

Gerade weil man den Menschen beibringt, das jeweils andere Geschlecht zu fürchten, ihm zu misstrauen und die Verführung als einzige, wenn auch vordergründig verbotene Form des Austauschs zu kultivieren, macht man die Menschen zu »erbärmlichen Hampelmännern«, wie die Autorin Fatima Mernissi schreibt, die selbst aus einem Land kommt, das die Geschlechterbeziehungen streng reglementiert; aus Marokko.

Aber wer in Marokko unterwegs ist, erkennt die Nischen, im wahrsten Sinn des Wortes, die sich die jungen Leute in einer prüden Gesellschaft schaffen. An lauen Abenden sitzen auf den verwinkelten und schlecht einsehbaren Kaimauern der schönen Hafenstadt Essaouira die jungen Pärchen, halten Händchen und genießen einen kurzen Moment unangestrengter Zweisamkeit, fernab der sozialen Kontrolle ihrer Mütter und Väter, Großväter und Großmütter, Tanten und Onkeln.

Schwule, Lesben und Transgender

Ganz besonders schwer haben es homosexuelle Muslime. In konservativen Kreisen gelten Schwule und Lesben, vor allem aber Schwule, als abnorm und »krank«, die man heilen solle, übrigens natürlich auch bei konservativen Christen oder anderen überbetont traditionellen Religionsanhängern.

Islamisch geprägte Länder gehen sehr unterschiedlich mit Homosexualität um. Die Bandbreite reicht von relativ großer Liberalität, wie in Bosnien-Herzegowina und der Türkei, bis hin zu drakonischen Strafen, wie die Todesstrafe im Jemen, Iran, in Saudi-Arabien und den Vereinigten Arabischen Emiraten.

Die Gegner von Homosexualität berufen sich auf Korantexte, meist auf die Geschichte des Propheten Lot, um ihre Abscheu, wodurch auch immer sie entstanden sein mag, religiös zu legitimieren: »Und (gedenkt) Lot, als er zu seinem Volk sagte! ›Wollt ihr solche Abscheulichkeiten begehen, wie es keiner in aller Welt jemals vor euch getan hat? Wahrlich, mit Begierde naht ihr Männern anstatt Frauen: nein, ihr seid nur Leute, die zu Exzessen geneigt sind.‹« (Sure 7 »Die Unterscheidungsfähigkeit«, Vers 80–82)

So gesehen verhält sich der Islam in seiner Beurteilung der Homosexualität kaum anders als die anderen monotheistischen Religionen. Ignorierend bis ablehnend.

In den vergangenen Jahren wurden immer mehr Stimmen innerhalb der muslimischen Gemeinschaften laut, die eine Modernisierung dieser ablehnenden Haltung forderten. So gründete 1999 ein pakistanischer Student die Organisation Al Fatiha als weltweit erste muslimische Gruppierung, die sich ausdrücklich für die Belange von schwulen, lesbischen, bisexuellen und transsexuellen (LGBT) Muslimen einsetzt. Im Wesentlichen versuchen die Aktivisten, auf die Probleme ihrer Zielgruppe aufmerksam zu machen.

Selbst in liberaleren und säkularen Ländern, wie der Türkei, haben es homosexuelle Muslime eher schwer. Das türkische Militär verbucht Homosexualität als »psychosexuelle Störung«; theoretisch werden Schwule nicht zum Militärdienst eingezogen, allerdings will das Militär zum Nachweis Fotos oder Videos des Sexualverkehrs sehen, wobei dann nur der »passive« Partner als schwul gilt.

Die Gruppe »Lambda Istanbul«, die sich für homosexuelle Türken einsetzt, wurde 2008 verboten, und zwar mit einem juristischen Winkelzug, die Gruppe agitiere angeblich gegen den »Frieden und das Wohlergehen der Familie«. Das Verbot wurde Ende 2008 wieder aufgehoben.

Mitte 2008 waren Vertreter der Gruppe in Köln, um auf der CSD-Parade (Christopher Street Day) für Toleranz zu werben. Deutsche Aktivisten waren wiederum auf dem Istanbuler CSD, ein noch zartes Pflänzchen der Homo-Bewegung in der Türkei, die in den vergangenen Jahren immer mal wieder mit Übergriffen auf Schwule Schlagzeilen machte. Beispielsweise sorgte der

Fall eines »Ehrenmordes« für Aufsehen, weil ein junger Mann, Ahmet, auf offener Straße erschossen worden war. Ein Jahr zuvor hatte der 26-Jährige seinen Eltern »gestanden«, schwul zu sein. »Das Telefonat, das Ahmet mit seinem Vater führte, war für den Vater ein Schock«, berichtete Can, der Lebensgefährte von Ahmet später. »Aber nicht, weil er schwul war, sondern weil er sich dazu bekannte.«

Sein Freund Can, der zuvor kein Schwulenaktivist war und die deutsche Staatsbürgerschaft hat, zieht seitdem durch Europa, um an das Schicksal seines ermordeten Freundes zu erinnern.

Ahmets Fall, aber auch andere Fälle von Ablehnung von Homosexualität und Transsexualität unter Muslimen zeigen, wie wichtig eine offene Diskussion über andere sexuelle Orientierungen ist. Sexuelle Orientierungen, die der gesellschaftlichen Norm von Heterosexualität widersprechen. Mit welcher Begründung wollen Konservative diesen Menschen das Recht nehmen, auch ein Teil der islamischen Gemeinde zu sein?

Menschen mit einer anderen sexuellen Orientierung haben, wie alle anderen auch, den »göttlichen Odem«, und sie sind so, weil Gott sie so erschaffen hat. Er lässt sie leben, wie sie sind. Ihre sexuelle Neigung ist ein Teil der Persönlichkeit, ein Teil der Identität – Schwule, Lesben, Bi- und Transsexuelle spielen kein Theater, sie sind geschaffen, wie sie sich darstellen, und das ist eine weitere Facette der Normalität. Kein Mensch kann hier Richter sein, weil keiner der Erschaffer des Lebens ist. Unter diesem Blickwinkel ist es auch für gläubige Menschen völlig akzeptabel, homosexuelle Gemeindemitglieder als das zu respektieren, was sie sind: normal!

Die Theologin Beyza Bilgin unterstreicht die Brisanz des Themas für Muslime. Sie betont allerdings auch die Notwendigkeit eines Wandels in den Köpfen mancher Ewiggestriger. »Wenn wir uns näher mit den entsprechenden Koranstellen beschäftigen«, so Bilgin, »fällt auf, dass es vor allem um Belästigung geht: ›Wahrlich, ihr kommt zu den Männern im Gelüst anstatt zu den Weibern! Ja, ihr seid ein ausschweifendes Volk!‹«

Menschen sollten einander nicht belästigen und die sexuelle Orientierung des anderen akzeptieren, so Bilgin weiter. Die Diskussion in den muslimischen Gemeinden steht noch am Anfang. Bilgin: »Es ist an der Zeit, dass sich auch Muslime dem Thema Homosexualität stellen. Und es ist an der Zeit, dass Fragen, die sich Homosexuelle stellen, beantwortet werden.«

Auch unter Christen sind Vorbehalte gegenüber anderen sexuellen Orientierungen weitverbreitet, die Bandbreite reicht von strikter Ablehnung bis zu zähneknirschender Toleranz. Aber was vor 50 Jahren noch undenkbar war – ein schwuler Bürgermeister in Berlin, ein schwuler Außenminister –, ist heute wenigstens in urbanen Kreisen kein Problem mehr. Und auch, wenn schwule und lesbische Kirchenchormitglieder mitunter noch so manchem Spott und Tuscheln ausgesetzt sein mögen, wird sich wohl kein vernünftig denkender Mensch mehr weigern, mit ihnen an einem Tisch zu sitzen.

Die deutsche Gesellschaft ist noch ein Stück weit weg von absoluter Normalität, aber wesentlich näher dran als noch vor Jahrzehnten. Das muss auch das Ziel für alle Gesellschaften mit muslimischer Bevölkerung sein.

Kopftuchmädchen

Das Kopftuch ist das rote Tuch in der deutschen Islamdiskussion. Nichts ist umstrittener als das Stückchen Stoff namens Kopftuch. Für die einen ist es ein Symbol der Frauenunterdrückung im Islam, für die anderen nur ein Zeichen ihres Glaubens und der Identifikation. Und manche, wie die Ethnologin Ingrid Thurner in einem Gastbeitrag für die *Süddeutsche Zeitung*, sehen im Kopftuch gar ein Symbol fürs neue Selbstbewusstsein der Frauen: »Als die muslimische Frau in der Öffentlichkeit sichtbar wurde, verwandelte sie sich in ein Problem. Sichtbar ist sie erst, seit sie begonnen hat, ihren Körper zu verstecken und damit selbstbewusst aufzutreten.«

Wenn Frau Thurner doch nur wüsste, wie viel »Überzeugungsarbeit« in den Moscheen geleistet wird, damit die Mädchen und Frauen ihre Kopftücher weiterhin tragen. Sie müsste sich nur einmal unter den Mädchen umhören, die in Korankurse gehen. Diese würden ihr berichten, wie die Imame auf sie einwirken und erzählen, dass sich jedes einzelne Haar, das sichtbar wird, nach dem Tod in der Hölle in eine Schlange verwandelt; eine Schlange, die im Folgenden bis in alle Ewigkeit auf dem Kopf des Mädchens wohnen würde. Diejenigen, so gehen die Schauermärchen weiter, die ohne Kopftuch in der Öffentlichkeit unterwegs seien, hätten dann Hunderttausende Schlangen auf dem Kopf – und das für immer!

Wer will das schon?

Das weiß Frau Thurner natürlich nicht, weshalb sie sich irrt: Das Kopftuch ist weder ein Zeichen von Selbstbewusstsein noch von Minderwertigkeitskomplexen. Sich frei zeigen zu können, ist ein Menschenrecht, und »Menschenrechte haben kein Geschlecht«, wie schon die Schriftstellerin Hedwig Dohm im 19. Jahrhundert schrieb. Die Behauptung, den Körper zu verstecken, sei ein Akt des Selbstbewusstseins, ist schon eine abenteuerliche Argumentation, die deutlich durch eine feministische Position bestimmt ist – in diesem Fall allerdings auf einem Irrweg.

Denn wer meint, die Zurschaustellung des weiblichen Körpers in Werbung und im Fernsehen dadurch bekämpfen zu können, dass man den Körper versteckt, treibt den Teufel mit dem Beelzebub aus.

Das Kopftuch ist ein Mittel der Abgrenzung, ein eiserner Vorhang für den Kopf und den Rest der Frau. Es ist ein Relikt aus alten Tagen. Eben weil es für viele konservative islamische Männer das Signal ist: Achtung, hier ist das Geschlechterverhältnis zwischen uns beiden genau so, wie ich es gerne hätte. Das Kopftuch ist nicht irgendein Tuch, es ist ein Tuch, mit dem Frauen die Ohren zugehalten werden, die Luft abgeschnürt wird, mithin ein Zeichen reiner Isolation.

Zunächst einmal sind ein paar grundlegende Anmerkungen

zur Verhüllung angebracht. Meist wird eine Sure des Korans zitiert, wenn es um die Verhüllung der Frau geht: »Und sag den gläubigen Frauen, ihren Blick zu senken und auf ihre Keuschheit zu achten, und nicht ihre Reize (in der Öffentlichkeit) über das hinaus zu zeigen …« (Sure 24 »Das Licht«, Vers 31)

Von Befürwortern wie Gegnern wird diese Sure immer wieder hervorgekramt. Und so verwundert es kaum, dass auch die konservativen Islamverbände sich auf sie berufen: »Islamisch gesehen ist das Tragen des Kopftuches eine Pflicht, die Allah im Koran offenbarte. Außerdem belegt die Sunna des Propheten (Friede sei mit ihm) diese Pflicht ebenfalls eindeutig. Frauen (und Männer) sollten sich aus *Überzeugung* an die von Allah offenbarten Kleidervorschriften halten.«

Bevor der Zentralrat der Muslime hier weiter an die religiöse *Überzeugung* und Allahs Kleidervorschriften appelliert: Die Herren vom Zentralrat haben die Sure nicht gelesen, die der obigen zuvorkommt; und sie haben die Grundregel aller Korandeutung missachtet, die der Volksmund seit Menschengedenken kennt. Jede Sure hat 60 000 Bedeutungen. Sie unterschlagen den ersten Vers der Sure 24, in dem auch den Männern etwas auferlegt wird: »Sag den gläubigen Männern, dass sie ihren Blick senken und auf ihre Keuschheit achten sollen: dies wird für ihre Reinheit am förderlichsten sein – (und) wahrlich, Gott ist all dessen gewahr, was sie tun.« (Sure 24 »Das Licht«, Vers 30)

Also: Auch die Männer sollen sich benehmen.

Die Rede ist hier von gegenseitiger Reinheit – ein immer wiederkehrendes Motiv im Glauben. Reinheit und Maßhalten, das sind religiöse Motive, die in allen Religionen zu finden sind. Weder Frauen noch Männer sollen ihre Sexualität entblößen und offen vor sich her tragen.

Wie dieser ethische Grundsatz allerdings umgesetzt wird, hängt von der Zeit, dem Ort, den gesellschaftlichen Zuständen und anderen Bedingungen, wie beispielsweise geografische Beschaffenheit, Klima oder Demografie ab. Die Verhüllung des

Kopfes gab es zum Beispiel bei den Arabern des Klimas wegen sowohl für Frauen als auch für Männer. Auch heute noch tragen Araber eine Verhüllung, weil das in Wüstengebieten praktisch ist. Die Islamgelehrten, so Beyza Bilgin, hätten es jedoch geschafft, den Kopf der Frau absolut zu bedecken, gar so weit, dass kein einziges Haar mehr herausschauen darf.

Folgende Sure bezieht sich ausdrücklich aufs Bewegen im öffentlichen Raum: »O Prophet! Sage deinen Ehefrauen und deinen Töchtern wie auch allen (anderen) gläubigen Frauen, dass sie (in der Öffentlichkeit) etwas von ihren äußeren Gewändern über sich ziehen sollen: dies wird eher förderlich sein, dass sie (als anständige Frauen) erkannt und nicht belästigt werden. Aber (überdies,) Gott ist fürwahr vielvergebend, ein Gnadenspender.« (Sure 33 »Die Verbündeten«, Vers 59)

Muhammad Asad schreibt in seinem Korankommentar dazu sehr treffend: »Die besondere zeitgebundene Formulierung des obigen Verses … wie auch die absichtliche Unbestimmtheit der Empfehlung, dass Frauen in der Öffentlichkeit ›etwas von ihren äußeren Gewändern über sich ziehen sollen‹, macht klar, dass dieser Vers nicht ein Gebot im allgemeinen, zeitlosen Sinn des Begriffs sein sollte, sondern vielmehr eine vor dem stets wechselnden Hintergrund von Zeit und gesellschaftlicher Umgebung zu befolgende moralische Richtlinie. Dieser Befund wird durch die abschließende Bezugnahme auf Gottes Vergebung und Gnade bekräftigt.«

Die Kopfbedeckung war seinerzeit ein Vorrecht der freien Frauen, während Sklavinnen noch nicht einmal zum Gebet den Kopf verhüllen durften. Sich den Kopf zu verhüllen, war also ein Vorrecht und ein Mittel zur Abgrenzung gegen die Sklavinnen, die rechtlos waren. Zu Zeiten des heiligen Ömer wurden Sklavinnen, die sich trotz des Verbots bedeckten, hart bestraft.

Bekanntermaßen gibt es heute in Deutschland und Europa keine Sklavinnen mehr, weshalb sich niemand mehr an besagte Sure halten muss – eine Sure, die offenbar die soziale Wirklichkeit der damaligen arabischen Welt widerspiegelt.

Und das zeigt: Diese Sure ist eine zeitlich begrenzte. Wenn sie sich an alle Frauen und die Menschheit richten würde, dann müssten sich auch die Sklavinnen bedecken – denn Gott kennt keinen Unterschied zwischen Sklavinnen und freien Frauen. Für Gott sind sie alle nur eines, Menschen.

Das Wort »himar«, das im Koran vorkommt, heißt »Bedeckung«. Nicht mehr, nicht weniger; das Wort »Kopftuch« kommt nirgendwo vor. Es steht außer Frage, dass mit »Bedeckung« nicht die Verhüllung des Kopfes gemeint ist, sondern der Brüste.

Jedenfalls dürfte klar sein, dass sich die Musliminnen zur Entstehungszeit der überlieferten Koransuren Überwürfe anzogen, um sich abzugrenzen und zu schützen in einer männlich dominierten, armen vorislamischen Welt der Arabischen Halbinsel. Der Rückschluss allerdings, dass muslimische Mädchen und Frauen heute deswegen ein Kopftuch tragen müssten, ist völlig abwegig. Warum sollten neun- oder zehnjährige Mädchen heute ihre Köpfe bedecken müssen, wie es viele Eltern von ihnen verlangen?

Das Kopftuch ist auch keine rituelle Pflicht, wie die Theologin Beyza Bilgin unterstreicht. Die einzige Vorschrift für das rituelle Gebet besteht darin, sich vorher zu waschen und in Richtung Mekka zu beten, keinesfalls das Tragen eines Kopftuchs. Wenn Frauen in der Moschee ein Kopftuch tragen, wie dies meist der Fall ist, liegt das daran, dass die Frauen den Weg des geringsten Widerstands gehen: bloß keine Provokation der anderen; übrigens Männer wie Frauen.

Wir wissen aus Berichten, dass gerade Frauen beim Tragen des Kopftuchs peinlich genau über andere Frauen wachen – frei nach dem Motto: Warum sollte es ihr besser ergehen als mir?

Eigentlich aber ist es das gute Recht einer Frau, so Bilgin, ohne Kopftuch die Moschee zu betreten. Würde der Imam, der Vorbeter, sie am Eintritt hindern, hätte die Frau alle Rechte, den Mann zur Seite zu schieben; die meisten Frauen wagen das allerdings nicht, weil der Moscheebesuch zum Beten und nicht zum Streiten gedacht ist und sich niemand die Blöße vor Nachbarn und Verwandten geben möchte.

Das Kopftuch zu Zeiten des Propheten Mohammed war eine Verbesserung der Frauenrechte im Vergleich zu den dunklen Zeiten davor. Heute ist die Entwicklung tausend Schritte weiter. Ein Rechtsstaat wie der deutsche, in dem die Gleichheit aller Bürgerinnen und Bürger vor dem Gesetz ein Grundrecht ist, wo der Staat den Schutz aller garantiert, ist dabei das moderne Äquivalent zum vormodernen Kopftuch. Warum? Weil der moderne Rechtsstaat die Rechte des Individuums schützt; wenn sich eine Frau belästigt fühlt, so hat sie zig Möglichkeiten, sich zu wehren, inklusive einer Anzeige bei den staatlichen Schutzbehörden Polizei und Justizapparat. Alles Errungenschaften, die die Frau im frühen Arabien nicht hatte.

Folglich ist ein Kopftuch heutzutage überhaupt nicht mehr nötig. Das Kopftuch ist out. Keiner braucht es mehr.

Viel wesentlicher ist doch der ethisch-moralische Kern dieser Suren, und der lautet: »Mäßigung«. »Bedeckung« heißt Mäßigung!

Deshalb sollen sich, wenn es nach den Konservativen geht, auch vor allem die Jüngeren bedecken. Alte und vielleicht weniger attraktive Frauen werden weniger streng zum Verhüllen aufgefordert – je älter und hässlicher, desto weniger herrscht Kopftuchzwang. Hier wird der Mangel an Menschenwürde ganz besonders deutlich.

Mäßigung ist das zentrale Anliegen aller Religionen, die zur Sittsamkeit und damit zu einem besseren Zusammenleben erziehen wollen. Der Aufruf zum Maßhalten beim Alkoholkonsum ist nichts anderes als der Aufruf, die eigene Gesundheit und die Regeln der Gemeinschaft zu schützen, auch die anderen nicht zu belästigen. Gleiches gilt für die Mäßigung beim Essen, wobei hier auch noch die Aspekte der Ressourcenschonung und des Umweltschutzes hinzukommen.

Mäßigung ist beispielsweise auch ein zentrales Motiv der christlichen Moralethik, der Tugenden.

Für die Aleviten ist der Dreiklang »Beherrsche deine Hände, deine Lenden, deine Zunge« der zentrale Tugendkatalog, der fast alle Verhaltensnormen von Maßhalten im sexuellen wie materiellen Sinne subsummiert. Aber auch schon die alten Griechen sahen in der Mäßigung eine besonders wichtige Tugend, Platon beispielsweise betrachtete sie im Dreiklang mit Tapferkeit und Weisheit als Grundlage.

Nicht nur bei Platon ist Mäßigung die »Mutter aller Tugenden«, wie sie später auch Hildegard von Bingen in ihren medizinischen Werken zum Besten gab. In Aristoteles' Ethiklehre ist »die Mitte«, Mesotes, Grundziel eines »guten Lebens«. Als Beispiel: Die »gute Mitte« liegt zwischen Tollkühnheit und Feigheit – und nennt sich Tapferkeit.

»Trotz unterschiedlicher Konzepte und Philosophien vertreten alle wichtigen religiösen Traditionen ein und dieselbe Botschaft der Liebe, des Mitgefühls, der Toleranz, der Mäßigung und der Selbstkontrolle«, schreibt das Oberhaupt der tibetischen Buddhisten, der Dalai Lama, in seinem kurzen Statement »Meine drei Aufgaben im Leben«. Kurz und prägnant bringt er die Bedeutung von Maßhalten und Selbstkontrolle als ethisches Konzept der Religionen auf den Punkt; und diese Selbstkontrolle bezieht sich eben auch auf die Sexualität. »Sedre avet« – das heißt so viel wie »bedecke deine Schamzonen«, ein guter Tipp für Frauen und Männer, die sich in Gesellschaft befinden und andere nicht mit der Zurschaustellung ihres Fleisches belästigen wollen.

Letztlich geht es auch dem Koran um die Zivilisierung der Menschen durch Tugenden. Die Grundtugenden, wie beispielsweise die Mäßigung, sind dabei zeitlos: Maßhalten im Konsum ist das große Thema unserer Tage. Wie kann man die neuen Medien positiv nutzen, ohne süchtig zu werden? Wie kann man die wunderbaren Vorteile des Internets nutzen, ohne den ganzen Tag vor dem Bildschirm zu sitzen, um hinterher festzustellen, dass man zwar viele Informationen aufgesogen, aber nicht wirklich etwas gelernt hat? Es wäre jedoch absurd, den Prozess der Zivilisierung in den Zeiten des Propheten einfrieren zu wollen. Korantexte atmen die Fakten und Details ihrer Entstehungszeit.

Man könnte auch die folgende Gleichung aufstellen:

Koranaussagen im siebten Jahrhundert =
Unveränderliche Kernbotschaften +
Historische Fakten im siebten Jahrhundert

Wenn man die koranische Botschaft vom Ballast der Fakten des siebten Jahrhunderts befreien möchte, um sie ins 21. Jahrhundert zu übertragen, muss man die unveränderlichen ethischen Kernbotschaften zu den aktuellen Fakten unserer Zeit addieren.

Koranaussagen im 21. Jahrhundert =
Unveränderliche Kernbotschaften +
Historische Fakten im 21. Jahrhundert

Was definitiv nicht geht – und dazu muss man kein Mathematiker sein –, ist diese Ungleichung:

Koranaussagen im 21. Jahrhundert =
Unveränderliche Kernbotschaften +
Historische Fakten im siebten Jahrhundert

Der Koran hat einen Ewigkeitsanspruch, natürlich, schließlich ist er die heilige Quelle des Islam. Dass er unter den Bedingungen der arabischen Kultur im siebten Jahrhundert offenbart wurde, tut der ewigen Gültigkeit seiner Worte keinen Abbruch; wenn man die Suren, die im Zusammenhang mit den Frauen stehen, mit dem Anlass und der Situation ihrer Offenbarung im Hinterkopf liest.

Diese Ungleichung gibt die Unzeitlichkeit mancher islamistischer Funktionäre wieder, die nicht begreifen wollen, dass sich die Uhr weiterdreht. Die meisten islamischen Verbände behaupten, das Kopftuch sei eine religiöse Pflicht – es ist allerdings sehr schwer nachzuvollziehen, woher sie diese Überzeugung nehmen.

Die türkische Religionsbehörde Diyanet beispielsweise, eine staatliche Behörde der Türkei, stellt das Kopftuch als religiöse Pflicht dar; sie unterschlägt ihren Gläubigen in der Türkei also wichtige Informationen. Sie macht aus »sedre avret« – »bedecke deine Schamzonen« – ein »sedre avrat« – »bedecke das Weib«. Die Frau wird zu einer einzigen Schamzone erklärt und so von den Männern (und ihren willigen Helferinnen unter den Müttern, Tanten und Schwiegermüttern) kontrolliert. Ein typisches Beispiel, wie eine Sure des Korans ganz besonders nachhaltig frauenfeindlich umgesetzt wird.

Könnte es sein, dass Gott bei der Erschaffung der Menschen einen Fehler gemacht und das Kopftuch vergessen hat? Könnte das sein?

Wohl kaum.

Könnte es sein, dass Gott die Frauen mit Haupthaar ausstattet, um ihnen das Zeigen dieser Pracht gleich wieder zu verbieten? Wohl kaum.

Alles hat seinen Platz, alles hat seinen Sinn. Eine muslimische Frau trägt zur Arbeit ein Kostüm, zu einem Ball ein Abendkleid, auf dem Tennisplatz eine Sporthose (oder eben auch das Röckchen, aber auch das ist keine Pflicht, wie man den Tennisvereinen ab und an sagen muss), und am Strand ist ein Badeanzug oder ein Bikini das passende Kleidungsstück. Wer das nicht begreift, spielt auf dem falschen Feld, wie etwa der nationale Sportverband im Iran.

Nach Meinung der stellvertretenden Chefin des nationalen iranischen Sportverbandes, Marzieh Akbarabadi, sind die Frauen-Fußballtrikots, die im Sommer 2010 eingeführt werden sollten, »unpassend« – ergo genehmigte der Verband die Trikots nicht. »Wir erkennen dieses Outfit nicht an, weil es weder die Haare noch den Körper ausreichend bedeckt«, sagte Akbarabadi in einer Pressebotschaft.

Zuvor hatte sie die Präsentation der Trikots verärgert verlassen und war von dannen gestürmt; das neue Trikot war von der

Weltfußballorganisation FIFA vorher akzeptiert worden. Was sich die gute Frau als praktische Sportkleidung vorstellt, bleibt allerdings im Dunkeln. Jedenfalls war ihre Reaktion eine von den Mullahs gewünschte: Fußball und Fußballstadien gelten bei den Fundamentalisten ohnehin als vulgär und unpassend für Frauen.

Ob wir nun von solchen Extremfällen sprechen oder von Bedeckungen islamischer Frauen in Europa – die Logik ist dieselbe.

Ein Verbot des Kopftuchs für Lehrerinnen an Schulen und anderen staatlichen, dem Neutralitätsgebot verpflichteten Institutionen ist daher richtig.

Schülerinnen sollten erst ab dem Alter ihrer Religionsmündigkeit, also mit 14 Jahren, die Erlaubnis bekommen, ein Kopftuch zu tragen. Ein gänzliches Verbot für Ältere wird es nicht geben können, weil die Entscheidung zum Kopftuch ein legitimes Recht des Einzelnen ist. Aber Jüngere kann und sollte man schützen, aus zwei Gründen: Jüngere Mädchen vor der Pubertät dürften wohl kaum einen Grund haben, ihre »Scham« (wenn man denn so argumentieren möchte) verdecken zu müssen. Und zweitens verfügen erst im Jugendalter die Jugendlichen über einen Mindesterfahrungsschatz, um für sich diese Entscheidung treffen zu können. Deshalb hat man die Grenze der Religionsmündigkeit »erfunden«, um der geistigen Entwicklung des Kindes Rechnung zu tragen, das mit neun Jahren eben noch nicht selbst entscheiden kann, ob es »aus religiösen Gründen« ein Kopftuch tragen möchte.

Es kennt »die religiösen Gründe« ja noch gar nicht. Auf welcher Grundlage sollte es also entscheiden?

Allerdings, das ist nur ein bedingtes »Ja« zum Kopftuch und nur sehr zähneknirschend, denn in der Realität haben die Mädchen auch mit 14 kaum Gelegenheit, eine andere Meinung als die der Eltern und gegebenenfalls der Moscheevereine, in die sie gehen, kennenzulernen. Nur die wenigsten gläubigen Mädchen wissen, dass das Kopftuch keine religiöse Pflicht ist. Insofern kann man hier nur aufklären; das Kopftuch ist entgegen so mancher Polemik auch nicht angewachsen. Ein heute 14-jähriges Mädchen kann mit 18 zur Besinnung kommen. Deshalb sollte man mit Diffamierung und Spott gegenüber den Kopftuchträgerinnen besser vorsichtig sein, um keine unnötigen Solidarisierungs- und Trotzeffekte auf den Plan zu rufen. Keinem ist geholfen, wenn man sich über Kopftuchmädchen lustig macht.

Es ist ein großer Unterschied, ob die streng Religiösen ihr eigenes Leben nach strengen moralischen Vorstellungen organisieren und leben oder ob sie das Leben aller anderen mitprägen dürfen. Man muss sich klarmachen: Ein flächendeckendes Kopftuchverbot ist die mehr oder minder verzweifelte Antwort eines überforderten Rechtsstaats auf stärker werdende Akteure, die das Kopftuch so »verkaufen«, als sei es eine göttliche Anordnung – und erfolgreich damit sind, weil sie Einfluss auf ihre Basis ausüben. »Wenn die Ultrareligiösen das endlich verstehen«, so Beyza Bilgin, »dann werden auch die Diskussionen um ein gänzliches Kopftuchverbot verstummen.«

Noch aber verstehen die Hardliner wenig. Erst vor einigen Jahren behaupteten etliche von ihnen, es sei Gottes Gebot, dass Frauen zu Hause bleiben und sich mit der Rolle als Ehefrau und Mutter begnügen. Das hat sich geändert, auch weil sich die ökonomischen Voraussetzungen gewandelt und die »Frauenarbeit« sich als etwas ganz Normales etabliert hat. Wer heute zu Hause bleibt, sich für Kinder und Hausarbeit entscheidet, soll dies aus freiem Willen tun; niemals aber aus Gehorsam gegenüber irgendwelchen anachronistischen Regeln.

Der Staat muss weiter auf Neutralität religiösen Symbolen gegenüber pochen. Wenn der türkische Ministerpräsident Erdogan etwa noch heute zur Kopftuchfrage die »Ulema«, also die geistliche Elite, befragen will, dann verwandelt sich ein laizistischer Staat in einen Gottesstaat, in dem wieder alles möglich ist – inklusive mittelalterlicher Traditionen. In einem religiösen Staat fragen die Regierenden die Koraninterpreten, die »Ulema«, nach Rat, suchen deren Rechtsurteile heraus und legalisieren sie, soweit sie den Mächtigen in den Kram passen.

Deutschland als Rechtsstaat, in dessen Gesetzgebung religiöse Gutachten, so meisterhaft oder stümperhaft sie auch geraten sein mögen, nichts zu suchen haben, sollte sich die Meinung der Ultrareligiösen deshalb nicht zu eigen machen. Leider haben es die islamischen Vereine geschafft, auch über die Medienpräsenz der Islamkonferenz und darüber hinaus, ihre Sicht der Dinge öffentlich zu machen. Ein großer Fehler, weil aus manchen Traditionen mittlerweile so etwas wie ein religiöser Mainstream geworden ist.

Deswegen beten heute zu viele Leute, auch Journalisten und Politiker, vorschnell nach, das Kopftuchgebot sei eine islamische Pflicht. »Gott hört die Stimme der Frau, die kämpft«: Dieser Slogan ist wohl weit weniger Leuten ein Begriff.

Wenn die Ethnologin Ingrid Thurnau in ihrem Gastbeitrag für die *Süddeutsche Zeitung* kritisiert: »Alle möglichen gesellschaftlichen Gruppen sind angetreten ... muslimische Frauen aus ihrer Unterdrückung und ihrer Verhüllung freizukämpfen. Rechtspopulistische Politiker, Boulevardblätter, Feministinnen, Sozialdemokraten, erzkonservative Katholiken, Ex-Muslime« – dann baut sie einen Gegensatz auf, der nicht existiert. Nicht die Feinde der Muslime, die Rechtspopulisten und »Ex-Muslime« (gemeint ist der »Zentralrat der Ex-Muslime« von Mina Ahad und ihre Kampagne »Wir haben abgeschworen«), sind kritisch gegenüber dem Kopftuch; viele Muslime selbst wollen sich nicht mehr länger einreden lassen, ein Kopftuch sei Voraussetzung, um eine gute Muslimin zu sein.

Burka und Niqab sind die Steigerungen des Kopftuchs. Sie begnügen sich nicht damit, die Kopfhaare der Frauen zu verdecken, sie wollen alles verhüllen. Das Gesicht, die Hände, Füße, Haare – kurzum: Die göttliche Schöpfung, der Mensch, soll so defizitär sein, dass der Mensch sie verstecken muss. Die Burka ist ein Stück Ideologie, das als Kriegserklärung an die Werte der Aufklärung gemeint ist. An die persönliche Freiheit des Menschen, an die Rede- und Meinungsfreiheit, an die Gleichheit von Mann und Frau.

Die Burka dient einzig und allein dazu, dass die Frau keinerlei Kontakt mit den anderen in der Gesellschaft pflegen kann. Wer kann behaupten, Frauen verzichteten freiwillig auf Sichtbarkeit und Kommunikation? Wo beginnt hier die Freiwilligkeit und wo der Zwang? Dass Burka tragende Frauen behaupten, sie steckten freiwillig darin, kann doch nur an ihrer Indoktrinierung liegen. Ist es dann nicht auch freiwillig, wenn sich ein Mädchen, das über Jahre oder Jahrzehnte im Keller ihres Peinigers schmort, mit dem Täter, ihrer bis dato einzigen Bezugsperson, solidarisiert? Hier würde wohl keiner von Freiwilligkeit sprechen.

Wenn eine Frau behauptet, die Burka freiwillig zu tragen, so lügt sie vielleicht nicht. Aber sie sagt dennoch die Unwahrheit, auch wenn sie nichts dafür kann, weil sie das Gegenüber, die »andere Welt da draußen«, nicht kennt. In Platons Höhlengleichnis sollen die Menschen ans Licht der Erkenntnis geführt werden – darum bleibt nichts anderes, als die Burkaträgerinnen an der Hand zu nehmen und ein Stück weit »ans Licht« zu führen, auf dass sie selbstständig gehen lernen. Ein langer, aber notwendiger Schritt. Oben, in der Sonne, wird die frische Luft ihrem Geist auf die Sprünge helfen.

Eine Frage der Ehe

Es ist so verführerisch, den eigenen Willen als »göttlichen Willen« zu tarnen, um Kraft und Legitimität zu schöpfen. Vor allem der schlechte Bildungsstand vieler Muslime im In- und Ausland trägt dazu bei, dass sie besonders leicht im Netz der Religionsfänger landen. So entsteht ein Alltagsislam, der den Alltag erschwert und den Islam in Misskredit bringt.

Auf einer Tagung im englischen Bradford erzählten Islamwissenschaftler, viele pakistanische Mädchen seien der Auffassung, sie müssten ihren Cousin heiraten – das stünde im Koran. Auch aus der Türkei sind Fälle bekannt, wonach es »Gottes Befehl« sei, tunlichst vier Frauen zu heiraten. Welcher

Gläubige wollte dieser geballten Ladung Göttlichkeit widersprechen?

Der verstorbene Islamgelehrte Abu Zaid verglich das Bild der Ehe im Koran mit der Bedeutung der Eheschließung im islamischen Recht; er kam zu dem Ergebnis, dass sich die rechtlichen Bestimmungen weit vom koranischen Ideal entfernt hatten.

Wenn in der 30. Sure des Korans von der Erschaffung zweier Geschlechter die Rede ist, geht es dabei um die Seele, um Zuneigung, Liebe, um Barmherzigkeit und Gegenseitigkeit. In der Rechtslehre gaben die islamischen Juristen Gefühlen jedoch keinen Platz, sie sahen die Ehe als reinen Vertrag über wirtschaftliche Güter.

Ihre Rechtsprechung war und ist vielerorts eine Männerdomäne, und deshalb bedarf es nur wenig Phantasie, um zu erkennen, dass die Rechtsprechung zu Lasten der Frau ausfällt.

Indem die Konservativen den Koran wortwörtlich auslegen, halten sie Frauen in den Fesseln der Konventionen der Arabischen Halbinsel des sechsten und siebten Jahrhunderts. Suren, die zu damaliger Zeit einen Reformanspruch hatten, eine Verbesserung für die Frauen brachten, sind der heutigen Zeit nicht mehr angemessen; sie dienen vornehmlich der Unterdrückung der Frauen. Alles entwickelt sich weiter, auch die Lebensmöglichkeiten der Männer; alleine die Frauen sollen leben wie vor 1400 Jahren?

Richtig ist: Eine muslimische Frau darf alles, was ein muslimischer Mann darf. Wenn beide in Schweden leben, und der muslimische Mann geht in eine gemischte Sauna, weil dies dort gang und gäbe ist, dann darf natürlich die Frau auch in die gemischte Sauna gehen. Wenn er vorehelichen Sex haben darf, kann sie auch Sex haben, ohne verheiratet zu sein. Denn hinter dem vorehelichen Sexverbot steckte zu Zeiten des Propheten Mohammed das Ansinnen, Mädchen und Frauen, die ohnehin sehr jung heirateten, nicht noch früher – möglicherweise in halben Kindertagen – schon schwanger werden zu lassen. Heute allerdings liegt das übliche Heiratsalter bei Ende 20 oder Anfang 30, vor diesem Hintergrund hat also ein Verbot von vorehelichem Sex keinen Sinn mehr.

Der Eindruck, den junge Muslime von ihrer Religion haben, ist allerdings meist ein anderer: Sex vor der Ehe sei verboten. In den Internetforen nehmen die meisten Jungen und Mädchen für bare Münze, dass vorehelicher Sex verboten sei. Stattdessen fragen sich manche, ob der künftige Angetraute das Haar seiner Zukünftigen schon vor der Ehe sehen darf. Wohlgemerkt, es handelt sich um das Haupthaar!

Und auch der Zentralrat der Muslime lässt keine andere Interpretation zu: »Außerhalb der Ehe ist es nicht erlaubt, mit einer Person, die man heiraten kann, Zärtlichkeiten auszutauschen oder gar Beischlaf zu haben. Dies gehört zur Moral und Ethik des Islam, der in der Ehe die gesunde Institution für ein Zusammenleben zwischen Mann und Frau sieht, in der die kommende Generation erzogen wird. Darüber hinaus müssen Situationen vermieden werden, die dazu führen können, dass es zu einer nicht erlaubten sexuellen Beziehung kommen kann.«

Konsequenz dieser unnachgiebigen und mittelalterlichen Haltung ist ein Kult um die Jungfräulichkeit, natürlich die der Frau. Wenn ein 30-jähriger Mann noch keinerlei sexuelle Erfahrung hat, wird er als verdruckster Eigenbrötler wahrgenommen, der keine Frau abbekommt. Eine gleich alte Frau soll dagegen die blütenweiße Reinheit sein, wenn sie Ähnliches auf sexuellem Gebiete vorzuweisen hat: nämlich nichts?

Wie passt das zusammen?

Im Koran findet sich keine Stelle, in der ausdrücklich voreheliche Keuschheit gefordert wird – auch deshalb ist in den Vorschriften der Islamverbände, entgegen sonstiger Gepflogenheiten, keinerlei Sure als »Beleg« aufgeführt. Der Verdacht drängt sich auf, dass das angebliche Gebot der Jungfräulichkeit wieder einmal eine Erfindung derer ist, die eben am liebsten eine Jungfrau im Bett haben.

Jungfräulichkeit ist dabei keine typisch islamische Angelegenheit. In der griechischen Mythologie ist von den Jungfrauen Artemis, Athene und Hestia die Rede, und auch im Buch Genesis kommt die Jungfräulichkeit vor. Bis ins 20. Jahrhundert war in Europa die Jungfräulichkeit der Frau vor der Ehe auch rechtlich geschützt. Männern, die ihre Verlobte entjungferten, sie dann aber nicht heirateten, drohte etwa in Deutschland die Zahlung des sogenannten Kranzgeldes. Einer unbescholtenen Verlobten sollte ein »Schmerzensgeld« für die geminderten Chancen auf dem Heiratsmarkt infolge ihrer Entjungferung zugestanden werden. Die letzten Urteile stammen aus den frühen Siebzigerjahren und sprachen jeweils wenige hundert Mark Schadensersatz zu. 1998 wurde der entsprechende Passus ersatzlos gestrichen.

Der unsägliche Jungfrauenkult stürzt Mädchen und junge Frauen in gefährliche Situationen, denn natürlich ist auch unter Muslimen vorehelicher Geschlechtsverkehr keine Ausnahme. Gewissenskonflikte, Familienstreitigkeiten und heimliche Abtreibungen sind die Folgen der frauenverachtenden Tradition. Nur deshalb konnte sich eine Industrie zur Wiederherstellung des Hymens etablieren, bei der sich Frauen vor der »Bewährungsprobe« der Hochzeitsnacht ihr Jungfernhäutchen chirurgisch wiederherstellen lassen können.

In Internetforen suchen Mädchen Hilfe: »Hallo ich habe mal eine frage, ich würde gern wissen, wie teuer die op ist und ob es was ausmacht, dass ich noch 17 bin, denn ich bin muslimin und ich habe einen sehr grossen fehler begangen. ich komme aus der nähe düsseldorf und ich würde es so schnell wie möglich machen lassen. ich bitte um ihre Hilfe«, schreibt ein Mädchen in einem anonymen Forum. Ein Arzt und eine Ärztin melden sich daraufhin (»ich mache so etwas regelmäßig«) und nennen den Preis: 2000 bis 3000 Euro.

»Die Welt will betrogen sein, also sei sie betrogen«, lautet das schöne Zitat einer Frauenärztin zu diesem Thema.

Ein einträgliches Geschäft also für Chirurgen und Frauenärzte. Medizin und Klerus reichen sich hier auf dem Weg in den OP die desinfizierten Hände: Scheich Ali Gomaa, Großmufti der Kairoer Al-Azhar-Universität, stellte 2007 in einem Rechtsgutachten fest, dass die Wiederherstellung des Hymens halal sei, also erlaubt.

Die Pointe bei dieser Fatwa, diesem Rechtsgutachten, ist sein Zugeständnis an die Privatsphäre der Frau. Seiner Argumentation nach ist es zunächst Sache der Frau, auch vorehelichen Sex zu haben.

Sein größeres Zugeständnis an das Patriarchat kommt dann später: Die Frau soll zum Doktor gehen, um letztlich das wiederherzustellen, was dem Mann das Gefühl gibt, der Erste zu sein. Ein absurdes Spiel, das für die Frau schmerzhaft und teuer ist.

Der Islam kümmert sich nicht um das Jungfernhäutchen, sondern um Untreue und Ehebruch, darum geht es.

Egal, wer sich zum Jungfernhäutchen äußert: Die Frau wird auf einen Sockel gehoben, damit man ihr unter den Rock schauen kann.

Welche Blüten dieses unzeitgemäße Frauenbild treibt, zeigen die Ansichten konservativer Muslime etwa bei der Frage, ob sich eine Frau dem Ehemann sexuell verweigern kann. Der Zentralrat der Muslime verneint in seinen »FAQs« die Selbstbestimmung der Frau: »Der Islam erlaubt es der Frau nicht, sich ihrem Mann ohne berechtigten Grund (also willkürlich) sexuell zu verweigern.« Punkt. Als Begründung führen die selbst ernannten Sittenwächter die Familie als »Ort des Friedens an«. Natürlich eine ganz perfide Logik: Denn was ist die Folge, wenn sich die Frau dem Mann »ohne berechtigten Grund« sexuell verweigert? Gewalt. Dem Mann bleibt nur verbale oder sogar körperliche Gewalt, wenn er auf »sein Recht« pochen will.

Zwar schreiben die Herren vom Zentralrat auch: »Er darf die Frau keinesfalls durch Gewaltanwendung dazu zwingen …«, aber nicht ohne vorher anzuführen, dies gelte nur, wenn die Frau »sich jedoch aus gutem Grunde (also gesundheitlich und psychisch) nicht in der Lage sehe«, Sex zu haben.

Selbstredend wird dem Mann diesbezüglich nur ein sehr kleiner Passus gewidmet: »Einer der Aspekte der Sorge für die

Rechte der Frauen seitens des Islam besteht darin, dem Mann zu verbieten, so verärgert über seine Frau zu sein, dass er die geschlechtliche Beziehung mit ihr für einen Zeitraum einstellt, den sie nicht ertragen kann.«

Ergo: Wenn der Mann keine Lust hat, ist die Frau schuld, schließlich hat sie ihn verärgert.

Übrigens hat das deutsche Strafrecht erst 1997 Vergewaltigung in der Ehe unter Strafe gestellt. Seitdem ist Vergewaltigung auch in der Ehe ein besonders schwerer Fall der sexuellen Nötigung. Der Gedanke, die Frau müsse dem Mann im Schlafzimmer gefälligst zur Verfügung stehen, ist daher weder neu noch für alle Ewigkeiten ausgestorben. Aber gerade weil wir in Deutschland dazugelernt haben, sollten wir umso aufmerksamer auf die Reaktionäre achten.

Gerne behaupten die Ewiggestrigen auch, ein Mann dürfe mehrere Frauen ehelichen. Sie berufen sich dabei meist auf die Sure 4 (»Die Frauen«), Vers 3: »Und wenn ihr Grund habt, zu fürchten, dass ihr nicht gerecht gegen die Waisen handeln mögt, dann heiratet von (anderen Frauen) solche, die euch erlaubt sind – (sogar) zwei oder drei oder vier: aber wenn ihr Grund habt zu fürchten, dass ihr nicht fähig sein mögt, sie mit gleicher Fairness zu behandeln, dann (nur) eine – oder (von) jenen, die ihr rechtmäßig besitzt.«

Eigentlich hat diese Sure den Schutz von verwaisten Mädchen zum Ziel, weil diese zur Zeit der Offenbarung als Zweit- oder Drittfrau genommen wurden; also in einer Zeit, in der Polygamie durchaus üblich war und diese Frauen wenigstens materiell geschützt werden sollten. Es ist Unfug, diese Sure in heutigen Zeiten zur Aufforderung der Vielehe umzuinterpretieren.

Übrigens verlangt die Sure auch, sich mit einer Frau »zu begnügen«, wenn der Mann die Damen nicht gleich behandeln kann – weil er zum Beispiel nicht genügend Geld hat. Gleichbehandlung heißt in diesem Fall nicht etwa die psychische Gleichbehandlung, sondern eine rein physische: Kleidung, Haus, Alimente.

In seinen »FAQs« beantwortet der Zentralrat der Muslime die Frage der »Vielweiberei« besonders unverschämt: »Aus der islamischen Rechtslehre geht hervor, dass sich Muslime, die sich in einem nichtislamischen Rechtsstaat befinden, an dessen Rechtsnormen halten müssen, solange diese nicht im Widerspruch zum Islam stehen. Hier in Deutschland ist es nicht möglich, mehr als eine Frau standesamtlich zu heiraten. Daher darf ein in Deutschland lebender Muslim nur eine Frau heiraten.«

Das ist schon einigermaßen dreist; alleine schon deshalb, weil der Passus indirekt zum Rechtsbruch auffordert: von der Polygamie wird nur abgeraten, weil deutsche Gesetze »im Widerspruch zum Islam stehen«, nicht aber, weil man sich konform zur deutschen Rechtsauffassung zeigt. Und es ist weiterhin dreist, dass der Zentralrat trotzdem noch zur Polygamie steht.

Auf so manchen islamistischen Webseiten kommt man ganz ohne Bezug zum Koran aus, wenn es denn auch verbrämte biologistische »Argumente« tun: Die Ehe diene einzig und alleine der Fortpflanzung, also sei es völlig normal, dass Frauen, die nur alle neun Monate schwanger werden könnten, keine weiteren Männer als den eigenen bräuchten – selbstredend darf der Mann sich den Spaß gönnen. Die Frau wird so zur reinen Gebärmaschine.

Manche Theologen, wie Hayrettin Karaman beispielsweise, rechtfertigen die »Vielweiberei« damit, dass für die Frau doch das höchste Gut, die höchste Stufe der Karriere die Ehe sei. Auch diesem Weltbild liegt eine Vorstellung zugrunde, die die Frau als kombinierte Sex- und Geburtsmaschine sieht.

An der alten Erlaubnis für die »Vielweiberei« gibt es nichts zu beschönigen. Die entsprechenden Textstellen im Koran sind jedoch Relikte der zeitlichen und sozialen Zustände seiner Entstehungszeit. In einem säkularen Staat, der ganz wesentlich auf einer Gleichberechtigung und Gleichwertigkeit von Mann und Frau aufbaut, muss selbstverständlich Monogamie herrschen.

Um den Männern möglichst wenig Widerspruch seitens der

Frauen »aufzubürden«, tun Konservative so, als sei es nach wie vor ein Gesetz, dass Muslime nur Muslime heiraten sollen (so zum Beispiel die Islamische Gemeinde in Deutschland, IGD). Zwar steht im Koran, dass Männer Christinnen und Jüdinnen (es ist von »Schriftbesitzern« die Rede) heiraten dürfen, aber muslimische Frauen eben andersherum nicht christliche oder jüdische Männer. Dahinter steckt uraltes patriarchalisches Denken, das davon ausgeht, dass die Frau automatisch »in den Besitz« des Mannes und dessen Familie »überschrieben« wird – also verloren ist für die muslimische Gemeinde. Was natürlich heutzutage nicht (mehr) der Fall ist, sodass diese Regel obsolet ist. Oder, wie Frau Bilgin sagt: »In einer multireligiösen Gesellschaft müssen auch muslimische Mädchen Ehepartner finden. Es ist doch völlig natürlich, dass auch muslimische Mädchen andersgläubige Männer finden, in die sie sich verlieben.«

Im Übrigen ist derartiges Gedankengut auch unter Aleviten weitverbreitet. Sie gelten zwar in Abgrenzung zu den Sunniten als Anhänger der Gleichberechtigung zwischen Mann und Frau, in der familiären Praxis vieler alevitischer Familien ist das jedoch blanke Rhetorik. Wie selbstverständlich gelten auch hier alte Rollenmuster.

Ein Fallbeispiel meiner Tätigkeit als Psychologin zeigt, wie wenig Theologie hinter der Polygamie steckt:

Ein neunjähriger Junge fiel in der Schule mehr durch Renitenz denn durch gute Noten auf. Im Gespräch mit der Mutter stellte sich heraus, dass der Vater des Jungen mit zwei Frauen verheiratet war: Beide Frauen lebten in derselben Wohnung, und beide bekamen regelmäßig ein neues Kind, um der anderen jeweils ihre Fruchtbarkeit zu beweisen. Die Familienzustände, in denen der Kleine lebte, waren gelinde gesagt prekär. Als der Ehemann an den Gesprächen teilnahm, war er sich keiner Schuld bewusst. Im Gegenteil, das sei doch ein »Befehl Gottes«, sagte er, zwei Frauen zu heiraten. Auch das Gerechtigkeitsprinzip, wonach der Mann seine Frauen gleich behandeln muss, hielt er ein, allerdings in seiner eigenen Interpretation: er war arbeitslos, hing den lieben langen Tag zu Hause herum, während beide Ehefrauen arbeiten gingen. In diesem Fall verbrämte der Mann seine eigene Faulheit mit dem Hinweis auf einen »göttlichen Befehl«.

So oder so ähnlich sind viele Fälle von »Vielweiberei« gelagert, auch in Deutschland:

- Er ist bereits in der Türkei verheiratet und nimmt sich in Deutschland eine zweite Frau.
- Er hat hierzulande eine Freundin, muss aber aus Rücksicht auf seine Verwandtschaft in der Türkei ein Mädchen aus dem Dorf heiraten; dieses zieht nach der Hochzeit zu ihrem neuen Ehemann nach Deutschland – selbstredend behält der Ehemann seine deutsche Freundin aber.
- Oder andersherum: Er heiratet sehr früh im Rahmen einer arrangierten Ehe und nimmt sich dann eine Freundin, ohne sich von seiner Frau zu trennen; Letzteres würde seine Familie nicht akzeptieren.
- Er ist schwul und trifft sich regelmäßig mit seinem Freund. Nach außen lebt er allerdings mit einer Frau zusammen, die er um des schönen Scheins willen geheiratet hat.

Auch bei der Scheidung werden dem Mann in islamistischer Lesart die größeren Rechte zugesprochen – worauf hier nicht näher eingegangen werden soll.

Pfiffig sind jedoch Versuche, sich der muslimischen Heirats- und Scheidungsmoral zu bedienen, um seine Frau loszuwerden. Ein zündendes Beispiel für die Dehnbarkeit religiöser Regeln, wenn es den eigenen Plänen nutzt, entstammt den familiären Erzählungen meiner Klienten aus der Türkei:

Ein verheirateter Mann, der eine Freundin hatte, wollte sich von seiner Frau scheiden lassen. Er wusste nicht recht wie, da zu jener Zeit noch das Schuldprinzip in der Türkei galt – und nicht das Zerrüttungsprinzip. Also wusste er, dass er eine Scheidung vor Gericht nicht gegen den Willen seiner Frau würde erzwingen können. Er besann sich deshalb auf seinen Glauben und probte eine Scheidung auf muslimisch: Er zettelte einen lauten Streit zu Hause an, in dessen Verlauf er dreimal den Scheidungsspruch »bos ol«, »bos ol«, »bos ol«, »Du bist geschieden!« aufsagte. »Oh, was habe ich Unglücklicher bloß getan«, rief er danach voller Schmerz. Natürlich war damit sein Plan nicht am Ende. »Jetzt sind wir nach muslimischem Recht geschieden«, sagte der Mann. »Wenn wir nun einfach so weiterleben und so tun, als wäre nichts passiert, dann wird uns Gott bestrafen! Ich könnte Gott niemals betrügen!« Er schlug vor, sich auch rechtskräftig scheiden zu lassen, um »wieder Ordnung zu schaffen«. »Dann heiraten wir wieder, auf dem Standesamt und vor dem Imam.«

Die gute Frau, etwas naiv, willigte ein. Einen Monat später landeten sie vor dem Scheidungsrichter, da sie ihrem Mann nicht zumuten wollte, eine vor Gott aufgelöste Ehe staatlicherseits weiterzuführen. Sie verzichtete selbstverständlich auf Unterhalt und andere Absprachen – da sie davon ausging, morgen erneut seine Frau zu sein.

Ihr Mann allerdings war am Ziel seiner Träume angekommen; er grinste und verabschiedete sich und ward nie wieder gesehen. Scheidung auf Muslimisch – einfach, schnell und preiswert.

Was wie ein Märchen klingt, ist eine wahre Geschichte. Sie ist vielleicht nicht die Regel, aber sie trägt deutlich die Handschrift einer Glaubensauffassung, die mehr Wert auf die Form als auf die inhaltliche Aussage legt. Eine Bigotterie, die ihresgleichen sucht.

Selbstredend wollen die Ultras den Frauen auch die Abtreibung verbieten. Unter bestimmten Umständen gestehen sie allerdings zu, Schwangerschaften abzubrechen, wenn Gefahr für Leib und Leben der Frau besteht. Klar ist, dass keine Religion der Welt Abtreibungen befürwortet. Und auch der Islam sollte vor allem das Leben schützen. Dennoch gibt es Situationen, etwa die Vergewaltigung einer Frau, in der eine Abtreibung unumgänglich ist. Wenn ernsthafte Gründe vorliegen – gesundheitliche oder psychische –, dann muss in einem Rechtsstaat, der sich um das Persönlichkeitsrecht der Frau sorgt, Abtreibung erlaubt sein.

Wer also meint, die Abtreibung eines Fötus, der von Gott geschaffen wurde, sei ein Verbrechen gegen Gott, verkennt, dass auch die Frau als denkendes und lebendes Geschöpf zu Gott gehört. Auf jeden Fall ist Abtreibung ein Minenfeld, auf dem sich Religionen vorsichtig bewegen sollten. Letztlich kann eine solch schwierige Entscheidung nur die Frau treffen.

Ein Minenfeld ist auch die berühmt-berüchtigte »Ehe auf Zeit« (Nikah mut'ah), die bei schiitischen Muslimen erlaubt ist. Bei dieser Variante heiratet ein muslimischer Mann eine Frau für eine Dauer ab einer Stunde, um danach legitim Sex haben zu können.

Hier streiten sich vor allem schiitische und sunnitische Muslime; für die meisten Muslime ist die Ehe auf Zeit eine verbrämte Art der Prostitution und deshalb abzulehnen. Niemand glaubt an eine gottgefällige Tat: Prostitution gilt als verwerflich, obwohl sie natürlich auch in islamischen Ländern massenhaft vorkommt.

Der Koran äußert sich naturgemäß nicht zu neueren naturwissenschaftlichen Möglichkeiten, wie etwa der künstlichen Befruchtung. Grundsätzlich sollte nichts dagegen sprechen, im Gegenteil: In einer ausdifferenzierten Gesellschaft, in der viele Singles leben und in der es möglich ist, als Frau ein Kind alleine großzuziehen (wie auch ein Mann dies tun kann), ist die künstliche Befruchtung ein Segen, eine Art »unbefleckte Empfängnis« in Zeiten des demografischen Wandels, keine Sache, vor der man sich fürchten muss.

Und wenn es selbst mit den Mitteln der In-vitro-Fertilisation nicht klappt? Dann bleibt für viele Menschen als letzter Ausweg, ein Kind zu bekommen, die Adoption (und nicht nur für diese). Es besteht seitens der Kernbotschaften im Koran keinerlei Grund, warum eine Adoption verboten sein sollte. Die einzige Forderung diesbezüglich steht in Sure 33 (»Die Verbündeten«), Vers 5: »(Was eure angenommenen Kinder angeht,) nennt sie mit den Namen ihrer (wirklichen Väter): das ist gerechter in der Sicht Gottes, und wenn ihr nicht wisst, wer ihre Väter waren, (nennt sie) eure Brüder im Glauben und eure

Freunde. Doch werdet ihr keine Sünde auf euch laden, wenn ihr in dieser Hinsicht irrt: (was wirklich zählt, ist) nur, was eure Herzen beabsichtigen – denn Gott ist fürwahr vielvergebend, ein Gnadenspender.«

Heimliche Adoptionen sind somit verpönt, diese Sure plädiert für Offenheit im Umgang mit adoptierten Kindern. Ein Aufruf zur Wahrhaftigkeit.

Cash im Namen Allahs

Wenn Sie unsere Waren kaufen, bei unserer Bank verkehren, unsere Halal-Produkte essen, unsere Bekleidung tragen, leben Sie praktisch sündenfrei. Und Ihre Chancen, ins Paradies zu kommen, steigen enorm. Dazu müssen Sie nur Ihr Portemonnaie zücken – weitere Anstrengungen sind gar nicht nötig.

Möglicher Werbeslogan an der Tür eines muslimischen Geschäfts.

Wer etwas in der islamistischen Szene auf sich hält, regelt Geldgeschäfte auf Islamisch; das ist schon länger so. Aber neu ist, dass sich das sogenannte Islamic Banking – Islamisches Bankwesen – langsam, aber sicher zu einem ansehnlichen Wirtschaftsfaktor in der gesamten Finanzwelt entwickelt. Die Rating-Agentur Moody's schätzt, dass derzeit rund 250 islamische Fonds verwaltet werden, die mit einem Gesamtkapital von 300 Milliarden Dollar arbeiten. Dabei funktionieren diese eigens als islamisch deklarierten Finanzprodukte ähnlich wie Öko-Fonds, die unter dem Mantel des Umweltschutzes spezielle Anlageregeln kennen. Bei islamischen Produkten sind das Spekulations-, Zins- und Glücksspielverbote sowie Verbote von Investitionen in Produkte und Branchen, die »haram« sind, also verboten: Alkohol, Prostitution und Pornografie. Islamic Banking ist ein Bankwesen unter dem Diktum der Scharia. Zentral ist das Zinsverbot, das natürlich jedem Finanzgeschäft den Garaus machen würde, gäbe es keine geschickten Umgehungsgeschäfte.

Im Islam soll es nach Meinung einiger konservativer Koraninterpreten verboten sein, für verliehenes Geld Zinsen zu berechnen. »Jene, die sich mit Wucher vollstopfen, benehmen sich nicht anders, als der sich benehmen mag, den Satan mit seiner Berührung verwirrt hat …«, heißt es im Koran in Sure 2 (»Die Kuh«), Vers 275. Wucher heißt im Arabischen »Riba« und erinnert vom Wortstamm an das deutsche »Reibach«, das jiddische und arabische Wurzeln hat.

Es ist schwierig zu unterscheiden, was jetzt der verwerfliche Wucher ist und was ein legitimes Veräußerungsgeschäft. Darüber streiten die Gelehrten schon länger. Einig ist man sich nicht einmal in der Frage, ob Zinsen beim Kreditgeben verboten sind. So schrieb der klassische islamische Rechtsgelehrte al-Kasani (gestorben 1191), Riba sei »jeder geldwerte Vorteil beim gegenseitigen Vertrag, dem keine Gegenleistung gegenübersteht«.

Aber ist der Zins nicht eine legitime Gegenleistung fürs Geldleihen? Fängt der Wucher nicht erst dort an, wo der Zins in keinem vernünftigen Verhältnis mehr zu den Marktgepflogenheiten steht, wie beispielsweise bei so manchem Girokonto (13 Prozent und mehr)?

Davon abgesehen, finden sich arabische Banker natürlich nicht einfach mit dem Zinsverbot ab. Sie kennen Schleichwege, auf denen sie das Zinsverbot umwandern können. So kauft etwa der Kreditgeber – statt einen Kredit zu geben – einfach die Ware pro forma von dem Mann, der einen Kredit möchte. Und verkauft die Ware, abermals pro forma, wieder an ihn zurück. Nur dieses Mal mit einem höheren Preis, den der Mann in Raten abbezahlen kann.

Das ist ungefähr so, als würde man Prostitution an der Hauptstraße verbieten. Und dann eine Umleitung einrichten, die mitten durchs Rotlichtviertel geht.

Die Regel des Zinsverbots missachtet völlig den Zeitwert von Kapital, eine wichtige Größe im nationalen und internationalen Wirtschaftssystem. Und so schreibt der moderne ägyptische Jurist al-Sanhuri, nur Wucherzinsen seien verboten, jedoch keine moderaten Zinsen.

Selbst diese zurückhaltende und sehr vernünftige Bewertung

ist bis heute in der islamischen Welt nicht mehrheitsfähig, was ein Grund dafür sein mag, dass islamische Länder in Sachen Wirtschaft dem Westen und Teilen Asiens hoffnungslos hinterherhinken.

Worauf sich der Jurist beruft? Zum Beispiel auf die Mekka-Sure 30 (»Die Griechen«), Vers 39 im Koran: »Und (gedenkt:) Was immer ihr an Wucher verteilt, auf dass es durch die Besitztümer (anderer) Leute sich vermehren möge, wird (euch) keine Vermehrung in der Sicht Gottes bringen – während alles, was ihr aus Mildtätigkeit abgebt, Gottes Antlitz suchend, von Ihm gesegnet sein wird.«

In dieser Sure wird der Zins mit dem Almosen, der Armenabgabe, verglichen. Der Wucherzins, so der Tenor, bringt bei Gott keinen Gewinn, wohl aber die Solidarität mit den Armen.

In Sure 2 (»Die Kuh«), Vers 280 heißt es aber auch: »Wenn jemand in Schwierigkeiten ist, so übt Nachsicht, bis es ihm leicht fällt; schenkt ihr's jedoch als Almosen, so ist's besser für euch, so ihr es wisset.«

Folglich sollte eine Bank, die sich dem Islamic Banking verschrieben hat, nicht nur ein neues Geschäftsmodell aus dem angeblichen Verbot von Zinsen kreieren, sondern auch Kunden, die in Zahlungsschwierigkeiten sind, das Geld als Almosen erlassen. Das aber wiederum geschieht nicht, weil sich Rechtsausleger des Korans immer nur die Stellen aussuchen, die ihnen genehm sind und die Kasse klingeln lassen.

Dennoch: Die Umgehungsstraße des islamischen Bankwesens beim Zinsverbot, genannt »murahaba«, funktioniert und ist die wichtigste kurz- und mittelfristige Finanzierungsform in den arabischen Golfstaaten und Südostasien. Auch westliche Banken haben inzwischen diesen Markt für sich entdeckt, wobei die amerikanische Citibank eine Vorreiterrolle spielte. Sie richtete 1996 einen islamischen Geschäftszweig ein und eröffnete eine Filiale in Bahrain. Seit einigen Jahren bieten auch deutsche Banken islamische Finanzierungsinstrumente an, darunter die Commerzbank sowie die Deutsche Bank.

Doch anders als in Großbritannien, wo im September 2004

die erste islamische Bank ihre Pforten öffnete, gibt es in Deutschland noch keine islamischen Banken.

Ein Zinswucherverbot klingt auf den ersten Blick verlockend. In Wahrheit aber wird die Höhe der Zinsen ohnehin vom Markt und seinem Mechanismus von Angebot und Nachfrage bestimmt. Wer besagt, dass ein Umgehungsgeschäft über Verschleierungstaktiken nicht genauso anfällig für Wucher ist wie ein Kreditgeschäft? Was ist an Zinsen per se verwerflich? Nichts. Aber auch rein gar nichts. Zinsen sind der Preis für eine Leistung. Und der Preis wird vom Markt bestimmt, weswegen der Marktmechanismus tunlichst am Laufen gehalten werden sollte.

Interessanter sind sicherlich die Zusicherungen islamischer Geldinstitute, nicht in Waffen- und Prostitutionsgeschäften mitzumischen. Dazu bedarf es aber keiner islamischen Finanzprodukte, die schariakonform sein sollen, sondern schlichtweg einer guten Markttransparenz, sodass Kunden genau einsehen können, was sie kaufen.

Vielleicht sollte man einen anderen Gedanken verfolgen: Das ganze sogenannte Islamic Banking mutet an wie eine PR-Strategie, um die Leichtgläubigkeit von Gläubigen schamlos auszunutzen. Kunden besonderer islamischer Fonds sollen das Gefühl haben, keine Sünde zu begehen, vielleicht sogar etwas besonders Rechtschaffenes zu tun. So macht man mit dem Glauben der einfachen Leute gute Geschäfte, ganz so wie die katholische Kirche zu Martin Luthers Zeiten mit dem Ablasshandel: Das Versprechen, sich von allen Sünden reinzuwaschen, treibt die Kundschaft an den Bankschalter.

»Grünes Kapital«

Und nicht nur an die Bankschalter; nur am Rande sei erwähnt, dass die Gutgläubigkeit der Anleger in den vergangenen Jahren auch von Leuten schamlos ausgenutzt worden ist, die hier in Deutschland türkische Kleinverdiener um ihr Erspartes gebracht haben, indem sie mit dem Gütesiegel »in Gottes Namen« geworben haben.

Unter der Überschrift »grünes Kapital« (»grün« steht für den Islam) haben Mitarbeiter von Holdings, die als muslimisch deklariert wurden, Werbe- und Propagandatouren durch Moscheen in Deutschland, den Niederlanden, Belgien und Frankreich unternommen und die gutgläubigen Menschen überredet, nicht nur ihr gesamtes Sparvermögen bei ihnen anzulegen, sondern sogar Kredite aufzunehmen, um das Geld dann bei ihnen zu investieren.

Diese Holdings werden oftmals auch als »Konya-Modell« beschrieben, benannt nach der türkischen Stadt Konya. Dabei erwirbt der gläubige Muslim mit seinem Geld einen Anteil an einer Firma, die nach streng islamischen Vorschriften wirtschaftet, und teilt mit dieser Gewinne wie Verluste.

Hunderttausende Menschen wurden in den Moscheen mit hohen Gewinnen gelockt und betrogen. Mittlerweile gibt es sogar eine Selbsthilfegruppe für die Geschädigten islamischer Holdings.

Als Psychologin habe ich einer solchen Sitzung in Köln beigewohnt. Die menschlichen Dramen, die sich dort abspielten, waren beispiellos. Diese Menschen hatten alles, was sie sich vom Mund abgespart hatten, verloren, weil sie an die Redlichkeit dieser Holdings glaubten; ein Glaube, der religiös untermauert schien, schließlich hörten sie in einer Moschee davon.

Ein alter Mann erzählte diese Geschichte:

»Nachdem wir in der Moschee einer Werbeveranstaltung beigewohnt hatten, kamen die Männer zu uns nach Hause. Ich hatte meiner Frau von der Veranstaltung in der Moschee erzählt, und sie war sehr skeptisch gewesen; auch nachdem die Männer bei uns zu Hause ein auf unser Erspartes zugeschnittenes Angebot präsentierten, blieben wir zurückhaltend. Wir beschlossen, unser Geld trotz allem bei der Sparkasse zu lassen.

Ein paar Tage später berichtete mir meine Frau, sie habe sich das Angebot noch mal und noch mal angeschaut. Und habe dann mit einem einsamen Entschluss unser ganzes Geld abgehoben und bei der Holding eingezahlt. Sie wünschte sich, dass wir nicht mehr so viel schuften mussten und irgendwann von den Zinsen, die ja nicht Zinsen genannt werden durften, leben konnten.

Was soll ich sagen? Jetzt ist alles weg. Meine Frau macht sich so viele Vorwürfe, dass sie schon ganz krank davon geworden ist. Alles, wofür du 30 Jahre lang gearbeitet hast, ist mit einem Schlag weg … und damit all deine Pläne und Hoffnungen. Und das alles in Gottes Namen!?«

Vor diesem Hintergrund bekommt die Sure 31 (»Luqman«, Vers 33) doch eine ganz andere Bedeutung: »Passt auf, dass diejenigen, die euch betrügen, euch nicht in Gottes Namen betrügen.«

Der Kreis der Betroffenen wird vom Anwalt Ümit Akça, der viele von ihnen vertritt, auf 300 000 Personen geschätzt – und der Gesamtschaden auf circa 20 Milliarden US-Dollar. Die Akten der Staatsanwälte zeigen, dass bis heute an die 80 Holdings vor allem in Deutschland operieren, die größten sind Kombassan, Yimpas, Jet-Pa und Endüstri und Sayha Holding.

Die mächtigsten Geldströme flossen übrigens in den Jahren 1998 bis 2001; das Geld wurde in den Zentren der türkischen Einwanderer gesammelt und über verschiedene Wege in die Türkei gebracht.

Als die ersten Holdings aufflogen, dauerte es nicht lange, bis die gleichen Akteure unter anderem Namen abermals vor den Türen der Gläubigen standen. Dieses Mal als islamische Hilfsorganisation getarnt. Das bekannteste Beispiel dafür ist »Deniz Feneri«, die sogenannte Hilfsorganisation »Leuchtturm«. Ihre Gründer und die Macher der Holding Yimpas waren die gleichen; auch dieses Mal agierten sie über Moscheen und Fernsehsender.

Diese Betrugsfälle haben das Vertrauen vieler türkischstämmiger Menschen in Deutschland in sogenannte islamische Geschäftsmodelle erschüttert – mit unangenehmen Nebenwirkungen: In einer Straßenumfrage des Westdeutschen Rundfunks lehnten es fast alle befragten Türkischstämmigen ab, für die Flutopfer der 2010er-Katastrophe in Pakistan zu spenden; das Vertrauen in islamische Organisationen, die sich Hilfsorganisationen nennen, ob zu Recht oder zu Unrecht, ist zerstört – und damit werden leider alle anderen Organisationen ebenfalls in Sippenhaft genommen. Und in diesem Fall hatten die echten Hilfsbedürftigen in Pakistan zu leiden.

Die Fälle der islamischen Holdings und so mancher zwielichtiger Hilfsorganisationen zeigen: Die Verquickung von Glaube und Geschäft ist oft blanker Betrug – und oftmals auch vor Gericht behandelt worden.

In vielen anderen Fällen, den Graubereichen, ist illegales Vorgehen nicht nachweisbar; oder aber der Betrug ist so schwach ausgeprägt, dass man eher von einer »gelungenen Marketing-Strategie« sprechen könnte.

Und man muss neidlos anerkennen, die Geschäftsidee des Islamic Banking ist als Marketingperspektive eine pfiffige Idee, um sich auf dem riesigen Markt globaler Finanzprodukte hervorzuheben. »Wie ist es denn bei anderen Marketingfirmen?«, fragt Beyza Bilgin. »Versuchen diese nicht auch, ihre Kunden irgendwie einzulullen, indem sie Versprechungen machen? Der eine sagt, die Ware sei gesund, der andere, sie mache nicht dick, sogar schlanker!«

Und die Anbieter islamischer Finanzprodukte verkaufen eben sündenfreie Produkte.

»Halal« statt »Bio«?

Kalorienfrei oder sündenfrei?

Wo eine potenzielle Zielgruppe ist, da gibt es auch findige Geschäftsleute, woran per se nichts Schlimmes ist. Im Türkischen sagt man: »Solange es Käufer für die Galata-Brücke in Istanbul gibt, wird es auch Verkäufer der Galata-Brücke geben.« Frei übersetzt: Solange es Kunden gibt, die bereit sind, sich betrügen zu lassen, wird es auch gewitzte Gauner geben, die sie reinlegen.

Wenn allerdings so getan wird, als seien islamische Bankgeschäfte gottgewollt, weil im Koran begründet, muss man dagegenhalten: Das ist Unsinn. Im Koran wird der Riba, also der

Wucher, als Sünde bezeichnet; weil Riba dazu führt, dass Menschen zugrunde gerichtet werden. Nicht der übliche Zins ist gemeint, sondern der Wucherzins.

Wie bei den leiblichen Genüssen aller Art kommt es letztlich auf das Maßhalten an – der Koran ist ein Tugendkatalog des Maßhaltens. Demnach ist verboten, bei der Berechnung der Preise für verliehenes Geld, also den Zinsen, über das verträgliche Maß hinauszuschießen. Wo und wann die Grenze erreicht ist, hängt wiederum vom Land, dem dortigen Wirtschaftssystem, der Einkommenssituation, dem Markt und weiteren Faktoren ab.

Gleiches gilt übrigens auch für Glücksspiele: diese sind verboten, wenn sie jemanden zugrunde richten. Aber Lotterie zum Beispiel ist demnach kein Problem, weil bei Lotterien in aller Regel keine existenzbedrohenden Beträge verspielt werden.

Aber Casinos, die psychologisch derart geschickt aufgebaut sind, dass vornehmlich Glücksspielsüchtige nach Strich und Faden ausgenommen werden, sind nach islamischem (als auch vernunftorientiertem) Tugendkatalog schädlich.

Betrug bleibt Betrug, auch wenn das Kapital »grün« genannt wird.

Die Notare der Frömmigkeit

Zum Schluss des Kapitels sollten wir kurz auf die Rolle der Moscheevereine und Imame in diesem Zusammenhang schauen. Denn ohne die Bereitschaft der Imame und der Vorstände diverser Moscheevereine, die Vertreter islamischer Holdings und anderer Geschäftsmodelle im Namen des »grünen Kapitals« in ihren Räumlichkeiten zu empfangen, wären diese niemals so schnell und einfach an potenzielle Kunden herangekommen.

Die Moscheen spielen dabei eine alles andere als rühmliche Rolle, wie ein Gespräch mit einem gläubigen Muslim zeigt, der aus Angst vor Bedrohungen lieber anonym bleiben möchte. Seine Ausführungen sind authentisch und allemal wert, wiedergegeben zu werden, weil Ähnliches von vielen Muslimen berichtet wird.

Die Moscheevereine, erzählt er, hätten nur eines im Kopf: Geld, Geld, Geld. Es gehe im Prinzip ums Geschäft, und der Islam sei nur die Ideologie, das schmückende Beiwerk, um an das Geld der einfachen Leute zu kommen.

Die Gleichung ist dabei ganz einfach: Den Gläubigen wird alles erzählt, einfach alles, damit sie im guten Glauben zahlen. Operiert wird mit den Begriffen »Günah«, das ist Persisch für »Sünde«, und »Sevab«, Arabisch, für eine fromme Tat, die im Jenseits belohnt wird. Als Personen stehen die Imame im Mittelpunkt. Sie sind Gewährsträger und sozusagen Notare der Frömmigkeit dafür, dass die Tat, wofür der Gläubige Geld bezahlt, tatsächlich den Weg zur Belohnung im Jenseits bahnt.

Auf diesem Weg zahlen Gutgläubige – im wahrsten Sinne des Wortes – praktisch für alles, was man als »islamisch fromm« verkaufen kann: für den Imam selbst, den Moscheeverein, für eine neu zu bauende Moschee, für den Scheich oder den großen Vorsitzenden in der Türkei und anderswo, für die afghanischen, bosnischen und tschetschenischen Glaubensbrüder und Glaubensschwestern oder für sogenannte soziale Hilfsprojekte, die sich mehr oder minder oft als politische Vereine entpuppen. Auch für Opfertiere soll berappt werden. Zum Beispiel müssen die Mitglieder 100 Euro für ein Tier bezahlen, das irgendwo geschlachtet werden soll. Aber wo? Und geschieht das wirklich? Natürlich kosten auch die sogenannten Hilfen Geld: Korankurse schlagen mit 80 Euro im Monat zu Buche, und Nachhilfekurse sind auch nicht kostenlos.

Viel von diesem Geld – das berichten Muslime, die es am eigenen Leib erlebt haben – versickert in dunklen Kanälen oder in den Taschen der Vereinsbetreiber.

Diese Leute handeln wahrhaft unislamisch; sie veruntreuen ihnen anvertrautes Gut, und sie beuten die Armen aus. Dabei ist die Botschaft des Korans nichts anderes als: Du sollst den Armen helfen! »*Siehe*, Gott gebietet euch alles, was euch anvertraut worden ist, denjenigen auszuhändigen, die darauf Anspruch haben« (Sure 4, »Die Frauen«, Vers 58). Oder auch: »Wahrlich, einen glücklichen Zustand werden die Gläubigen erlangen: die dem ihnen Anvertrauten und ihren Versprechen treu sind.« (Sure 23, »Die Gläubigen«, Vers 1 und 8)

Daneben betreiben viele Moscheevereine Lebensmittelläden oder Dönerbuden, die den Moscheen angeschlossen sind. Damit diese Geschäfte laufen, predigt der Imam, die Gläubigen sollten besser nicht bei Aldi, Lidl oder Rewe einkaufen und nicht bei McDonald's essen, weil diese Geschäfte »unislamisch« seien – angeblich würden sie von Amerikanern, wahlweise auch von Juden betrieben. Mit dem Geschäft wird also auch noch Antisemitismus oder Amerikahass gepredigt, wobei das in den Augen der islamischen Geschäftemacher zweitrangig ist. Letztlich geht es darum, die Konkurrenz schlechtzumachen, sie zu verunglimpfen und auszuschalten, damit der eigene Laden brummt.

Was kann man gegen dieses Geschäftsgebaren tun?

Der Staat muss seine Kontrollmöglichkeiten nutzen. Die Bücher der Moscheevereine, ihre Steuererklärungen geben Aufschluss, zumindest über Tendenzen in den Vereinen. Man muss auch ihre Korankurse, die Mitarbeiter und Imame kontrollieren und, wann immer es geht, die Predigten unter die Lupe nehmen. Oft genug verbreiten Imame in ihren Freitagspredigten, die Deutschen seien ausländerfeindlich – nur um die einfachen Leute fester an die Moscheevereine zu binden. Hier kommt das Gerede von der »muslimischen Identität« wieder ins Spiel. Nur wer die Leute fest an sich bindet, wird auch Geschäfte mit ihnen machen können.

Muslimische Holdings haben mit Hunderttausenden Muslimen weltweit ihr Schindluder getrieben; im Kleinen wie im Großen werden viel zu viele Menschen über den Tisch gezogen, nur weil sie Vertrauen haben in diejenigen, die sich selbst Muslime nennen. Der Staat muss gegen diese Gauner vorgehen, damit die Betrogenen Vertrauen in die guten Absichten und Taten des Staates entwickeln. Nur wer sich vom Staat verlassen fühlt, springt in die weit geöffneten Arme der Moscheevereine.

Darüber müssen sich die Politiker in diesem Land klar werden. Viel zu oft scheuen sie die Auseinandersetzung, um »internationale« Verwicklungen zu vermeiden. Dabei haben die Rechtschaffenen in der Türkei und anderswo gar nichts davon, wenn die Betrüger in Deutschland mit ihren Taten durchkommen.

Zu guter Letzt, auch als Überleitung zum nächsten Kapitel gedacht, ein Koranzitat aus Sure 2 (»Die Kuh«), Vers 177: »Wahre Frömmigkeit besteht nicht darin, dass ihr eure Gesichter nach Osten oder Westen wendet – sondern wahrhaft fromm ist, wer an Gott glaubt und den Letzten Tag und die Engel und die Offenbarung, und die Propheten; und sein Vermögen ausgibt – wie sehr er selbst es auch wertschätzen mag – für seine Verwandten und die Waisen und die Bedürftigen und die Reisenden und die Bettler, und für das Befreien der Menschen aus Knechtschaft.«

Halal und Haram

Ein anderes Beispiel für die geschickte Art von bestimmten Industrie- und Dienstleistungsunternehmen, sich von der Masse der Anbieter abzuheben und mit dem Siegel »islamisch« Kunden an sich zu binden, ist der Markt an Halal-Produkten.

Ein wachsender Markt.

Halal ist ein arabisches Wort und heißt so viel wie »das Erlaubte« oder »das Gestattete«. Dahinter verbergen sich alle Produkte, die aus islamischer Sicht zulässig sind. Etwa, weil sie ohne Schweinefleisch, das Muslimen verboten sein soll, auskommen.

Das Gegenteil von Halal ist Haram – das Verbotene. Wer Haram-Produkte kauft und zu sich nimmt, handelt nach Ansicht vieler Islamprediger falsch und muss deshalb mit Bestrafung durch Allah am Tag des Jüngsten Gerichts, wahrscheinlich sogar im Diesseits rechnen. Wer sich hingegen an die Speisevorschriften hält, für den hält Allah eine Belohnung im Jenseits und Diesseits bereit.

Gerade Menschen, die sich nicht hundertprozentig mit den islamischen Regeln diesbezüglich auskennen, sind schnell unsicher, welche Produkte denn nun islamisch in Ordnung sind, und sie gehen gerne auf Nummer sicher. Dann kaufen sie Produkte, auf deren Etikett »halal« oder »islamisch« steht.

Das Prinzip funktioniert ähnlich wie bei Markenkleidung: Konsumenten, die sich unsicher fühlen, wählen die bekannten Marken, um sich ein Image einzukaufen: Levis oder Lacoste, je nach Alter, Milieu und Selbstinterpretation. Dadurch kaufen sie sich Sicherheit und eine neue Identität.

Der unsichere Muslim kauft sich mit den Halal-Produkten

die Sicherheit, religiös alles richtig zu machen. Klar, dass sich Geschäftsleute diese Unsicherheit zunutze machen.

Zwischen halal und haram existiert nach der Ansicht konservativer Interpreten, wie sollte es anders sein, eine Art Grauzone, »makruh« genannt. Eine Zone des »nichts Genaues weiß man nicht«, von der man besser die Finger lassen sollte. Wer auf Nummer sicher gehen möchte, sollte deswegen besser nichts dergleichen anfassen oder gar verspeisen. Zum Beispiel sind laut den Ultras alkoholfreie Biere insofern »makruh«, weil sie zwar äußerst wenig Alkohol enthalten (der bei den Ultras strikt verboten ist), andererseits aber durch Geschmack, Farbe und Flaschenform schwer an Bier erinnern – was ja schließlich auch gewollt ist.

In einschlägigen Internetforen, wie Shia.com zum Beispiel, unterhalten sich die anonymen User über Erlaubtes und Verbotenes. Speziell die Produkte der Grauzone – wie das alkoholfreie Bier – werden heiß diskutiert. Die meisten Antwortschreiber raten den anderen Forumnutzern, im Zweifelsfall lieber die Finger von den Produkten zu lassen, von denen man nicht genau weiß, ob sie »halal« oder »haram« sind. Mit der Folge, dass Muslime, die »alles richtig machen wollen«, am besten gar nichts Genussvolles mehr zu sich nehmen.

Ein wenig erinnert das an die »Fitna« der Frauen: Aus Unsicherheit, ob der Lippenstift nicht als unislamisches, verbotenes und unsittliches Signal an die Männerwelt missverstanden werden könnte, lässt die Frau ihn lieber gleich weg.

Da die Konservativen viele Produkte als »haram« erklären, eröffnen sich dadurch große Nischen, in welche die Produzenten der Halal-Güter geschickt hineinstoßen können. Und weltweit wächst kein Segment auf dem Lebensmittelsektor so stark wie Halal-Food. Die UNESCO schätzt, dass der Handelswert von 150 Milliarden US-Dollar im Jahr 2008 auf über 500 Milliarden im Jahr 2010 steigen wird. Inzwischen entdecken zunehmend auch europäische Lebensmittelhersteller die islamischen Speisegebote, wie das Beispiel des *Maggi-Kochstudio* im türkischen Fernsehen zeigt.

Vergleichbar mit den jüdischen Speiseregeln muss auch bei der Herstellung der Halal-Lebensmittel vor allem sichergestellt werden, dass die Produkte nicht mit Bestandteilen von Schweinefleisch in Berührung kommen, aber auch nicht mit denen von Hunden, Eseln oder Greifvögeln. Ebenso dürfen sie keinen Alkohol enthalten.

Dass sich mit dem religiös geprägten Konsumverhalten gut verdienen lässt, erkennen allmählich auch europäische und deutsche Unternehmen. Das zeigt zum Beispiel immer wieder die große Nahrungsmittelmesse Anuga in Köln, die ein stetiges Wachstum an solchen Produkten zu verzeichnen hat. So produziert der Süßigkeitenhersteller Haribo inzwischen in der Türkei Halal-Gummibärchen aus Rindergelatine. Als »100% halal« präsentierte die Düsseldorfer Sea Food GmbH ihre mit Fischgelatine hergestellten »Frutty Bears« 2008 auf der Anuga.

Bei Nestlé sind von weltweit 456 Unternehmenstöchtern mittlerweile 80 halal-zertifiziert. Der Schweizer Lebensmittelkonzern verdient mit Koran-konformer Ware schon mehr als mit Bioprodukten. Der Konzern bietet eine ganze Halal-Produktkette an, die sich »Flavour of Ramadan« nennt.

Bisher gibt es allerdings keine international einheitlichen Zertifizierungsstandards für Halal-Betriebe. Auch in Deutschland konnten sich die diversen islamischen Verbände nicht auf ein gemeinsames Prüfsiegel einigen. Entsprechend groß ist der Markt der Halal-Zertifizierer, die Rohstoffe, Herstellung, Reinigung und Zulieferer kontrollieren.

Nur am Rande sei erwähnt: Bisher tun sich deutsche Lebensmittelkonzerne noch schwer damit, in der Öffentlichkeit für ihre Halal-Produkte zu werben. Haribo hat seine Goldbären-Edition vor einiger Zeit als Halal-Variante mit Rindergelatine auf den Markt gebracht. An die große Glocke hängt man das hier allerdings nicht, auch aus Angst vor Imageschäden. Der Islam ist in Deutschland und Europa derzeit ein Faktor, mit dem es sich zwar gut verdienen, aber nicht gut werben lässt.

Darum tummeln sich die Halal-Verkäufer vornehmlich im Internet, wie zum Beispiel auf der Seite www.amana-buch.de, wo man muslimische Bücher kaufen kann, aber auch Halal-Süßigkeiten wie »Halal Haribo«. »Halalibo« ist übrigens eine eigene Verkaufsseite, die nur solche Produkte anbietet.

Die Diskussion um Halal-Produkte nimmt langsam bedenklich-absurde Züge an: So wirbt zum Beispiel ein Hersteller von Schmierfetten, Ölen, Pasten und Wachsen, Klüber Lubrication mit Sitz in München, damit, im November 2009 »erfolgreich die Halal-Zertifizierung von 117 Klüber H1-Schmierstoffen« abgeschlossen zu haben. Hinter den H1-Schmierstoffen verbergen sich Stoffe, mit denen Maschinen, Lager, Ketten, Getriebe, Kompressoren, Förderanlagen oder pneumatische Komponenten geschmiert werden können.

Da diese Schmierstoffe in der Lebensmittelproduktion in Kontakt mit Lebensmitteln gelangen können, müssen demnach auch die Schmierstoffe frei von »unislamischen« Bestandteilen sein – unter anderem also frei von Alkoholen beispielsweise, die in einigen Schmierstoffen als Additive enthalten sind. Das Unternehmen ließ sich seine Schmierstoffe vom Islamic Food Council of Europe zertifizieren, eine von weltweit 95 islamischen Zertifizierungsstellen, die die Speisevorschriften nach Allahs Willen überprüfen.

Das Beispiel zeigt, dass es mit Speisevorschriften den Ultras zufolge also gar nicht getan ist. »Unislamische« Bestandteile finden sich nicht nur in Bouillons, Blätterteig und Gewürzmischungen, sondern manchmal sogar in den Klebstoffen der Verpackung oder eben in den Schmierstoffen.

Aber wie weit soll das Ringen um die reine Lehre gehen? Was ist mit Speditionen, die Halal-Lebensmittel und Paletten mit alkoholischen Getränken in einer Halle, vielleicht sogar nebeneinander lagern? Ist die Luft schon verunreinigt, wenn ein Schweinefleisch-Schinken in der gleichen Logistik-Einheit lagert wie die Halal-Gummibärchen? Wie weit soll es noch gehen?

Der nächste logische Schritt wäre demnach die völlige Trennung von islamischer und nichtislamischer Lebensmittelproduktion und -distribution. Mit eigenen Großhändlern, Zwischenhändlern und Einzelhändlern. Das wären weitere Einrichtungen, in denen Muslime unter sich wären – ist das sinnvoll?

Nein, das ist nicht sinnvoll, weil wieder einmal ein ganzer Lebensbereich mehr oder minder willkürlich separiert wird. Mit der Folge, dass Muslime in ihren eigenen Geschäften einkaufen, wo Nichtmuslime nicht hingehen. Wieder einmal ein Faktor, der spaltet und die gesellschaftlichen Gruppengrenzen zementiert, wo doch Begegnungen zwischen Muslimen und Nichtmuslimen im Supermarkt, auf dem Markt oder auf der Straße eminent wichtig sind.

Hinten lauern die Geschäftsinteressen, vorne stehen, wie eine Schaufensterpuppe, angebliche Moralvorstellungen.

Noch ein Tabu: das Schweinefleisch

Sowohl im Judentum als auch im Islam soll das Schweinefleischessen verboten sein; historisch gesehen geht das Schweinefleischverbot bis auf die alten Ägypter und Phönizier zurück, sodass es vermutlich so den Weg ins Alte Testament gefunden hat.

Nur, ein Verbot ohne Begründung steht auf tönernen Füßen. Von manchen wird das Verbot mit der angeblich unreinen Lebensweise von Schweinen begründet. So zum Beispiel im Buch *Erlaubtes und Verwehrtes* von Hayrettin Karaman: »Das Schwein verzehrt aufgrund seiner Naturanlage auch unsauberes, in Gärung, ja selbst in Verwesung übergegangenes Futter. Es ist ein Tier, das sozusagen im Schmutz schwimmt. Infolgedessen beherbergt sein Fleisch eine Vielzahl mikrobischer Lebewesen, angeführt von Trichinen und Würmern … Maßnahmen dieser Art (veterinärmedizinische Kontrollen, Anm. d. A.) können und konnten nicht zu jeder Zeit, überall und von jedem, der dieses Fleisch genießt, ergriffen werden.«

Karaman legitimiert das Schweinefleischverbot also lebensmittelchemisch aus der Perspektive des muslimischen Gesundheitsexperten. Sein Augenmerk gilt den Trichinen und Würmern, wobei er deutlich macht, dass früher und in bestimmten Regionen der Welt bei der Zubereitung des Fleisches die hygienischen Standards nicht ausreichten, um Schweinefleisch so herzustellen, dass es unbedenklich verzehrt werden konnte.

Da muss sich Herr Karaman schon die Frage gefallen lassen, ob er im Gegenzug denn den Verzehr von Schafen, Ziegen und Hühnern unter mitunter katastrophalen hygienischen Zuständen in islamischen Ländern für unbedenklich hält. Zudem gilt in Deutschland eine ärztliche Untersuchungspflicht für Schlachttiere, und Trichinellen werden beim Erhitzen des Fleisches ohnehin vernichtet.

Immerhin scheint der Autor Karaman zu ahnen, dass er sich mit seiner Argumentation auf dünnem Eis bewegt, weshalb er sich eines ganz besonders »intelligenten« Tricks bedient. Er verweist einfach auf möglicherweise künftig zu erbringende wissenschaftliche Erkenntnisse, dass Schweinefleisch schädlich ist: »Wie schon in der allgemeinen Darstellung angedeutet, besteht die Weisheit, die hinter dem Verbot des Genusses von Schweinernem steht, nicht allein in dem, was wir bis dato diesbezüglich erkannt haben. Was wir noch gestern nicht wussten, haben wir heute erkannt, und vieles von dem, das heute noch unerforscht ist, wird künftig wissenschaftliche Erkenntnis sein.«

Aha. Offensichtlich findet der Autor keine Argumente fürs Schweinefleischverbot, weswegen er sich auf Kaffeesatzleserei verlegt.

Wissenschaftler wie etwa der amerikanische Anthropologe Marvin Harris gingen von ökonomischen Gründen aus, weil Schafe und Ziegen im Nahen Osten besser mit den klimatischen und ökologischen Voraussetzungen zurechtkamen. Letztlich lässt sich nicht mehr sicher sagen, was zu dem Verbot führte. Sicher ist jedenfalls, dass der Koran recht tolerant mit der Frage umgeht, wie die Sure 2 »Die Kuh«, Vers 173, zeigt: »Er hat euch nur Aas verboten und Blut und das Fleisch vom Schwein und das, worüber irgendein anderer Name als Gottes angerufen worden ist; aber wenn einer durch Not getrieben wird – weder es begehrend noch sein unmittelbares Bedürfnis überschreitend –, soll keine Sünde auf ihm sein: denn, siehe, Gott ist vielvergebend, ein Gnadenspender.«

Aas haben wir nicht in Deutschland. »Das, worüber irgendein anderer Name als Gottes angerufen worden ist«, haben wir ebenfalls nicht, weil es im Christentum keine Tieropfer gibt. Zumal die anerkannten Schlachtereien in einem religionsfreien Raum arbeiten.

Deshalb bleibt die Frage des Schweinefleisches. In Deutschland kann man mit Fug und Recht behaupten, dass das Schweinefleisch nicht unsauberer ist als andere Fleischsorten.

Während Beyza Bilgin die Situation in einer Mensa oder Schulkantine als Notsituation definiert, wenn zum Beispiel Kinder kein Geld haben, etwas anderes zu kaufen, hört man von Moscheeimamen in Köln, dass die Kinder auch dann kein Schweinefleisch essen dürften, wenn ihnen eine Pistole an die Schläfe gehalten würde. Aber diese Imame behaupten auch, dass ein kranker Mensch fasten muss, auch wenn er sich vor Schmerzen am Boden krümmt.

Heute muss jeder für sich selbst entscheiden, welches Fleisch er isst. Die hygienischen Bedingungen im siebten Jahrhundert können dabei jedenfalls keine Rolle mehr spielen; wer heute Fleisch isst, sollte sich über die heutigen Schlacht- und Herstellungsmethoden, über Tierhaltung und -futter kundig machen. Sauberkeit und Hygiene sind in der Regel in deutschen Geschäften gesichert, und sie werden auch scharf überwacht. »Das normale Fleisch, das im Supermarkt verkauft wird, ist halal«, sagt Beyza Bilgin.

Sure 5 (»Der Tisch«), Vers 5 macht deutlich, dass natürlich auch Speisen gegessen werden können, die Nichtmuslime zubereitet haben: »Heute sind euch alle guten Dinge des Lebens erlaubt. Und die Speise jener, denen vordem Offenbarung gewährt worden ist, ist euch erlaubt, und eure Speise ist ihnen erlaubt.«

Dass sich diese Anweisung nur auf die Schriftbesitzer, also Christen und Juden bezieht, muss man historisch sehen. Heute kann man den Kreis mit Fug und Recht auch auf Buddhisten,

Hinduisten oder Atheisten erweitern, weil wir in einer multireligiösen Gesellschaft miteinander leben.

Worum geht es bei den Speisevorschriften wirklich? Sure 6 (»Das Vieh«), Vers 121 besagt: »Darum esst nicht von dem, worüber Gottes Name nicht ausgesprochen worden ist: denn das wäre fürwahr sündhaftes Verhalten.«

Hierhin steckt die uralte Forderung nach Dankbarkeit für das, was Gott an Nahrung und Essen geschaffen hat. Deswegen, so Beyza Bilgin, sollte man jede Mahlzeit mit einer »Basmala« anfangen, also der Formel »Im Namen Gottes, des Barmherzigen, des Erbarmers«.

Wie schon gesagt, Maßhalten ist eine zentrale Forderung des Islam: »O Kinder Adams, leget euern Putz an bei jeder Moschee und esset und trinket und schweifet nicht aus; siehe, Er liebt nicht die Ausschweifenden.« (Sure 7 »Der Wall«, Vers 31)

Ähnliches gilt natürlich auch fürs Alkoholtrinken. Alkoholismus ist eben eine zeitlose Erkrankung, mit der die Menschen schon im siebten Jahrhundert zu kämpfen hatten. Aber der Koran äußert sich wesentlich differenzierter, als uns so manche konservative Islamapologeten weismachen wollen.

Drei Suren beschäftigen sich mit Alkohol; die erste (16 »Die Biene« Vers 67) nennt Alkohol eine »berauschende aber auch bekömmliche Nahrung«, die zweite (2 »Die Kuh«, Vers 219) spricht von Vor- und Nachteilen des Alkohols, wobei die Nachteile überwiegen, und in der dritten Sure (5 »Der Tisch«, Vers 91) wird leicht reizbaren Gemütern vom Genuss abgeraten.

Nimmt man nun den Kontext des Korans hinzu – die ewigen Werte Bescheidenheit und Maßhalten, die im Kern aller Botschaften stecken –, dann erkennt der Koran durchaus die belebende Wirkung des Alkohols, warnt aber vor Übertreibung. Wer Alkohol trinkt, kann dies tun. Wer aber in betrunkenem Zustand anfängt zu streiten, soll es besser bleiben lassen.

Zum Abschluss: Der Koran verbietet Speisen und Getränke, die zur damaligen Zeit als gesundheitsschädigend galten, wie Fleisch von verendeten Tieren, Blut und eben auch Schweinefleisch, welches damals, ungekühlt und unbehandelt, ein Gesundheitsrisiko war. Zugleich erlaubt der Koran jedoch den Genuss von Schweinefleisch, wenn Not herrscht und keine andere Speise in greifbarer Nähe ist.

Um zu verhindern, dass die damals ohnehin nicht gerade im Überfluss befindlichen Speisen zur Neige gingen – und zur Vorbeugung einer gefährlichen Verschwendungssucht –, predigte der Koran maßvollen Konsum. Wie tat er das? Indem er die Speisen in direkten Zusammenhang mit Gott als Schöpfer, Koch und obersten Lebensmittelverteiler brachte. Gott ist Bauer, Müller und Bäcker – er ist Schöpfer der Nahrungsmittel, darum sollen sich die Menschen vor Verschwendung hüten.

Mehr aber sagen die Koranverse dazu nicht.

Es ist deshalb nicht islamisch, wenn Kinder ihre deutschen Freunde nicht besuchen dürfen, weil dort Schweinefleisch verzehrt wird und sie aus »kontaminierten« Töpfen essen würden; Imame, die Kinder und ihre Eltern in diese Richtung indoktrinieren, begehen einen riesengroßen Fehler, weil dadurch das so wichtige Kennenlernen verhindert wird. Und Kennenlernen ist die größte Voraussetzung für die gegenseitige Akzeptanz und Achtung. Gott ist barmherzig, was man von den Ultras sicher nicht behaupten kann.

Wenn sich also Islamverbände heute über »Islamophobie« mokieren, sind sie teils selbst daran schuld. Durch ihre spalterische Politik, die auch vor den Kühlschränken nicht haltmacht, ersticken sie kindliches Kennenlernen oftmals schon im Kern.

Natürlich hören diejenigen, die einfache Leute an sich binden wollen, diese Argumente nicht gerne. Aber es kann nicht sein, dass das Gerede von »grünem Kapital«, Halal-Produkten oder angeblich frommen und sündenfreien Dienstleistungen unwidersprochen im Raume stehen bleibt. Alle gläubigen Muslime müssen sich selbst die Frage stellen, inwieweit sie es den Geschäftemachern zubilligen, den Namen Allahs zu missbrauchen, um den Gutgläubigen die Scheine aus der Tasche zu ziehen.

Der Frömmigkeits-Industrie, die ihren illegalen Produkten das Etikett »islamisch« anheftet, gehört das Handwerk gelegt. Der Frömmigkeits-Industrie, die ihre legalen Produkte als »islamisch« anbietet, sollten ihre Grenzen gezeigt werden. Eine Aufgabe, die Staat und sowohl muslimische als auch nichtmuslimische Bürger gleichermaßen betrifft.

Drei Forderungen zum Schluss

Dieses Buch ist kein Versuch, neue Dogmen in Buchform zu pressen und damit zu konservieren. Ganz im Gegenteil, das Verhindern echter Diskussion und leidenschaftlicher Debatte ist das Grundproblem in der Auseinandersetzung mit dem orthodoxen Islam. Harsche Islamkritiker auf der einen Seite und kritikunfähige selbst ernannte Islamvertreter stehen sich unversöhnlich gegenüber, fechten ihre Duelle in Fernsehtalkshows und von der Politik inszenierten Konferenzen aus, ohne Lösungen anzubieten. Die einen sprechen den anderen ab, für »den Islam« repräsentativ zu sein, während die anderen jenen absprechen, überhaupt Muslime zu sein.

Und dazwischen?

Dazwischen werden die ganz normalen Muslime zerrieben, die ihren Glauben leben, ohne von den einen wie den anderen in Haftung genommen werden zu wollen. Aber welche Chance haben sie, sich zu artikulieren? Gibt es den liberalen Islam in Deutschland und Europa?

Ja, es gibt ihn. Die Frage aller Fragen ist, kann sich diese moderne Sichtweise des Islam durchsetzen? Ist es der moderne Zukunfts-Islam, der die Werte des demokratischen Verfassungsstaats von innen stärkt? Oder gewinnen die salafistischen Moscheevereine und ultraorthodoxen Islamverbände die Oberhand, die in ihrem Denken oftmals dem Mittelalter verhaftet sind?

Ob sich der Zukunfts-Islam letztlich durchsetzen wird, hängt in erheblichem Maße von der Rolle ab, die Deutschland spielt. Hier leben besonders viele Muslime, die aus der Türkei stammen. Geschätzt gibt es hierzulande fast genauso viele

Muslime wie in Bosnien, das ein muslimisches Land im Herzen Europas ist.

Gerade die Wissenschaftler an den theologischen Hochschulen in der Türkei beschäftigen sich besonders intensiv mit den Fragen rund um einen modernen Islam. Da Deutschland und die Türkei über die migrierten Menschen eng miteinander verbunden sind, liegt es nahe, diese Verbindung zu nutzen.

Wie geht das?

Aus der Türkei könnten die theologischen Grundlagen des modernen Islam kommen, die wir hier gemeinsam in entsprechende Strukturen übertragen sollten. Machen wir uns nichts vor: Der moderne Islam ist hüben wie drüben ein zartes Pflänzchen; aber eines, das wachsen kann, wenn wir nur den richtigen Boden bereiten.

Die modernen Muslime in der Türkei schauen dabei durchaus nach Deutschland. Was hierzulande in den Gesellschaften der Migranten passiert und sich entwickelt, hat Rückwirkungen auf die türkische Gesellschaft – wie auch die türkischen Entwicklungen niemals spurlos an den in Deutschland lebenden Türkischstämmigen vorbeiziehen.

Deutschland steht nicht nur deshalb im Mittelpunkt einer Entwicklung des Islam, weil hierzulande viele Muslime leben. Nein, es steht auch im Mittelpunkt, weil sich von diesem Land aus das Christentum erneuert hat. Die Reformation hat ja nicht nur die protestantischen Kirchen hervorgebracht, sondern auch in ganz wesentlichem Ausmaß den Katholizismus erneuert. Wie der orthodoxe Islam, so viel Gegenüberstellung sei erlaubt, so musste sich auch der konservative Katholizismus mit den Ideen von Menschenrechten, Gleichberechtigung, Freiheit der Lehre und Forschung und vielen anderen modernen Ideen erst anfreunden. Das war ein langsamer und schmerzhafter Prozess mit vielen Reibereien, und so manche Wunde verheilt nur langsam.

Ein moderner Islam ist daher keine utopische politische Forderung in irgendwelchen Sonntagsreden. Ein moderner Islam ist möglich! Und dieses Buch will dazu einen kleinen Beitrag leisten, indem es nicht nur bedauert und kritisiert, sondern offen auf die Menschen setzt, die dem Islam ihren zeitgemäßen Stempel aufdrücken wollen.

Zuallererst sind daher die Muslime selbst gefragt. Die modernen Muslime müssen den Mut haben,

- ihr Gesicht zu zeigen und wahrgenommen zu werden;
- ihre Ideen selbstbewusst und auf Augenhöhe vorzutragen;
- das Tor zum »Idschtihad« neu aufzuschlagen, das heißt, mit Köpfchen den Koran und die Sunna zeitgemäß auszulegen; und
- ein Gegengewicht zu den »Muqallid«, den Orthodoxen, herzustellen, die nur das eine wollen: möglichst viele Zwischenräume zwischen Allah und den Menschen einrichten, damit sie ihren Einfluss auf die Gläubigen nicht verlieren.

Das ist nicht einfach, weil die modernen Muslime unter Druck stehen: von den etablierten Verbänden, aber auch von Familien und Gruppen, in denen sie sich bewegen. Viele Menschen – erfahren wir aus Gesprächen mit Muslimen – würden gerne mit alten Traditionen im Namen des Islam aufräumen, trauen sich aber nicht, aus der Deckung zu kommen. Sie schweigen lieber, weil sie Angst haben.

Darunter sind:

- Viele Frauen, die ein Kopftuch tragen und sich verhüllen müssen und aus Angst vor dem sozialen Druck schweigen.
- Muslime, die in der Öffentlichkeit so tun, als würden sie im Ramadan fasten, obwohl sie es eigentlich gar nicht wollen. Das geht so weit, dass Menschen in der Türkei, die nicht fasten, dennoch nachts aufstehen und das Licht anschalten – nur damit die Nachbarn denken, sie würden die letzte Mahlzeit vor dem Sonnenaufgang zu sich nehmen.
- Geschäftsmänner, die nur zum Freitagsgebet in die Moschee gehen, damit sie gesehen werden und keine Kunden aus der islamischen Gesellschaft ihres Stadtteils verlieren.

Wozu diese Maskerade? Wem ist damit gedient?

Die Individuen wagen es nicht, sich zu ihren Meinungen zu bekennen. Im Einzelfall verständlich, ist dieses Verhalten doch in der Masse katastrophal, weil es eine Gesellschaft pervertiert, indem die Ultraorthodoxen gestärkt werden, derweil sich die anderen ducken.

Ist das wirklich die Alternative, entweder den Ultras zuzustimmen oder die »Gemeinde der Gläubigen« zu verlassen? In einer freien Gesellschaft, die zwischen Schwarz und Weiß viele Schattierungen und Farben kennt, kann es niemals nur eine Alternative geben. Eine weitere Möglichkeit wäre, sich aus der Deckung zu wagen, weil man sich als Muslim begreift, der die Thesen des modernen Islam für richtig hält.

Erste Forderung: An die Muslime

»Sapere aude!« Habt Mut, euch eures eigenen Verstandes zu bedienen! Kommt der Begriff »Verstand« nicht ganze 49 Mal im Koran vor? Ist der Verstand nicht die Quelle immerwährender Offenbarung? Warum sollte ausgerechnet der Islam stehen bleiben, wenn sich die Welt weiterbewegt? Warum sollte ausgerechnet der Islam den Anschluss verpassen?

Modernität ist mehr als moderne Technik, Sieben-Sterne-Hotels, teure Autos und andere Luxusgüter. Modernität meint vor allem die Entwicklung des Denkens, hin zu mehr Respekt vor den Menschenrechten, den Rechten und Pflichten des Individuums in Ausgewogenheit zu den Rechten und Pflichten der Gesellschaft; in der Mitte steht aber das Individuum, das die Gesellschaft mitgestaltet, der Einzelne ist nicht Spielball der Gemeinschaften und Massen.

Das ist nichts Aufregendes, nichts Unerhörtes. Moderne Muslime möchten nur so leben, wie sie es mit ihren Lebensverhältnissen, dem Verstand, der Würde und ihrem Gewissen vereinbaren können. Sie möchten selbst entscheiden können, was für sie als muslimisch gilt und was nicht. So funktionieren alle modernen Alltagsreligionen – Religionen also, die die Menschen im Alltag leben und die nicht nur für die hauptberuflichen »Religionsexperten« wie Pfarrer, Theologen, Nonnen, Mönche, Imame, Priester, Lamas oder wen auch immer da sind.

Sie glauben an den Koran und pochen auf ihr Recht, dass die Sure 50 (»Qaf«), Vers 16 auch für sie gilt: »*Nun wahrlich*, Wir sind es, die den Menschen erschaffen haben, und Wir wissen, was sein innerstes Selbst in ihm flüstert: denn Wir sind ihm näher als seine Halsschlagader.«

Wenn mir Gott näher ist als meine eigene Halsschlagader, dann braucht diese Symbiose keine weiteren Verbindungsstücke. Kein Imam muss mir sagen, was ich darf, was ich nicht darf, was muslimisch ist und was nicht. Keine Fatwas, Rechtsgutachten, dulde ich dann, deren Urheber Lichtjahre von meinen eigenen Lebensverhältnissen entfernt leben.

Überlassen wir den Islam nicht den Ewiggestrigen. Sie haben kein Monopol auf den Islam, und der Islam hat es nun wahrlich nicht verdient, nur von ihnen offensiv vertreten zu werden.

Zweite Forderung: An die Politik

Damit die modernen Muslime aus der Deckung kommen können, bedarf es endlich einiger Änderungen im öffentlichen Umgang mit »dem Islam«.

Eine neue Option: liberale Gemeinden

Wer den modernen Islam unterstützen will, muss den modernen Muslimen erst Mut machen und danach Plattformen für sie schaffen. Zunächst sollte die Politik in Deutschland die modernen Muslime genauso wahr- und ernst nehmen wie die ultraorthodoxen Verbandsvertreter. Wenn der Staat bei seinen Dialogen und Konferenzen den Liberalen unter den Muslimen genauso viel Platz einräumt wie den anderen, ist schon viel gewonnen. Das würde Anreize für die modernen Muslime schaffen, ihre eigenen Gemeinden zu gründen.

Nehmen wir das Beispiel der jüdischen Gemeinden in Deutschland. Es gibt orthodoxe und liberale jüdische Gemeinden. Warum sollte das bei den Muslimen anders sein?

Äquidistanz zu allen Religionsgruppen

Die Vorgaben des Rechtsstaats sind verbindlich für alle. Es gibt weder ein Weniger noch ein Mehr an Rechten für die verschiedenen Gruppen der Bürgerinnen und Bürger. Im Klartext: Der Staat darf keiner religiösen Gruppe Vorrechte vor den anderen einräumen oder Benachteiligungen auferlegen. Entweder genießen alle Religionsgemeinschaften die gleichen Rechte auf hohem Niveau, oder Deutschland muss insgesamt laizistischer werden, also allen Gruppen weniger Rechte geben. Letzteres wäre eine sichere Sache, die endlich für Klarheit sorgen würde. Schon heute verbünden sich Kirchen mit Islamverbänden gegen einen gemeinsam ausgemachten Gegner: die Befürworter eines weitgehenden Säkularismus. Diese Entwicklung neuer Seilschaften ist bedenklich.

Das Zusammenleben in einer multireligiösen Gesellschaft funktioniert nur, wenn der Rechtsstaat das Fundament des gemeinsamen Hauses ist. Weder religiöse Regeln noch »quasireligiöse« Vorschriften irgendwelcher politischer Ideologien können »den Staat machen«.

Der Säkularismus des Staates ist eine echte Erfolgsgeschichte, und er baut vor allem auf den Werten von Freiheit, Toleranz, Pluralismus, Humanismus, Demokratie und Solidarität auf. Das sind alles Werte, die sich aus verschiedenen Quellen entwickelt haben: sei es aus antiken altgriechischen Ideen, sei es aus religiösen christlichen Quellen wie der katholischen Soziallehre und der evangelischen Sozialethik. Aber das sind eben nur einige unter vielen Quellen; die modernen Werte des Rechtsstaats haben sich längst von ihren Ursprüngen abgelöst und auch neue Quellen hinzugewonnen.

Das bedeutet nicht das Ende der Religionen. Ein moderner, zeitgemäßer Islam kann auch in Zukunft dazu beitragen, die genannten Werte weiterzuentwickeln – genauso, wie das die christlichen und anderen Religionen können, Umweltschutz- und Friedensbewegungen und die Vielzahl der zivilgesellschaftlichen Gruppen. Alle auf Augenhöhe zueinander, nur der Staat als Hüter des Gewaltmonopols steht ein Stück weit darüber.

Das »Wir-Gefühl«

Was hält die Gesellschaft zusammen? Welche Symbole taugen dazu, den Menschen ein Gefühl von Zugehörigkeit zu vermitteln? Bei der Vielzahl der Religionen können wir nicht so tun, als sei das »christliche Abendland« (oder was auch immer) dazu in der Lage, Gemeinsamkeit zu stiften. Die Zeiten sind vorbei. Politik muss stattdessen das Gemeinsame feiern, das tatsächlich auch allen gemeinsam ist. Und das können nur die Werte von Freiheit und Solidarität, von Pluralismus und Demokratie, von Humanismus und Toleranz sein. Für die persönliche Erbauung ist die Religion ein möglicher und gangbarer Weg. Für die Gesellschaft im Ganzen kann das niemals die Religion sein, es sei denn, man macht aus Deutschland einen Gottesstaat. Und das, Gott bewahre, wird hoffentlich niemals geschehen.

Politiker aller Parteien sollten zudem aufhören, aus Integrationsproblemen Islamprobleme zu machen und andersherum. Religionspolitik ist nur ein sehr kleiner Teil der Integrationspolitik; viel wichtiger sind die sozialen Fragen um Ausbildung, Beruf, Wohnen und Einkommen. Eine religiöse Gruppe lässt sich nicht »integrieren«, weil sich kein Glaube, zu dessen Charakteristika die Intransparenz nun mal gehört, integrieren lässt.

Dritte Forderung: An die Mehrheitsgesellschaft

Alle Menschen müssen sich schon die Mühe machen, verstehen und Neues erfahren zu wollen. Zunächst einmal ist jeder Mensch nur ein Individuum, das sich vor allem um die Dinge des täglichen (Über-)Lebens kümmert: um Arbeit, Nahrung und Sinnerzeugung. Man tut den Menschen folglich Unrecht, wenn man sie ausschließlich als Angehörige einer Gruppe ansieht. In Europa werden Menschen mit ihren tausendfach unterschiedlich ausgeprägten Interpretationen des Islam pauschal als Muslime tituliert. Und damit werden gleichzeitig eine Menge Vorstellungen über »die Muslime« auf die Schultern dieser Menschen geladen. Das ist ein falscher Weg, der zwar vereinfacht, aber in dieser Vereinfachung blind macht.

Den gleichen Fehler begehen diejenigen, die den Islam in all seinen Ausprägungen bedingungslos akzeptieren. Auch sie tun so, als seien die Menschen muslimischen Glaubens vor allem eines: Muslime. Zudem wischen sie Ungereimtheiten, Rückschritte und Ungeheuerlichkeiten, die sich aus gestriger Religionsausübung ergeben, blauäugig als »Vielfalt« weg. Sie erweisen den Muslimen damit einen Bärendienst, weil sie ultraorthodoxen und islamistischen Akteuren das Feld bereiten.

Beide Seiten »exotisieren« die Menschen entlang ihrer religiösen Zugehörigkeit. Und leisten einer Entwicklung Vorschub, die die komplizierten Mehrfachidentitäten der Menschen – Mann, Frau, Kind, Anwalt, Ärztin oder was auch immer – einfach überdeckt. Einfach zukleistert.

Das Zusammenleben mit Muslimen darf sich aber nicht an den beiden Extrempolen ausrichten, an denen Muslime entweder abgelehnt oder bedingungslos toleriert werden. Die Muslime sind nicht automatisch die besseren Menschen, weil sie muslimisch sind; und sie sind auch nicht automatisch die schlechteren Menschen, weil sie muslimisch sind.

Guten Morgen, Deutschland

Es beschleicht einen das Gefühl, dass sich Deutschland erst den Sand aus den Augen reiben muss: Die Muslime sind weder Bereicherung noch Bedrohung, nur weil sie Muslime sind. Katholiken und Protestanten sind weder Bereicherung noch Bedrohung, weil sie Christen sind. Und dasselbe gilt für Buddhisten, Angehörige anderer Religionen und Atheisten. Guten Morgen, Deutschland!

Wer die Zeitungen aufschlägt, liest allzu oft noch Debatten von anno dazumal, etwa um die Frage, ob Deutschland nun ein Einwanderungsland sei oder nicht. Diese Frage spielt in Wahrheit keine Rolle mehr, denn die Fakten sprechen ja für sich. Die Muslime gehören im 21. Jahrhundert zu Deutschland, wie auch die anderen Gruppen selbstverständlich zu Deutschland und Europa gehören.

Derzeit befinden wir uns in einem Prozess, in dessen Verlauf sich die Menschen, und zwar alle, darüber bewusst werden. Dieser Prozess dauert noch an, vielleicht 20 Jahre, vielleicht 40 Jahre. Aber am Ende wird für dieses Deutschland auch der Islam Normalität sein. Aber nur, wenn sich die modernen Muslime durchsetzen, denn auf Dauer kann hier keine Religion wirken, die Gegensätze zu den Grundwerten dieses Landes aufbaut. Im Gegenteil: Nur die Religionen haben eine Zukunft, die die demokratischen Werte von innen stärken und gegen Angriffe imprägnieren.

Die Frage aller Fragen – kann sich der Zukunfts-Islam durchsetzen? – ist also kein Nebenschauplatz für Religiöse und solche, die es werden wollen. Sie steht im Zentrum aller Bemühungen, damit dieses Europa noch lange so friedlich existiert, wie es das nun seit dem Ende des letzten Weltkriegs und dem Ende der Teilung im Großen und Ganzen tut. Darauf schaut auch die Welt, auch deshalb, weil es sich beim Islam um eine große, weltweite Religion handelt.

Einen Kulturkampf zwischen »dem Islam« und »dem Westen« herbeizureden, ist ein großer Fehler. Der »kulturelle Graben«, der niemals in Zement gegossen ist, zieht sich vielmehr zwischen den Modernen und den Ewiggestrigen – welcher Religion auch immer. Ein hoffnungsvolles Zeichen ist die Tatsache, dass dies von vielen jungen Menschen genauso gesehen wird. Und in Zukunft auch von vielen Mädchen und Frauen, die heute noch Kopftuchmädchen sind.

Epilog

»O Menschen, Wir haben euch alle aus einem Männlichen und einem Weiblichen erschaffen und haben euch zu Nationen und Stämmen gemacht, auf dass ihr einander kennenlernen möget. Wahrlich, der Edelste von euch in der Sicht Gottes ist der, der sich Seiner am tiefsten bewußt ist. Siehe, Gott ist allwissend, allgewähr.«

Sure 49 (»Die Privaträume«), Vers 13

»Und Gott schuf den Menschen zu Seinem Bilde, zum Bilde Gottes schuf Er ihn; und schuf sie als Mann und Frau. Und Gott segnete den Menschen und sprach zu ihnen: Seid fruchtbar und mehret euch und füllet die Erde und machet sie euch untertan und herrschet über…«

1. Buch Mose 1, 27–28

»Abraham war weder ein ›Jude‹ noch ein ›Christ‹, sondern war einer, der sich von allem abwandte, was falsch ist, da er sich Gott ergeben hatte; und er war nicht von jenen, die etwas anderem neben Ihm Göttlichkeit zuschreiben.«

Sure 3 (»Das Haus von Imran«), Vers 67

»Wir müssen unter uns diese echte Theologie verbreiten, die uns lehren wird, dass alle Menschen und alle Völker Träger von Gottes Seele sind und deswegen alles Guten würdig sind. Dafür haben wir uns mit dem heiligen Abraham zu treffen.«

Beyza Bilgin

Weiterführende Literatur

Abdel-Samad, Hamed: *Mein Abschied vom Himmel. Aus dem Leben eines Muslims in Deutschland.* Fackelträger Verlag, 2009.

Abdel-Samad, Hamed: *Der Untergang der islamischen Welt. Eine Prognose.* Droemer, 2010.

Abu Zaid, Nasr Hamid: *Gottes Menschenwort. Für ein humanistisches Verständnis des Koran.* Herder Verlag, 2008.

Asad, Muhammad: *Die Botschaft des Koran. Übersetzung und Kommentar.* Patmos Verlag, 2009.

Bauschke, Martin: *Der Spiegel des Propheten. Abraham im Koran und im Islam.* Lembeck Verlag, 2008.

Ceylan, Rauf: *Die Prediger des Islam. Imame – wer sie sind und was sie wirklich wollen.* Herder Verlag, 2010.

Ghadban, Ralph: *Tariq Ramadan und die Islamisierung Europas.* Hans Schiller Verlag, 2006.

Göle, Nilüfer: *Anverwandlungen. Der Islam in Europa zwischen Kopftuchverbot und Extremismus.* Klaus Wagenbach Verlag, 2008.

Kermani, Navid: *Wer ist Wir? Deutschland und seine Muslime.* C. H. Beck Verlag, 2009.

Kraus, Otto: *Evolutionstheorie und Kreationismus – ein Gegensatz.* Franz Steiner Verlag, 2009.

Roy, Olivier: *Der falsche Krieg. Islamisten, Terroristen und die Irrtümer des Westens.* Siedler Verlag, 2007.

Schlabach, Jörg: *Scharia im Westen. Muslime unter nichtislamischer Herrschaft und die Entwicklung eines muslimischen Minderheitenrechts in Europa.* Lit Verlag, 2009.

Selim, Nahed: *Nehmt den Männern den Koran.* Piper Verlag, 2009.

Tibi, Bassam: *Euro-Islam. Die Lösung eines Zivilisationskonfliktes.* Primus Verlag, 2009.

Troll, Christian W.: *Unterscheiden um zu klären.* Herder Verlag, 2008.

Wadud, Amina: *Inside the Gender Jihad.* Oneworld Publications, 2006.

Wick, Lukas: *Islam und Verfassungsstaat. Theologische Versöhnung mit der politischen Moderne?* Ergon Verlag, 2009.

PIPER

Nahed Selim

Nehmt den Männern den Koran!

Für eine weibliche Interpretation des Islam. Aus dem Niederländischen von Anna Berger und Jonathan Krämer. 336 Seiten. Piper Taschenbuch

Im Namen des Islam werden Muslimas in aller Welt missbraucht, eingeschüchtert und zum Schweigen gebracht – gerechtfertigt und legitimiert durch die von ausschließlich männlichen Theologen vollzogene Auslegung des Korans. Doch Nahed Selim, selbst gläubige Muslima, räumt mit den jahrhundertelangen Fehlinterpretationen auf. Ihre weibliche Sicht auf den Koran zeigt einen anderen Islam: eine Religion, die Männer und Frauen gleichberechtigt sieht und eine Verbindung von Glaube und Moderne eröffnet.

»Auch muslimische Frauen haben das Recht, zu bestimmen, was sie glauben wollen. Nahed Selim beweist, dass die Auslegung des Korans Männersache war – und dass das nicht so bleiben darf.«
Ayaan Hirsi Ali

01/1916/01/R

PIPER

Hans Küng

Der Islam

Geschichte, Gegenwart, Zukunft. 900 Seiten.
Piper Taschenbuch

Nach Hans Küngs bahnbrechenden Grundlagenwerken »Das Judentum« und »Das Christentum« hier der Abschluss seiner Trilogie über die drei abrahamischen Religionen.
»Ich werde in diesem Buch eine große Geschichte erzählen, die ungeheuer dramatisch und vielgestaltig ist. Doch ich werde diese Geschichte immer wieder unterbrechen und kritisch vom Ursprung auf die Zukunft hin fragen. Mich interessiert nicht primär die Vergangenheit, sondern die Gegenwart: wie der Islam zu dem geworden ist, was er heute ist – im Hinblick darauf, wie er sein könnte.«

»Das Buch besticht durch seine Klarheit und trotz des Umfangs durch seine gute Lesbarkeit.«
Der Spiegel

01/1915/01/R